관계의 배신

관계의 배신

관계의 배신

상처라는 이름의 양날의 검

전찬우 지음

좋은땅

삶이란 것을 아주 다양한 형태로 정의할 수 있지만, 단순화시켜서 매일 일어나는 수많은 감정들의 발생과 그것의 처리과정이라고 할 수 있습니다. 이때 주로 긍정적 감정을 자주 경험하면 그것을 행복한 삶이라고 부르고, 반대로 부정적 감정을 느끼는 경우가 잦으면 불행한 삶이라고 평가하지요. 그만큼이나 감정 그 자체가 삶에 끼치는 영향이 지대합니다. 그런데 우리 인간의 삶에서 가장 많은 감정을 불러일으키는 대상은 과연 무엇일까요?

다른 많은 것들이 있을지 모르겠지만 이 질문에 대한 거의 유일한 답은 바로 "타인과의 관계"입니다. 프랑스의 실존주의 철학자 장 폴 샤르트르는 자신이 쓴 희곡 《닫힌 방》을 통해 '타인은 지옥이다', 라는 문장을 남깁니다. 그는 우리 인간이 타인의 시선을 통해 자신의 삶을 평가하기 때문에 지옥이 펼쳐진다고 말하고 있죠. 하지만 그가 미처 말하지 않은 못한 것이 하나 더 있습니다. 그것은 바로 타인 역시도 나를 통해서 평가된다는 것이지요. 그러니까 우리는 매일같이 타인을 통해 나 자신을 평가하고, 반대로 나를 통해 타인을 평가하는 행동을 하고 있는 것입니다. 그런데 원래 평가라는 것은 어떤 특정한 기준점을 필요로 합니다. 하지만 이런 상황은 평가 대상이 서로에게 기준점이 되고 있는, 조금만 생각해 봐도 꽤 어처구니없는 일이 벌어지고 있는 것입니다.

그럼에도 불구하고 우린 평생 그런 식의 평가를 서로 주고받습니다. 그리고 그 과정 속에서 우린 매일 수많은 감정의 홍수를 경험하게 되지요. 하지만 그런 왜곡된 과정 속에서 생성된 감정들이 얼마나 진실에 가까울까요? 당연하게도 타인에 의해 결정되어 결국 자기 마음대로 결정되고 있는 나의 의도들과, '나라면 그런 의도들로 그런 말이나 행동을 했을 거야', 라고 "추리"하는 타인의 모습들은 결국 수많은 오해들을 불러일으키는 원인들이 되고 맙니다. 심지어 그런 오해들은 서로가 주고받으면서 연쇄적으로, 그리고 증폭되면서 점점 더 커져갑니다. 한쪽이 오해를 해서 짜증을 내기 시작하면 다른 한쪽도 상처를 받기에 같이 비슷한 행동으로 응수하는 것이죠. 이런 증폭된 오해들은 갈등을 낳고 다툼이나 상처로, 그리고 마지막엔 관계의 종말로 이어지게 됩니다.

결국 우리는 타인과의 관계 속에서 숱한 오해가 일어나는 것이 너무도 당연함에도 불구하고, 매일 자신이 느낀 감정들을 기반으로 자신이 한 오해가 절대적으로 옳다는 확신을 갖고 살아가고 있죠. 그리고 나서도 딱히 그 진실 여부를 확인할 필요성조차 느끼지 못합니다. 그냥 스스로 짐작하고 말뿐이죠. 그렇기에 우리는 타인과의 관계 속에서 끝없이 반복되는 오해들을 경험하게 되면서 한번쯤은 자신도 모르게 '타인은 지옥이다', 라는 말을 읊조리게 되는 것입니다. 그렇다면 타인은 이렇게 언제나 지옥으로만 정의되어야 하는 것일까요?

뭐, 그럴 수도 있겠습니다. 하지만 우리는 이쯤에서 한번쯤은 생각해 봐야 할 듯합니다. 타인이 나에게 지옥이라면 반대로 나도 그들에겐 지옥이라는 말이 됩니다. 그런데 정말로 나는 지옥과 같은 존재인가요? 시간을 두고 천천히 생각해 보도록 하죠. 정말로 나는 그만큼이나 구제불능의 존재인 것일까요?

아무래도 그렇지 않은 것 같습니다. 아무리 생각해 봐도 내가 그렇게 착하지는 않아도 지옥이라고 평가될 정도로 나쁜 존재는 아닌 듯합니다. 그렇다면 나만 멀쩡하고 타인들만 지옥인 것일까요? 혹시 타인도 지옥이 아닌 것이 아닐까요? 좀 더 나아가서 어쩌면 내가 스스로 타인들을 지옥으로 만들고 있는 것이 아닐까요? 내가 지옥이 아닌데 그들이 나를 지옥으로 여기는 것처럼 나 역시도 그런 것을 하고 있는 것이 아닐까요?

아직 그 답을 정확히 알 수 없습니다. 그래서 지금부터 우리는 타인이 지옥이며 우리는 관계로부터 배신을 당해왔는지, 혹은 아니면 사실 타인은 지옥이 아니었으며 관계로부터 배신을 당했다고 믿는 나 자신이 사실은 커다란 착각을 하고 있었던 것이 아니었는지를 이해해 보는 긴 여정을 시작할 것입니다. 지금부터 함께 떠나 보시죠.

목차

2부 내 안의 〈나〉

3부 우리 안의 〈너와 나〉

1부

——

내 안의 〈너〉

1.
내가 있는 곳. 지금 여기

"아빠, 바다는 어디에 있는 거예요? 도대체 어떻게 바다에 갈 수 있죠?"

아기 물고기가 물었다.

"음… 나도 잘 모르겠구나. 혹시 모르니 촌장 할아버지에게 물어 보거라."

아빠의 대답에 아기 물고기는 촌장 할아버지를 찾아갔다.

"할아버지. 바다는 도대체 어디에 있는 거죠? 그리고 어떻게 하면 바다에 갈 수 있죠?"

질문을 들은 촌장 할아버지는 잠시 지긋한 미소를 지은 채 아기 물고기를 바라보았다. 그리고 대답했다.

"바다는 말이야… 지금 네가 있는 이 물속이란다. 이곳을 바로 바 다라고 부르지."

■ 삶의 난이도

살기 힘들다. 늘 그런 것은 아닌데 가끔 그렇게 된다. 더군다나 한번 그럴 때가 오면 그 상태로 꽤나 오래 머문 채 삶이 몹시 난해해진다. 나를 힘들게 하는 생각은 원하지 않아도 자꾸 떠오른다. 특히 혼자 있을 때 그렇다. 자기 직전에, 깨어난 직후에, 화장실에서, 샤워하다가, 출근길에 지하철에서, 친구를 기다리고 있다가 문득 떠오른다. 잠이 들기도 쉽지 않고, 새벽에 잠을 깬 후 다시 잠들기는 더욱 더 어렵다. 그러니 누군가를 기다릴 때나 지하철을 탈 때는 무조건 생각할 시간을 줄여야 한다. 그 시간이 지루하기도 하지만 자꾸 기분 나쁜 생각만 머릿속을 맴돌기 때문이다.

살아오면서 생각이 많은 사람이 되고 싶다는 가끔 원해 본 적이 있다. 하지만 그런 종류의 생각은 많이 하고 싶지 않다. 그래도 자꾸 떠오르니 어떤 식으로든 해결은 해야 한다. 도대체 나는 왜 살기가 힘들까? 남들은 다들 잘 자고, 잘 웃고, 잘 놀고, 사람들 사이에서 상처도 잘 받지 않는 것 같은데 나만 왜 이럴까? 다른 사람들은 다들 편하게 특별한 어려움 없이 사는 것 같은데 왜 나만 유독 사는 것이 이리 난해할까? 심지어 힘들고 고단하기까지 할까? 그렇게 생각을 이어가다 보면 이제 질문은 **'나는 왜 살기 힘들까'**에서 **'왜 나만 살기가 힘들까'로 바뀌고 만다.**

그런데 아무리 생각을 해봐도 답이 안 나온다. 처음부터 꼬인 인생을 타고난 것일까? 내 사주팔자가 그런 것일까? 아니면 잘못된 혈액형을 타고난 것일까? MBTI 유형이 잘못 결정된 것일까? 타고난 외모나 지능 문제일까? 평균치도 못 따라가는 부모님의 능력 때문일까? 생각해 보면 자잘한 잘못은 분명히 했지만 딱히 나쁜 짓도 하지 않았고, 주변 사람들에게 착하다는 말을 들을 때마다 오히려 남몰래 스트레스를 받았던 삶이었다. 그런데 왜 그럴까?

따져 보면 사실 큰 것을 바라는 것도 아니다. 그저 남들만큼만 살면 된다. 정말로 남들 사는 것만큼만 살 수 있으면 된다. 남들만큼 벌고, 남들만큼 누리고, 남들만큼 여행가고, 남들만큼 먹고, 남들만큼 즐겁고, 그냥 그렇게 남들만큼만 누리면 된다. 어린 시절 한때 남다르고 특별한 삶을 살고 싶었던 시절도 있었지만 지금은 충분히 안다. 그래서 내 한계를 인정하고 그저 평범한 수준의 삶만 살아도 충분하다고 생각하고 있는데 그것조차도 쉽지가 않다. 나는 원래 평균치를 누릴 만한 권리도 없는 것일까? 아니면 이 세상의 평균치가 너무 높아진 탓일까?

아무리 생각해도 답이 안 나온다. 그래서 이젠 책을 찾아보기 시작한다. 유튜브도 본다. 다행히 거기엔 정말로 많은 지식들이 있다. 자신도 모르게 무릎을 칠만큼 딱 맞는 설명이 있기도 하고, 저건 좀 이상한데 하며 고개가 갸우뚱해질 때도 있지만 전반적으로 좋은 내용들이 많다.

내가 어떤 유형의 사람인지, 살면서 어떤 유형의 사람들을 손절해야 하는지, 나를 더 강하게 만들기 위해서는 어떻게 해야 하는지, 인간관계에서 상처를 받지 않으려면 남들에게 나를 어떻게 보여져야 하는지, 거절해야 할 것들을 거절할 수 있는 용기를 가지려면 어떻게 마음을 먹어야 하는지, 삶을 어떻게 이해해야 하는지, 나를 어떻게 대해야 하는지, 마지막으로는 마음을 비우는 법은 무엇인지 까지 알게 된다.

하지만 문제가 하나가 있다. 머리는 이해했는데 실천이 어렵다. **분명히 제대로 알고 충분히 이해도 했는데도 불구하고 실천은 또 다른 세계이다.** 아쉬울 때만 나를 찾는 친구를 손절하고 싶지만 그 후에 딱히 만날 사람도 없다. SNS를 끊어서 멀리하고 타인의 삶을 바라보기보다는 내 삶에 집중하고 싶지만 그러고 나면 딱히 할 일이 없다. 거절해야 할 것을 거절해야 한다고 배웠지만 그 후 보게 될 상대방의 차가운 눈길을 견뎌 낼 생각을 하면 처음부터 엄두가 안 난다. 그렇게 배운 모든 지식들은 그저 머릿속에만 머물 뿐 실제 행동으로 이어지지 않는다. 결국 나는 사람들 사이에서 예전과 같은 실수를 반복하고, 과거와 비슷한 기분 나쁜 감정들을 느끼고, 심지어 아는데도 불구하고 여전히 서투른 내 모습에 자책감까지 추가되고 만다.

그러다 보니 한편으로 이런 생각도 든다. 왜 그렇게 다들 그리 이기적일까? 조금만 상대방을 배려해 주면 안 되는 것일까? 상대가 곤란한 부탁은 처음부터 하지 않는 것이 그리 힘든가? 다들 조금만 더 착하게 살면 안 될까? 이미 많이 가졌으면서 또 더 많은 것들을 가지려고, 적당히 양보 좀 하면 좋을 텐데 그렇게 끝없이 이기려고 하고, 도대체 왜 분명히 누군가에게 상처가 될 수 있는 말들인데도 뇌를 거치지 않은 듯한 말들을 쏟아 내는 것일까?

그런 사람들의 말과 행동들은 꼭 나를 향한 것들이라기보다 세상 사람들 전체가 그런 것 같기도 하다. 그래서 더 힘이 빠진다. 내가 오늘 받은 상처도 견뎌 내기 힘들지만 이 세상이 원래 그런 것 같아서 더 화가 나고 절망스럽다. 그런데 다 떠나서 만약 세상이 정말로 그렇다면 나는 왜 사람들과 단절한 채 살아가는 선택을 하지 않을까? TV 속 자연인들은 그렇게 잘 살아가는 것 같은데 왜 나는 그것을 하지 못할까? 그들처럼 지낼 만한 산이 없어서 그런 것일까? 약초를 구분하지 못해서 그런 것일까? 아니다. 그것이 불가능한 것은 원래 그런 것이다. 원래 우리 인간 자체가 혼자 살도록 설계된 존재가 아니기 때문이다.

우리는 보통 사람과 어울려야 하는 것에 대해서 어느 정도 필요하다고 느끼는 수준이다. 실제로 혼자 사는 사람들도 있으니 그런 생각이 들 수도 있다. 하지만 산속에 혼자 사는 자연인들이나 스님들조차도 정말로 혼자 살지는 않는다. 그저 다른 사람들과 만남의 횟수가 적을 뿐이다. 우리가 관계에 대해 가지고 있는 가장 큰 오해가 바로 이것이다. 나는 혼자 살 수 있다.

우리는 누구도 혼자 살 수 없다. 냉정히 말해서 많은 사람들이 관계가 선택적이라고 믿는 믿음은 원래부터 가지고 있던 것이 아니다. 각자마다 어떤 사정으로 인해 관계를 맺는 것이 어렵고 고통스럽기까지 하기 때문에 그렇게 믿고 싶은 것이다. **관계를 맺는 일은 마치 밥을 먹어야 하는 것처럼 선택 불가능한 문제이다.** 이것은 단순한 비유가 아니다.

사람은 다른 사람들과 어울리지 못하면 결국 죽는다. 단지 죽어가는 속도가 느릴 뿐이다. 그 과정조차 불행 그 자체이다. 오히려 굶어 죽는 것은 아주 고통스럽지만 짧다. 고독과 외로움 속에 다가오는 죽음은 아주 길고 지난하다. 어쩌면 같은 죽음이라면 굶어 죽는 것이 더 낫겠다 싶다. 그럼에도 우리는 여전히 관계 맺기를 선택할 수 있다고 믿고 싶어 한다.

■ 인간관계에 대한 오래된 착각

사람들은 왜 다른 사람들과 어울릴까? 뭐, 크게 뭉뚱그려 답을 찾아 보자면 당연히 행복하기 위해서 그렇다. 실제로 사람들과 어울리다 보면 행복할 때가 참 많다. 서로 힘들 때 공감도 해 주고, 재미있고 즐거운 대화도 나누고, 여행이나 영화 보기와 같은 취미생활을 같이 할 수도 있고, 맛난 것도 같이 먹고, 다양한 정보도 얻고, 내가 필요한 사람을 소개받기도 하고, 내가 잘 못 하는 일을 대신해 달라고 부탁할 수도 있고, 갑자기 생긴 야근으로 인해 어린이집에 보낸 아이를 대신 데리고 오도록 부탁할 수도 있고, 좋은 직장을 추천받을 수도 있다. 이런 일들은 혼자서도 할 수 있지만 함께하면 좋고 편리할 때가 훨씬 많다.

물론 단점은 분명히 존재한다. 같이 있을 때 기분만 잔뜩 나빠지는 경험을 했을 때이다. 공감을 바랐는데 비난을 받고, 즐거운 대화를 원했는데 자랑만 잔뜩 듣고, 영화를 보는데 매번 자기가 좋아하는 장르만 보려고 하고, 자기가 필요로 할 때는 도움을 줬는데 내가 필요로 할 때는 바쁘다는 핑계를 댄다. 그때마다 우리는 어떤 식으로든 상처를 받게 된다. 결국 관계를 맺는 일에 점점 주저한다. 그러다가 결국 자신이 정한 기준점을 통과한 사람만으로 최소화해서 어울리려고 한다. 그런 과정들로 인해 결국 대부분의 사람들은 나이를 먹어갈수록 점점 더 관계의 범위가 좁아진다.

그런데 이쯤에서 한번 돌이켜 보자. 우리는 왜 그렇게 오래된 관계

속에서 상처를 받은 것일까? 물론 의리도 없고 상식도 부족한 사람들이 이 세상에 많아서 그럴 것이다. 그런데 한번 생각해 보자. **나는 과연 얼마나 의리가 있었고 상식적이었을까?** 내가 비난하고 있는 과거의 그들과 나의 차이가 그렇게나 커다란 것일까? 더해서 그들은 그렇게나 크게 잘못한 것일까? 어쩌면 내가 너무 순수한 관점에서 사람과의 관계를 바라본 것이 아닐까? 그래서 내가 관계에서 너무 많은 것을 바랐던 것이 아닐까?

혹시 그 문제일 수도 있다. 우리는 어려서부터 반복적으로 "순수한" 관계에 대한 환상에 대해 들어왔다. 그래서 삶의 어느 시기엔 진정한 우정, 찐 친구, 영혼의 짝을 꿈꾸었고 학창시절 한때 교환일기를 쓰기도 했었다. 친구들은 어떤 목적도 품지 않은 채 내 조건이 아닌 오직 순수한 나 자신을 사랑해 줘야 하고 나 역시도 어떤 조건도 없이 친구들 그 자체를 좋아하고 사랑했어야 했다. 그래서 윤동주 시인의 서시에 나오는 문구, '잎새에 이는 바람에도 나는 괴로워했다'처럼 우리는 아주 작은 계산적 행동에도 괴로워했다.

아마 지금도 그것에 대한 믿음이 완전히 사라지지는 않았을 것이다. 우리는 언제나 내 돈, 내 외모, 내 조건, 내 능력, 내가 가진 권력 때문에 나를 좋아하는 게 아니라 그저 온전한 나 자신이기에 나를 좋아해 주길 바라고 있다. **나를 이용하고 필요로 하는 게 아니라 나를 좋아하고 사랑해 주길 바라는 것이다.** 이용과 필요도 중요하지만 좋아하고 사랑하는 것과는 전혀 다른 것이라고 생각하고 있다.

그런데 과연 정말로 그런 것일까? 내가 제일 좋아하는 가방은 모든 가방들 중에서 내 눈에 예쁘고 쓸모 있기 때문이다. 그 외모와 쓰임새로 인해서 좋아하는 것이다. 내가 제일 좋아하는 컵은 많은 물을 한꺼번에 담을 수 있고 보온이 잘 되어서 차가움도 오래 가고 따뜻함도 오래간다. 그 성능으로 인해 좋아하는 것이다. 사실 잘 따져 보면 우리가 무엇인가를 좋아할 때는 반드시 효용성과 유용성 대한 부분이 기반이 되어 있다. 그러니까 어떤 식으로든 나에게 쓸모가 있고 유익해야 대상을 좋아할 수 있다는 뜻이다. 더해서 사랑할 수도 있다. 그런데 사람에게 효용성과 유용성을 적용시키면 뭔가 좀 그 느낌이 이상해진다.

왜 그런지 모르겠지만 사람은 뭔가 이용하면 안 되고 효용성을 따지면 안 될 것 같다. 하지만 잘 생각해 보면 사람이라고 뭐가 다를까? 우리는 인정하든 안 하든 본능적으로 나에게 이득이 되고 유용한 사람에게 끌리게 된다. 그래서 우리는 이제 사람에 대해서는 효용성이나 유용성 혹은 이득을 얻을 대상 등의 표현 대신 **"매력"이란 단어를 쓰기로 했다.**

매력은 누군가가 가진 효용성과 유용성, 그리고 그것이 나에게 쓰였을 때 우리가 얻을 수 있는 이득 가능성에 대한 막연한 믿음을 뜻하는 난어이다. 그러니까 우리는 누군가를 만났을 때 어떤 식으로든 나에게 이득이 될 것 같을 때 상대방에게 끌린다. 그것의 가장 흔한 예가 바로 외모나 지적 능력이다. 상대방의 좋은 외모는 보고만 있어도 기분이 좋아지고 실제로 이런저런 이득을 얻을 가능성도 높다. 높은 지능은 대화의 즐거움에 더해서 높은 연봉을 얻을 가능성을 의미하며 그런 사람이 나를 좋아하게 되면 당연히 내 이득 가능성도 높아진다.

돈을 필요로 할 때는 돈을 잘 쓰거나 돈을 벌 가능성이 높아질 만한 사람을 보면 매력을 느낀다. 많은 사람들이 돈을 필요로 하기에 미국의 유명한 투자자 워렌 버핏은 돈이 많고 돈을 많이 벌 가능성이 높다는 이유로 그와 함께 하는 한끼 식사는 20억에 달한다. 권력도 마찬가지다. 권력을 원하는 사람에게 이미 권력을 가진 사람은 엄청난 매력으로 다가온다. 하지만 반대로 돈이나 권력에 전혀 관심이 없는 사람은 돈이나 권력을 등에 업고 잘난 척하는 사람이 귀찮거나 우습게 보일 뿐이다.

누군가가 가진 매력은 주변 사람들을 끌어들인다. 그래서 우리는 평소 그렇게 다양한 사람들을 만났지만 그중 특정한 몇몇에게만 남다른 매력을 느끼고 운이 좋다면 친구가 되기도 한다. 하지만 상황에 따라서 친구가 되지 못할 때도 있고 친구가 되었다고 해도 언젠가 그 관계가 깨져서 오히려 몰랐던 사이보다 더 안 좋아질 때도 있다.

내가 상대에게 느끼는 효용성과 유용성만큼 상대가 나에게 그것을 느끼지 못할 경우에 그 사람과는 친구가 되기 힘들다. 오히려 아예 둘 모두 서로에게 전혀 그런 것을 느끼지 못한다면 그냥 "아는 사람" 정도로 끝나기 때문에 별 문제가 되질 않는다. 하지만 **한쪽이 다른 한쪽에 일방적으로 매력을 느낀다면 그때부터 인간관계에 생겨나는 다양한 문제의 흔한 원인이 된다.** 왜냐하면 매력을 많이 느낀 쪽에서 매력을 덜 느낀 상대에게 잘 보이기 위해서는 추가적으로 뭔가 이득을 제공해야 하기 때문이다. 바로 그 사람이 가진 돈이나 시간 노력 같은 것들이다. 그러니까 내가 타고나서 자연스럽게 전달되어야 할 효용성과 유용성이 부족하기에 따로 별도의 노력을 통해 제공해야만 친구 관계가 만들어지고 유지되는 것이다.

하지만 그렇게 맺어진 관계는 당연히 잠재적 문제를 품고 있다. 그것은 마치 열심히 노력해서 걷는 것과 같다. 걸음은 그냥 걸어져야 한다. 하지만 노력해서 걷고 있다면 잠시라도 딴 곳에 정신이 팔리는 순간 넘어지고 만다. 기울어진 관계에서도 같은 일이 일어난다. 한쪽에서 다른 한쪽으로 일방적으로 노력하는 관계는 그 노력이 멈추는 순간이나 혹은 노력한 사람이 아주 가끔 그 대가를 바라는 순간 깨지고 만다. 왜냐하면 받은 사람 입장에서 생각해 보면 달라고 요청한 것이 아니기 때문이다. 그러니 상대가 노력한 만큼, 아니 그 일부라도 되돌려 달라고 했을 때 별로 마음이 쓰이질 않는다. 그렇게 거절될 때마다 노력한 사람은 상처를 입는다. 그래서 떠나려고 한다. 하지만 남겨진 사람은 전혀 아쉬울 것이 없다. 처음부터 딱히 원했던 관계가 아니었다. 그렇게 떠날 때조차 상처를 입게 된다.

살아가다 보면 내가 노력한 사람의 입장이 되기도 하고, 반대로 누군가 나에게 그런 입장이 되기도 한다. 그렇게 나도 상처를 받고, 나도 상처를 준다. 설령 만난 순간에 서로 매력을 느껴서 친구가 되었다고 해도 그것으로 끝이 아니다. 왜냐하면 **효용성이나 유용성은 나나 상대의 상황의 변화에 따라서 바뀌기 때문이다.** 갑자기 회사에서 잘려서 경제적으로 크게 문제가 생겼을 때는 평소 여행을 함께 하기 좋았던 친구들은 도움이 되긴커녕 오히려 내 불우한 처지로 인해 여행을 같이 갈 수 없게 되기에 피할 대상이 된다. 대신 거의 연락하지 않았던 인맥이 넓은 친구는 새로운 유용성을 가진다. 그 친구와는 성향도 잘 안 맞고 취미도 별로이지만 나를 좋은 회사에 취직시켜 줄 수 있기에 한동안 친구로 지내게 될지도 모른다. **우리는 그렇게 많은 사람들 사이에서 매 순간 자신이 느끼는 이득의 종류에 따라 부유물처럼 떠돈다.**

그나마 친구 관계에서는 이런 것들이 견딜 만하다. 친구는 기본적으로 선택적이니까. 그런데 직장 동료나, 친척들이나, 시댁이나, 각종 모임에서 만나게 되는 사람들과 생겨나는 기울어짐은 우리를 몹시 힘들게 만든다. 특히 나보다 우월한 위치에 있는 사람들이 그것을 이용해 나를 흔들어 대면 내 삶은 몹시 고단해지고 만다.

주말마다 산행을 하자고 부르는 사장이나, 점심때마다 돼지국밥만 먹으려고 하는 부장이나, 자전거를 탄 후 매번 못 먹는 술을 마시려고 하는 동호회 지인들이나, 명절 때마다 모여 아무런 관심도 없는 자기 동네 재개발 얘기만 잔뜩 늘어놓는 작은 아버지나, 명절 때마다 그 자신도 먹지 않는 음식을 잔뜩 싸 주는 시어머니가 그렇다.

그들은 딱히 매력도 없으면서 내가 아쉬워하는 것을 무기로 나를 자기 의도대로 끌고 가려고 한다. 자기가 하고픈 것을 하고, 자기가 먹고 싶은 것을 선택하고, 자기가 하고 싶은 대화를 한다. 우리가 다양한 관계 속에서 힘든 이유가 바로 이것이다. 나보다 나이가 많다는 이유로, 높은 직책에 있다는 이유로, 돈이 많다는 이유로, 권력이 강하다는 이유로, 시댁이나 처가라는 이유로 나를 내가 원치 않는 곳으로 끌어들인다. 내가 하고 싶지 않은 것을 하게 하고, 내가 먹고 싶지 않은 것을 먹게 하고, 내가 가고 싶지 않은 곳을 가게 만든다. 그런 현상은 반대로 우리가 언제나 돈과 권력 그리고 명성 등에 끌리게 되는 원인이 된다.

나 역시도 남에게 휘둘리지 않고 남을 휘두르면서 살고 싶은 것이다. 그러니 우리는 늘 자신이 가진 매력을 극대화하려고 하고 심한 경우엔 부풀려서 좀 더 뭔가를 가진 존재처럼 보이게 하고 싶어 한다. 특히 외모와 달리 당장 눈앞에서 확인이 안 되는 재력, 영향력, 지적 능력 등이 그런 대상이 된다. 그래서 무리를 해서라도 비싼 차를 타려고 하고, 유명한 사람과의 관계를 과시하고, 제대로 알지 못해도 다 아는 듯 떠든다.

이렇듯 매력이나 우월적 위치는 누군가를 내 의도대로 움직이게 만드는 힘의 원천이다. 물론 나만 그것들을 가진 것이 아니기에 내가 상대방에게 맞추기도 하고 그런 움직임이 서로에게 잘 맞으면 아주 좋은 관계로 이어지기도 한다. 하지만 모든 관계가 그럴 수는 없다. 그러니 관계가 힘든 것이다. 그렇다면 매력이 부족하고 우월적 위치에 서지 못하는 사람은 평생 동안 누군가에게 끌려 다니면서 살아가야 하는 것일까?

다행히 그것은 아니다. 매력이나 우월적 지위 말고도 사람을 움직이게 하는 방법은 많다. 예를 들어서 식당에서 음식을 시켜 먹을 때 그렇다. 식당에서 일하는 사람이 내 주문을 받고 음식을 만들어야만 나는 밥을 먹을 수 있다. 그때 내가 그 사람을 움직이게 하는 힘은 바로 내가 지불하는 합당한 돈이다. 물론 어떤 사람들은 지불하는 돈을 손님이 왕이라는 말로 인해 우월적 지위의 수단으로 믿기도 한다.

이런 식으로 우리에게는 매력이나 우월적 지위 이외에도 많은 종류의 "사람을 움직이게 하는 법"이 존재한다. 그것을 다르게 표현하면 바로 대상을 조종하는 것이다. 하지만 우리는 놀랍게도 **우리가 누군가를 조종한다는 사실을 부정하고 내가 누군가에게 조종당한다는 사실에 몹시 기분 나빠한다.** 그런데 이 착각이 우리가 인간관계를 망치는 원인이 되기도 한다.

우리는 관계에 이득, 조종과 같은 단어가 끼어드는 것을 몹시 싫어한다. 그런 것들은 순수하지 못하다. 하지만 그런 착각이 결국 관계에서 수많은 문제를 일으킨다. 원래 세상이 선한다고 가정하면 이 세상은 악당들의 천국으로 보일 수밖에 없다. 오히려 반대로 세상은 본질적으로 악한 것으로 가정하면 가끔 보이는 선한 사람들의 모습에 감동이 밀려온다. 같은 맥락으로 **관계를 순수하게 바라보면 볼수록 반드시 상처를 받을 수밖에 없다.** 반대로 관계를 철저하게 이기적인 계산행위로 바라볼 때 가끔 보이는 순수함이 우리를 행복하게 해 줄 수 있다.

■ 아무도 조종당하고 싶지 않아

우리가 관계 속에서 언제나 상대를 조종해 왔다는 인정하게 되면 타인을 조종하는 방법은 생각보다 많고, 우리가 자신도 모르게 그것들을 해 왔다는 것을 문득 깨닫게 된다.

우리는 태어나자마자 누군가를 조종하는 법을 이미 알고 있다. **바로 울음이다.** 이 능력은 어른 되어서도 어느 정도 통한다. 어린 시절 우리는 크게 울음으로써 엄마를 조종한다. 나에게 젖을 먹이게 하고 똥을 싼 기저귀를 갈게 만든다. 만약 안 해 주면 더 크게 운다. 크게 소리 내어 울수록 효과가 크다. 물론 이 방법은 그리 오래 통하지는 않는다. 엄마와 아빠가 육아에 지쳐가기 때문이다. 그래서 커갈수록 배고프다고 울지는 않는다. 그럼에도 어른이 되어서도 어쩔 수 없을 땐 눈물이 난다. 지금 상황을 타개할 어떤 방법도 떠오르지 않으면 울음이 난다. 그리고 그 울음을 본 사람들은 우는 사람에게 연민이나 동정을 느끼면서 그 사람 의도대로 움직여 주려고 한다. 물론 그것조차도 거부하는 사람들도 있긴 하다.

울음이 부정의 조종방법이라면 **웃음은 반대로 긍정적인 방법이다.** 우리는 어린 시절 맛난 것을 먹으면 귀엽게 방긋 웃으며 부모님의 기분을 좋게 만든다. 그렇게 하면 또 다시 같은 것을 얻어먹을 가능성이 생긴다. 내 인생 최초의 리액션이다. 우리가 성인이 되어서도 여전히 그런 반응을 이용한다. 그래야 미래의 어느 날 상대가 내가 원하는 일을 또 다시 해 줄 가능성이 높아지기 때문이다. 물론 성인이 되었을 때는 훨씬 계산식이 복잡해진다.

초등학교를 다닐 무렵이면 각자가 가진 매력이 가장 중요하게 작용한다. 한마디로 **이 시기는 그야말로 개인이 가진 매력의 전성시대이다.** 외모, 운동 능력, 지적 능력, 유머 능력, 예술 능력, 싸움 능력, 엉뚱함, 어른스러움, 춤 실력, 노래 실력, 유머 능력, 똘끼, 명랑함 등등 수많은 종류의 매력들이 교실 내에서 끝없는 조종하는 것과 조종당하는 과정에서 그 존재감을 드러낸다. 그런 과정 속에서 상대적으로 더 매력적인 아이들은 소위 말하는 인싸가 되고 상대적으로 인기가 많은 아이가 된다. 그런 운이 좋은 몇몇의 아이들은 별 다른 노력 없이도 주변에 자신을 가득 채우고 있는 아이들을 자기의 뜻대로 조종하면서 결국 원하는 것을 얻는다. 심지어 선생님들도 조종의 대상이 된다. 그렇게 학교 내에서 관계는 주로 매력을 기반으로 기울어지게 된다. 하지만 다행히 매력만 있는 것이 아니다. 왜냐하면 그 무렵 우리의 인지 능력이 성장하면서 또 다른 아주 좋은 조종 능력을 하나 더 얻기 때문이다.

그것이 바로 공감능력이다. 공감은 모든 조종능력 중에서 가장 부드러우면서도 가장 강한 능력인데, 상대를 억지로 움직이게 만드는 것이 아니라 스스로 움직이게 만들기 때문이다. 그래서 얻기는 힘들지만 일단 얻으면 그 어떤 것보다 강하게 동작한다.

공감을 받기 위해서 해야 할 가장 중요한 것이 바로 나 자신에 대한 서사이다. 그러니까 내 사정을 상대방에게 잘 전달해야만 한다. 그래서 아주 조심해야 한다. 조금만 잘못 전달해도 공감 대신 반감을 얻거나 너무 불쌍한 사람이 되어서 얻고자 했던 공감 대신 연민이나 동정을 받을 수도 있다. 심할 경우 자신이 말한 자신의 약점으로 인해 역으로 공격을 당할 수도 있다. 친구에게 공감을 얻으려고 털어놓은 자신의 숨기고 싶은 비밀이 다른 애들에게 다 알려지는 경우가 생기는 것이다. 그것은 아주 위험하다.

공감을 이용한 조종효과는 아주 크다. 그래서 우리가 살아가면서 항상 누군가와 대화를 하고픈 욕구를 느끼게 되는 것이다. 특히 좋지 않은 일일 때 누군가에게 그 이야기를 하고 나면 어떤 식으로든 희망이 생겨나기 때문이다. 꼭 뭔가 해결되지 않더라도 그럴 가능성이 생겼다는 이유로 기분이 조금은 나아진다. 그래서 공감을 받고자 하는 사람들이 주로 하는 이야기가 바로 뻔히 아는 해결책을 제시해 주기보다는 그냥 들어 주길 바라는 것이다. 그저 형식만 갖추는 것이다.

속상한 일을 힘들게 털어놓았는데 전혀 공감을 받지 못하는 반응을 받게 되면 기분이 몹시 상한다. **우리는 단순히 내 말을 잘 들어 주지 않아서 기분이 나쁘다고 느끼지만 사실은 상대를 전혀 움직일 수 없다는 것을 깨닫고는 기분이 상하는 것이다.** 그리고 공감을 얻으려고 한 말로 인해 비난이나 비웃음을 당하게 되면 그것은 기분 상함을 넘어서 커다랗고 평생 잊혀지지 않는 상처가 되기도 한다.

조종에 서투른 학창시절이 지나고 사회에 진출하게 되면 본격적으로 이성적 조종 능력을 배우게 된다. **설득이나 협상 혹은 거래 등이 바로 그런 능력이다.** 설득은 보통 한쪽은 원하지만 다른 한쪽은 별로 생각이 없을 때 이뤄지는 조정이다. 협상은 주로 대등한 관계에서 이뤄지는 조종이다. 그리고 거래는 상대가 원하는 것을 주고 내가 원하는 것을 받는 가장 흔하고 자연스러운 조종 중 하나이다.

만약 이때 설득도 안 통하고 협상이나 거래할 것도 없으면 **부탁이란 방법을 쓰기도 한다.** 부탁은 일종의 빚을 지는 조종 방법으로 이번에 도움을 주면 언젠가 너의 부탁을 들어줄 것이라는 것을 잠재적인 약속을 기반으로 한다. 꽤나 잘 통하기도 하지만 이것은 본질적으로 빚을 지는 것이라서 사람들이 별로 선호하지는 않는다. 상대가 미래에 어떤 요구를 해올지 모르기 때문에 더욱 더 그렇기도 하고, 도움을 주고도 나중에 못 돌려받을까 봐 걱정돼서 그렇기도 하다.

설득을 넘어서 회유나 세뇌를 시키는 방법도 있다. 자신의 이득을 극대화하기 위해서 상대방의 정신세계를 뒤흔드는 것이다. 이것은 아주 좋지 않은 조종방법인데도 그 효과는 대단해서 한번 회유되거나 세뇌된 사람은 좀처럼 자신을 그렇게 만든 사람에게서 벗어나기 힘들고 평생 정신적 노예로 살게 된다.

그런데 어떤 방법을 통해서도 상대를 조종할 수 없을 때가 있다. 그런데도 꼭 상대를 조종해야 한다면 그때 쓰는 방법은 두 가지이다. **하나는 협박이고 다른 하나는 읍소이다.** 협박은 강제로 상대를 내 의도대로 움직이게 하는 것이라서 은행에 가서 총으로 위협해 돈을 얻는 것이나, 날 배신하면 너의 비밀을 모두 폭로하겠다는 식으로 이뤄진다. 읍소는 사람들이 매우 싫어하는 방식인데, 상대에게 무릎을 꿇고 비는 방식이기에 그 과정이 꽤나 굴욕적이다.

거짓말과 사기도 사실상 범죄와 가깝지만 생각보다 자주 쓰이는 조종 방법이다. 우리가 흔히 거짓말을 선한 의도의 거짓말과 악의의 거짓말로 구분해서 자신이 하는 거짓말을 나름대로 합리화하려고 하지만 본질적으로 그 둘 모두 상대를 내가 원하는 대로 조종하려는 목적은 동일하다. 단지 그때 내 의도가 오직 내 이득만을 위한 것인지 상대에게도 이득이 될 수 있도록 할지 여부만 다르다.

꽤나 흔하게 쓰이지만 쓰는 사람도, 당하는 사람도 잘 느끼지 못하는 방법이 바로 상대의 **"죄책감"을 자극하는 방법이다.** 특히 아이들이 자신의 부모에게 잘 쓴다. 옆집 누구는 뭘 받았다는데… 라는 식으로 부모를 자극한다. 친구들 사이에서도 흔히 일어난다. 내가 지난번에 뭘 해 줬는데 너는 왜 이번에 해 주질 않는지 묻는다. 이런 죄책감을 통한 조종은 매우 위험할 수 있는데, 그 이유는 내가 불필요하게 많이 자극되어서 할 필요가 없는 것들까지도 할 수 있기 때문이다. 특히 자책감을 잘 느끼는 사람들에게 그런 현상이 일어난다. 그럼으로써 자신이 소진될 만큼 상대방에게 조종되고는 결국 나중엔 '내가 하라고 했니? 네가 선택해서 한 거잖아', 라는 말만 듣고 만다. 삶이 진심으로 허무해지는 순간이다.

상대방의 불안감을 자극시키는 것도 자주 쓰인다. 이 방법은 기업들이 소비자를 조종할 때 주로 쓰는데, 뭔가 하질 않으면 네 삶에 문제가 있다, 네가 이것을 먹지 않으면 건강이 상할 수 있다, 라는 식의 광고를 통해서 사람들의 불안감을 자극시켜 자신의 상품을 사도록 유도한다. 이렇듯 우리가 정보라고 믿는 것들이 사실상 그저 우리의 불안감을 자극시키는 내용일 가능성은 아주 높다.

그렇다면 잘 울지도 못하고, 공감을 얻기도 힘들고, 딱히 매력도 없고, 남다른 설득력도 없고, 그렇다고 해서 협박을 할 능력이나 누군가의 죄책감이나 불안감을 자극시키고 싶지도 않은 사람이 누군가를 조종하려면 어떤 방법을 써야 할까?

이런 곤란한 상황에 놓인 사람들이 주로 쓰는 방법이 바로 자기희생이다. 그것이 무엇이든 남들이 별로 하기 좋아하지 않는 일을 자신이 하는 것이다. 그렇게 열심히 하다 보면 '저 사람은 참 착한 사람이야', 라는 평가를 받으면서 그 착함의 가치에 적절한 보상을 지불하려는 사람들이 생겨난다.

이 방법의 장점은 시간이 흐를수록 점점 더 상황이 좋아진다는 점이고 단점은 실제로 언제 누구를 통해 이득을 얻을지 가늠하기가 쉽지 않다는 점이다. 내가 희생한 대상과 내가 필요로 할 때 실제로 나를 돕는 대상이 전혀 다를 수 있다는 뜻이다. 그럼에도 삶의 전체적인 과정에서 보면 그리 손해만 보고 살지는 않는다. 세상은 아직까지는 따뜻하기 때문이다.

이렇게 뭔가 딱히 조종할 능력이 없는 사람들을 대상으로 아주 안 좋은 조종 능력을 써먹는 사람들이 있다. **그것이 바로 은근히 '네가 나에게 잘하면 나중에 뭔가 좋은 것을 얻을 수 있을 거야. 하지만 네가 하는 것을 봐서 줄 수도 있고 안 줄 수도 있어', 라는 식의 태도를 취하는 사람들이다.** 일종의 사기이지만 정말로 잘 통하는 방법 중 하나이다.

이 능력은 이미 뭔가 좋은 패를 쥔 사람들이 주로 써먹는 방법인데 생각보다 많은 사람들이 이것에 홀랑 넘어가서 자신의 돈, 시간, 에너지를 갖다 바치고 만다. 이 방법은 내가 의도는 했지만 결국 상대가 알아서 움직인 것이기 때문에 아무런 빚이 남지 않는다는 장점이 있다. 물론 조종당한 상대에게는 그런 현실이 결정적인 단점이 되고 만다. 그래서 남의 불행에 관심이 없는 사람일수록 이 방법을 선호한다. 그래서 불필요할 정도로 많은 돈, 강한 권력, 명성, 관심, 인기, 인정받기 등을 얻으려고 한다. 가지면 가질수록 뭔가 줄 것이 있을 것처럼 보일 수 있기 때문에 사람들이 더욱 더 잘 조종된다.

■ 타인은 나의 이익을 위해 존재한다

우리가 지금껏 다른 사람과의 관계 속에서 다양한 형태의 어려움과 상처를 받은 이유는, 사람들이 이기적이거나, 사람들이 어떤 문제가 있거나, 사람들이 의리가 없어서가 아니다. 또한 내가 어떤 문제가 있어서도 아니다. 그것은 단지 인간관계 그 자체에 대한 잘못된 이해 때문이다.

인간관계의 목적을 단 한마디로 정의한다면 그것은 '나의 이득'이다. 조금 더 깊게 표현하면 우리는 누구나 '나의 생존'을 위해서 인간관계를 한다. 우린 그 누구도 널 위해서 뭔가를 하지 않고 다른 사람들 역시도 나를 위해서 뭔가를 하지 않는다. 우리는 그저 각자 서로의 이득을 추구할 뿐이다. 단지 그것을 위해서 가능하다면 내 이득이 너에게도 이득이 되는 방법을 찾으려 애쓴다. 그래야만 **네가 나의 이득을 위해서 움직여 줄 것이기 때문이다.** 그 방법이 실제로 너에게 이득이 되지 않더라도 그럴듯한 이유를 만들어서 마치 이득이 될 것처럼 보여지도록 한다. 심지어 스스로 나는 정말로 너를 위해서 그렇게 한다고, 그러니 네가 내가 말한 대로 움직여야 한다고 강요한다.

이것이 우리가 타인을 조종하려고 하는 이유다. 부부, 부모와 자식, 형제, 친구, 지인, 동료 상관없이 **모든 종류의 관계는 너를 내 이득을 위해 움직이게 하려는 동일한 목적을 가지고 있다.** 웃긴 농담을 해서 상대방을 기분 좋게 하면 호감을 얻을 수 있고, 상대는 언젠가 내 부탁을 들어주거나 혹은 나에게 필요한 정보를 전달해 줄 가능성이 높아진다. 좋은 외모를 갖는 것도 마찬가지다. 노래를 잘하는 것이나 그림을 잘 그리는 것도 나에 대한 호감도를 높이는 아주 좋은 방법이다. 많은 지식을 가지고 있어도 호감을 얻을 수 있으며, 뛰어난 운동능력도 그렇다. 이런 것들이 아주 탁월하다면 개그맨이 되거나 연예인이 되거나 학자가 되거나 예술가가 되거나 운동선수가 되어서 불특정 다수에게 큰 이득을 취할 수도 있다.

우리가 살아가면서 끝없이 타인의 관심, 인정, 사랑 등을 원하는 근본적인 이유도 동일하다. 누군가 나를 좋아하면 좋아할수록 상대를 내 뜻대로 움직이게 할 수 있고, 인정하면 인정할수록 내 의도가 잘 통하게 되고, 많은 사람들에게 관심을 받으면 받을수록 내가 하는 말 한마디의 파급효과가 커진다. 이런 현상들은 모두 내가 사람들을 조금이라도 더 "쉽게" 조정할 수 있다는 것을 의미한다.

누군가 나를 정말로 많이 좋아한다면 내가 딱히 상대를 조종하지 않아도 알아서 조종된다. 나에게 선물을 사다 주고, 내 변화된 외모를 칭찬해 주고, 맛난 것을 사 주려고 하고, 심지어 정말로 많이 사랑하게 되면 내가 아플 때 내게 자신의 장기를 기증해 주거나 내가 위험할 때 자신의 목숨을 걸고 나를 구하려고 할 것이다. **내가 조종하지 않아도 알아서 움직여 주는 것, 사실상 최고의 조종 방법이다.** 단지 여기에서 유일한 문제는 내가 원하지 않았는데 조종되는 것이다. 그것은 어떨 땐 끔찍한 공포가 된다.

공감을 원하거나 착하게 구는 것은 협박, 허세, 거짓말, 잘난 척과는 전혀 다른 것처럼 느껴지지만 사실상 타인을 조종하려는 동일한 목적을 가지고 있다. 하지만 우리는 이 둘을 나눠서 내가 하는 공감은 좋은 것, 네가 하는 허세는 악한 것이라고 정의하려고 한다. 그런데 실제로 보면 협박이나 허세는 통하지 않아도 아무런 문제가 없는데 공감을 얻지 못하거나 착한 것에 대한 적절한 보상을 받지 못하면 상처를 입거나 배신감을 느낀다. 그렇다면 정말로 더 "선한" 것일까?

다양한 관계 속에서 우리가 추구하는 것들은 우리가 그동안 굳게 믿어왔던 것과 달리 전혀 순수한 것이 아니다. 오히려 각자의 이득을 위해 쟁취하기 위해 싸우고 있는, 눈에 보이지 않는 전쟁터이다. 단지 누가 더 좋은 무기를 가지고 있는지, 누가 더 능동적으로 그 전쟁에 참여하고 있는지 정도만 차이가 난다.

전쟁터에서 반드시 승자와 패자가 생겨나기에 관계 속에서는 상처를 주는 사람과 상처를 입는 사람이 당연히 생겨난다. 그러니 우리가 관계 속에서 상처를 입은 것은 누군가의 잘못이라기보다 그저 당연히 일어날 일이 일어난 것일 뿐이라고 여겨야 한다. 나는 단지 운이 나쁘게 상처를 입는 쪽에 속한 것뿐이다. 그래서 **오히려 정확히 관계의 본질을 이해하고 나면 내가 관계로부터 배신을 당했다는 생각이 처음부터 내 자신의 착각임을 깨달을 수 있다.**

그동안 맺은 수많은 관계 속에서 일어나는 배신이나 상처는 서로 행복하기 위한 경쟁에서, 서로 유리한 쪽으로 상대방을 조종하려는 전쟁터에서 내가 운이 나쁘게 패한 것이다. 그것은 내가 아직 미숙한 것일 수도 있고 상대가 너무 잘하는 것일 수도 있다. 혹은 내가 가지고 태어난 패가 상대가 가지고 태어난 패에 비해서 불리한 것일 수도 있다. 그저 그래서 패한 것이다.

사람을 조종하는 것과 사람에게 조종 당하는 것은 너무도 자연스러운 과정이며 그 과정에서 어쩔 수 없는 어긋남이 발생하는 것도 당연한 수순이다. 여기에서 진짜 문제는 당연히 일어날 일이 일어났을 뿐인데 오히려 그 결과를 가지고 나를 자책하거나 타인을 비난하는 짓이다. 갑자기 하늘에서 천둥이 쳐서 깜짝 놀랐다고 해서 놀란 자신을 자책하거나 놀랜 하늘을 원망하는 것은 어리석은 짓이다. **우리는 그저 알고 대비하면 된다.** 우리는 가능하다면 최선을 다해서 내가 유리한 방향으로 주변 사람들을 조종하면 된다.

심지어 나의 불리한 조건으로 인해 상대에게 조종을 당했다고 해도 큰 문제가 아니다. 자기가 산 주식 가격을 올리기 위해서 나에게 주식을 추천한 친구라고 해도 그 주식이 오르면 아무런 상관이 없다. 이렇듯 조종을 했건 조종을 당했건 상관없이 내가 행복하면 끝이다. **엄밀히 말하면 모든 상처는 능동적이다. 내가 상처를 받은 게 아니라 내 스스로 낸 것이다.** 내가 과한 해석을 하지만 않는다면 그 어떤 것도 나를 상처 입힐 수 없다.

다양한 관계 속에서 타인들은 이기적이고 나는 순수하다, 라는 믿음이 처음부터 잘못된 것이다. 그들이 이기적이면 나도 이기적인 것이고 내가 순수하면 그들도 순수한 것이다. 그 착각이 우리를 그토록 상처입히고 있다. 나를 괴롭게 만들고 그 고통만큼이나 타인을 싫어하게 만든다. 나나 타인은 그저 서로 잘 살기 위해서 최선을 다하고 있는 것뿐이다. 단지 어떤 조종 방법들은 나에게 잘 맞지 않는다. 혹은 내가 매우 조심해야 하는 조종 방식이다. 그것을 잘 파악해야 한다. 그래야 잘못 하는 조종 방법을 써서 실패하거나 혹은 과도하게 조종되지 않을 수 있다.

사람에게 있어서 인간관계는 너무도 중요하다. 그런데 사람들은 상처를 받거나 불편하다는 이유로 관계에 대해서 그렇게 많은 생각을 하려고 하지 않는다. 내가 뭐가 아쉬워서 관계에 연연하고 집착한단 말인가? 나는 혼자 살 수 있다.

하지만 이 말은 마치 난 안 먹고도 살 수 있다, 나는 굶어 죽어도 상관없다, 나는 내 삶에 관심이 없기 때문에 내가 죽든 말든 신경 쓰지 않는다, 라는 말과 같은 표현이다. 그럼에도 이 말을 들으면 반발감부터 밀려온다. 도대체 관계가 왜 그렇게 중요해야 하는지 도저히 이해할 수 없다. 하지만 진실은 숨겨져 있다. **중요하지 않아서 안 하는 것이 아니라 잘 못 하니까 중요하지 않게 여기기로 한 것이다.** 이것은 일종의 자존심이다. 그래서 충분히 이해한다. 어린 시절엔 그럴 수도 있다. 하지만 나이를 좀 먹었다면 조금 다른 태도를 취할 수 있다.

타인은 분명히 내 이득에 큰 도움이 된다. 그렇다면 이런 생각도 든다. 내가 그 이득을 포기한다면 딱히 관계를 맺을 필요가 없지 않을까? 틀린 말은 아니다. 하지만 우리가 한 가지 간과하는 것이 있다. 그것은 바로 관계가 그저 이득만 가져다주는 것이 아니기 때문이다. 관계는 또 다른 숨겨진, 그것도 매우 중요한 역할이 존재한다.

관계는 당장 다양한 이득도 되지만 좀 더 근본적인 관점에서 보면 오늘 내가 살아가는 이유를 만들어 준다. 그래서 어쩔 수 없이 혼자 살게 되는 사람은 한참을 불행 속에 있을 때 삶을 스스로 마무리 하고 싶다는 욕구가 치밀어 오르게 된다. 삶을 왜 더 살아야 할지 어떤 답도 낼 수 없어서 그렇다. 물론 혼자 살더라도 충분히 행복하고 좋은 일만 있으면 전혀 그런 생각이 들지 않는다. 하지만 반대로 우연히 불행하고 나쁜 일이 계속 겹치면 당장 그런 생각부터 떠오른다. **너는 내가 사는 이유가 되어 주고, 나는 네가 사는 이유가 된다.**

이 개념을 좀 더 확장하면 **이 세상의 모든 타인은 - 친구도 아니고 지인도 아닌 전혀 모르는 사람까지도 포함해서 - 내 삶의 의미가 되어 줄 수 있다.** 그동안 한 번도 생각해 본 적이 없었을지 모르겠지만 실제로 그렇다. 어쩌면 이것은 이득이나 효용성을 아득히 뛰어 넘는 가치이다. 나는 너와 우리가 있기에 오늘을 살아갈 수 있다. 그래서 영화 《나는 전설이다》(I Am Legend, 프랜시스 로런스, 2007)에서 주인공이 그토록 누군가를 찾아 헤맨 것이다. 내가 인류의 마지막 인간이라면 도대체 나는 왜 더 살아가야 할까?

우리는 관계를 맺는 것에 조금 더 진지해지고 치열해져야 한다. 좀 더 열심히 그 진실을 알아가야 한다. 정말로 진심으로 최선을 다해서 노력해야 한다. 나를 진심으로 사랑한다면 그렇게 해야 한다. 누군가 와의 좋은 관계는 내 삶을 가장 행복하게 해 주는 가장 좋은 선물일 수 밖에 없다.

2.
혼자는 싫어

친구 1: 나는 이제 뭐든 혼자 하는 것이 좋아. 밥도 그렇고 영화 보는 것, 쇼핑하는 것, 이제는 여행도 혼자 갈 거야.

친구 2: 오우, 대단하다. 어떻게 그렇게 할 수 있어?

친구 1: 처음엔 나도 좀 걱정했는데 몇 번 하다가 보니 익숙해져서 할 만하더라고.

친구 2: 나도 그러고 싶은데… 공항 같은 곳에서 비행기 기다리면서 혼자 있거나 낯선 곳에서 혼자 밥을 먹을 때 기분이 좀 그럴 거 같아.

친구 1: 뭐야, 그게 무슨 문제가 되는데. 그럴 땐 스마트폰을 보면 되지. 유튜브를 보거나 인스타그램에 찍은 사진 올리고 친구들 사진 구경하고 채팅하다 보면 시간이 모자랄 지경인데?

친구 2: 그렇구나. 음… 그런데 그러면 그게 정말로 혼자 하고 있는 거야?

인간에게 있어서 최고의 가치는 행복이다. 그런데 먹고 마시고 자는 것과 같은 본능적 행복 이외의 거의 대부분의 행복엔 특정한 조건이 필요하다. 그것은 바로 **타인의 존재이다.** 행복한 가정, 사랑하는 사람, 회사에서 인정, 부자가 되는 것, 권력을 갖는 것, 봉사를 하는 일, 자연 지킴이, 환자 돌보기, 운동하기, 그림 그리기, 노래하기 등등, 혼자 해서는 딱히 의미를 가질 수 없다. 이 세상에 혼자만 있다면 가족을 꾸릴 수도, 사랑을 할 수도, 사랑을 받을 수도, 힘든 이들을 도울 수도 없다. 사장이나 되어 봤자, 장관이 되어 봤자, 역사적 업적을 남겨 봤자 타인이 없다면 아무런 의미가 없다. 우리는 모두 타인 속에서 존재 되어진다. 타인이 없다면 우린 누군가를 위해 자신의 목숨을 내놓을 수도 없다.

어떤 사람들은 자연을 지키는 일은 누가 뭐라고 하든 혼자 할 수 있는 것이 아니냐고 반문할 수도 있다. 하지만 그것에 대해서 조금만 생각해 보면 안다. 우리는 처음부터 왜 자연을 보호하려는 것일까? 스스로 주장하는 말처럼 자연 그 자체가 소중해서 그런 것일까? 과연 그럴까? 우리가 자연을 소중히 여기고 지키려는 것은, 자연이 우리 인간의 생존에 아주 중요한 역할을 담당하고 있기 때문이다. 자연은 소중하지 않다. 인간이 소중하기에 우리에게 필요한 자연이 소중할 뿐이다. 그런데 내가 이 세상에 남은 마지막 인간이라도 여전히 자연을 보호하려고 할까?

인간에게 있어서 타인의 필요성은 우리의 흔히 알고 있는 관념을 훌쩍 뛰어넘는다. 우리는 타인의 존재를 그저 가족, 친구, 지인, 아는 사람, 모르는 사람, 관련 없는 사람, 조심해야 할 사람들로 분류한 후, 상황에 따라서는 끊고 맺고를 반복한다. 그러다가 너무 버겁다는 생각이 들면 모든 관계를 끊고 혼자 사는 선택을 할 수 있다, 라고 믿고 있다.

왜 그렇게밖에 생각 못할까? 왜 타인의 존재가 사실은 알고 있는 것보다 훨씬 더 중요하다는 점을 인식하지 못할까? 그 이유는 너무도 단순하다. **그러기엔 이 세상에 사람이 너무도 많다.** 많은 수준을 넘어서 타노스는 이젠 반쯤은 죽어야 한다고 한다. 그러니 사람이 전혀 중요하게 느껴지지 않는다. 마치 늘 존재하기에 전혀 중요하게 느껴지지 않는 공기 중 산소처럼 그렇다. 하지만 진실은 내가 전혀 알지 못하는 타인이라도 그 존재는 오늘 내가 계속 살아갈 수 있는 이유가 되며, 내일도 내가 계속 살아갈 수 있는 이유가 되어 준다. 더해서 우리가 현재 하고 있는 모든 일의 가치를 마련해 준다.

내일 지구가 멸망하더라도 오늘 사과나무를 심는다는 것은 언뜻 듣기엔 그럴듯해 보인다. 하지만 진짜로 내일 지구가 멸망하면 사과나무를 심을 때가 아니라 사랑하는 사람과 함께 있어야 한다. 삶의 마지막 날을 같이 보낼 사람이 없는 사람들만이 멍하게 하루를 보내거나, 광란의 파티를 하거나, 평소 못했던 난폭한 행동들을 할 것이다. 하지만 정말로 하고 싶은 것이 없다면 스피노자의 말처럼 사과나무 중 하나를 선택해 심는 것도 개인의 취향이다.

예전에 개봉한 영화 《패신저스》(Passengers, 모튼 틸덤, 2016)에서 주인공은 동면 후 130년이 걸리는 우주여행 중 겨우 30년 남짓한 시간이 지난 후 우주선 고장으로 홀로 깨어난다. 그는 앞으로 90년이 남은 시간 동안 우주선에서 혼자서 보내야 할 처지가 되고 만 것이다. 그는 우주선의 목적지인 새로운 행성에 도착도 못 해 보고 중간에 홀로 늙어 죽게 되는 것이다. 그것은 마치 여행을 떠나는데 가는 비행기 안에서 모든 시간을 다 쓴 것과 비슷하다. 훨씬 더 심하다. 그래서 그는 이제 선택해야 한다. 함께할 사람을 깨우느냐 아니면 그냥 자살하거나.

단 한 사람만 있으면 됐다. 누군가의 삶이 지옥에서 천국으로 바뀌는 것에 필요한 사람의 숫자는. 어쩌면 오히려 단 한 사람이었기에 가능한 것인지도 모른다. 폐쇄된 공간에서 두 사람만 존재하는 상황, 그런 상황에서 이 두 사람이 얼마나 서로를 소중히 여겼을지, 살아가는 내내 얼마나 서로에게 집중했을지 경험해 보지 못한 우리들로서는 상상조차 하기 힘들다.

사실 우리가 인간관계에서 수많은 문제를 겪는 이유는, **서로가 서로에게 단 한 사람이 아니기 때문이다.** 우리의 안전함에 대한 욕망은 우리를 끝없이 더 많은 사람을 향하게 만든다. 이상한 일은 아니다. 달걀을 나누어 담아야 안전해지듯, 인간관계 역시도 최대한 많은 사람들에게 분산시켜 놔야 안전해진다는 점을 우리는 본능적으로 알고 있다. 그러니 어쩔 수 없이 두 사람만 살 수 있는 상황이 아니라면 우리의 관심은 끝없이 타인을 향하게 된다.

실제로 사람을 많이 알수록 얻는 것은 많다. 더 안전해졌고, 더 많은 정보를 얻고, 더 도움이 되고, 더 많은 기회를 얻고, 더 좋은 사람들과 어울릴 수 있다. 자신의 이상형인 짝을 만날 수도 있고, 힘든 일을 함께 해 줄 소중한 친구를 사귈 수도 있다. 인생에 커다란 영향을 끼칠 수 있는 멘토를 만날 수도 있고, 내 재능을 펼칠 기회를 얻을 수 있기도 하다. 그런데 아는 사람이 많아지게 되면 단점은 없을까?

당연히 있다. 무엇보다도 **서로에 대한 집중력을 잃었다.** 영화 속 우주선 안에서 두 사람이 가질 수 있었던 가장 큰 장점이다. 그리고 이 집중의 부재는 결국 우리들에게 인간관계 속에서 상처를 만들어 내고 만다. 심지어 요즘은 기술의 비약적인 발달 덕분에 우리는 스마트폰을 통해 그 어디에서도 사람들과 끊임없이 연락을 할 수 있게 되었고, 그로 인해 커피 테이블을 앞에 두고 앉아 있는 상대나, 함께 여행을 떠난 친구들에게조차 나에 대한 집중을 기대할 수 없게 되었다. 사실 요즘 시대에 온전한 집중은 어떤 의미에서는 고리타분하거나 그것을 상대방에게 기대하는 것 자체가 잘못으로 인식되는 상황이다.

누군가가 나에게 집중하지 않는 상황은 너무 잦고 흔해서 이제는 당연하고 무뎌졌겠지만, 우리는 자신의 앞에 있는 상대가 내가 아닌 다른 사람들에게 관심이 쏠릴 때마다 아주 미세하게 상처를 받는다는 점은 여전하다. 동생의 급한 일 때문에 내 일을 신경 써 주지 못하는 엄마를 볼 때, 친구가 다른 친구와의 약속으로 인해 내 눈치를 보면서 약속을 깰 때, 술집에서 친구와 둘이 술을 마시고 있는데 친구가 우연히 지인을 만났다면서 그 자리로 가서 한참을 떠들며 돌아오지 않을 때, 우리는 공허한 상상 속에서 스스로 상처를 받는다.

그렇지만 그것을 따질 수는 없다. 따졌다가는 오히려 관계를 망칠 수도 있고, 우리 자신도 상대에게 그런 행동을 했을 때가 이미 제법 있었다. 그러니 그런 감정은 가능하면 빨리 내보내야 한다. **그렇게 오랜 시간을 자신도 모르게 훈련을 해오다 보니 소외감이나 서글픔 등의 감**

정이 마음 속으로 들어오는 순간 그 즉시 자동 배출되어 버린다. 그런 감정들은 우리가 아직 어릴 때, 세상에 대해 잘 모를 때나 받는 불필요한 감정이다. 누군가 나에게 집중을 하지 않는다면 그 순간 나도 그 즉시 다른 곳으로 신경을 돌리면 된다. 그러면 그런 감정들은 금세 배출되고 나는 곧 아무렇지도 않게 된다.

엄마가 나를 신경 써 주지 않으면 그때부터는 친구랑 놀면 된다. 친구가 나와의 약속을 깨면 나도 다른 친구와 약속을 잡으면 된다. 같이 있던 친구가 다른 자리에 가서 한참을 오지 않으면 나도 스마트폰을 꺼내 지인들의 SNS를 바라보거나 단체 채팅 방에 쌓여 있는 많은 메시지를 읽고 반응하면서 거기에 집중하면 된다.

상처를 받는 것은 내가 결국 약자라는 뜻이고, 내가 너보다 이 관계를 아쉬워하는 사람이란 뜻이다. 나는 약하거나 관계 속에서 갑이 아닌 을인 사람이 아니다. 나는 누가 뭐래도 "쿨한" 사람이다. 그러니 누군가 나에게서 한 걸음 멀어지면 나도 그 즉시 한 걸음 뒤로 물러난다. 아니, 상대방이 느낄 수 있을 정도인 한 걸음 반을 물러선다. 그런 상황에 혹시나 가만히 있게 되면 그것은 내가 약하고 아쉬워하는 사람이란 것의 증거가 된다. 덕분에 지금 시대에 우리들 대부분이 선택한 전략은 "혼자서도 잘 사는 삶"이 되었다. 어떤 것까지 혼자 할 수 있는지 여부가 중요한 시대가 되었다. 과거엔 절대로 혼자 할 수 없는 것이라고 여겨졌던 금단의 벽들이 무너지고 있다. **이젠 더 이상 혼자 할 수 없는 것이 존재하지는 않는다. 그저 돈이 부족할 뿐이다.**

그런데 살짝 이상하다. 친구들과 신나게 놀고 집으로 돌아왔을 때 집안은 깜깜하게 불이 꺼져 있고, 불을 켜자 나갈 때 준비하느라 바빠서 벗어 놓은 옷들이 널브러져 있을 때 뭔가 살짝 희미한 감정 하나가 스쳐 지나간다. 하지만 너무도 희미하기에 TV만 켜도 금세 사라지고 만다. 그것은 마치 밝은 빛으로 인해 눈에 잠깐 보였던 먼지와 같다. 그럼에도 아주 가끔씩 그런 감정들이 스쳐 지나가다 보면 어느 날, 운 나쁘게 아침부터 넘어졌고, 아끼는 옷을 버렸고, 일을 실수했고, 친구와 잡은 약속이 깨졌고, 시킨 저녁이 맛이 없었고, TV에서 볼만한 영화가 없는 날이 오면 갑자기 뭔가 텅 빈 느낌이 든다. 그것이 무엇인지는 잘 모르지만 기분이 좋은 것이 아니란 점만큼은 확실하다.

■ 누가 더 상처받았을까

2017년도 미국의 한 신문에 기사가 하나 실렸다. 하버드 대학교의 성인발달연구팀이 1938년부터 79년이 넘는 세월 동안 임의의 724명의 삶을 관찰해 왔다는 내용이었다. 이 연구팀은 도대체 무엇을 알고 싶어서 그렇게 오랜 시간 동안 그 많은 사람들을 관찰해 온 것일까? 그것은 아주 평범한 질문 하나에 대한 답을 찾기 위해서였다.

"우리는 무엇을 통해 행복해질 수 있는가?"

돈? 성공? 취미? 여행? 도전? 뭐, 다 행복한 삶의 고전적 해답이 될 것이다. 그런데 연구결과는 전혀 다른 말을 했다. 행복한 삶을 위해서는 가장 중요한 것은 바로 인간관계였던 것이다. 그리고 사람들을 가장 빠르게 죽음에 이르게 하는 것이 바로 다른 사람들과 어울리지 못한 외로움이었다. 그러니까 혼자가 될수록 행복하기도 힘들고 일찍 죽는다는 뜻이다. 더해서 인간관계는 양보다는 질이란 결과도 나왔다. 그러니까 친구는 그 숫자보다는 깊은 친밀한 관계, 다른 말로 하면 얼마나 상대와 충만함을 경험할 수 있느냐의 여부가 훨씬 중요하다는 의미이다. 마지막으로 인간관계는 기억력을 증진시키는 효과까지 나타난다고 한다.

사실 조금만 생각해 봐도 뻔한 내용이다. 좋은 사람들과 함께 하는 삶이 훨씬 더 행복하다는 것을 누가 모르는가? 단지 그런 사람들과 만나 그럴 수 있는 관계로 맺어가는 과정이 어려울 뿐이다. 그럼에도 우리는 이 결론에 대해서 잠시 생각해 볼 필요는 있다. 지금 내가 충만함을 느낄 수 있는 인간관계에 대해서 그다지 필요성을 못 느낀다면, 그것은 혹시 이솝 우화에 나오는 높이 달려 있는 포도를 보고는 어차피 먹질 못하니 '저 포도는 분명히 제대로 익지 않아서 떫고 실 것이 분명해', 라고 생각하는 여우와 같은 입장이 아닐까?

물론 혼자 사는 것이 어떤 문제가 될 것은 없다. 기본적으로 현대 사회에서 혼자 산다는 것이 온전히 홀로 산다는 의미는 아니다. 사실 실제로 홀로 사는 사람은 없다. 단지 혼자 살 뿐이다. 혼자 사는 대부분의 사람들이 일인 가구이긴 하지만 주변에 사람이 아예 없는 경우는 거의 없다. 오히려 더 많을 수도 있다. **친구나 지인이라고 부를 수 있는 사람들과 적당한 거리를 두고 내 행복을 해치지 않는 선에서 어울려 사는 것, 이것이 바로 요즘 시대의 삶이다.** 그렇게 되면 혼자 사는 자유로움과 사람들과 함께 하는 즐거움을 모두를 얻을 수 있다. 단지 이때 많은 돈이 필요하다. 가구원의 숫자가 적을수록 일 인당 생활비가 더 들고 사람을 많이 만날수록 더 많은 돈을 써야 하기 때문이다.

만약 혼자서 살더라도 돈만 어느 정도 충분히 있고, 주변에 잦은 연락을 주고받지만 결코 질척거리지 않는 관계도 제법 있고, 하고 싶은 일도 많아서 혼자서도 충분히 행복하게 살 수 있으며, 혼자 살아갈 미래를 잘 준비하면서 살아가고 있다면 꼭 힘들게 다른 사람들과 깊은 관계를 맺으려고 노력하면서 살아갈 필요가 있을까? 특히나 그걸 원하는 상대를 찾기도 힘든데 말이다. 꼭 하버드의 연구팀이 발표한 결과를 보지 않아도 인간관계가 좋다는 것은 충분히 잘 알지만, 그것이 가진 단점들, 그것도 꽤나 치명적인 단점들이 있음을 살아오면서 이미 충분히 경험했는데 왜 그것에 매달려야 할까?

사실 하고는 싶지만 '좋은지 누가 몰라, 나도 하고 싶다고. 하지만 하기가 힘들어. 예전에 나도 시도해 봤는데 실망하고 상처만 잔뜩 입었어. 다시는 안 해', 라는 생각이 들면서 미리 거부감이 들 수 있다. 적당히 어울리며 살아도 충분히 행복한데 왜 "친밀한 관계" 수준까지 내려가야 할까? 관계라는 것은 만나서 즐겁게 놀고, 하고 싶은 일 같이 하고, 경조사 정도에 서로 찾아가 주면 되지 않을까?

이것도 맞는 말이다. 하지만 그렇게 생각을 하고 나서도 뭔가 찜찜하다. 그 말을 듣는 순간만큼은 나도 모르게 '나는 그런 사람이 있나?', 하는 생각이 스쳐 지나간다. 다행히 대부분은 있다. 적어도 부모님은 살아 계시니까. 하지만 여전히 그 찜찜함이 존재한다. 뭔가 중요한 것을 놓치고 있는 것이 있는 듯한 기분이다.

후회라는 감정이 있다. 지금 어떤 일이 잘못되었을 때 과거를 돌이켜 생각해서 잘못된 선택을 한 과거의 어리석음을 책망하는 마음이다. 하지만 현재가 잘못되었더라도 후회를 안 하는 법이 있다. 그것은 바로 당시에 내가 할 수 있는 한 최선을 다했다고 느끼면 된다. 더 이상 뭔가 할 수 없었으니 설령 잘못되었더라도 아쉽긴 해도 후회는 안 된다. 스스로 최선을 다한 운동선수는 올림픽에 나와 비록 메달을 따지 못해도 얼굴이 밝다. 하지만 훈련을 게을리해서 은메달을 목에 건 선수의 얼굴은 어둡다.

찜찜함에 대한 이야기를 하다가 갑자기 왜 후회에 대해서 말하는지 궁금할지도 모르겠다. 그 이유는 바로 우리가 하버드 연구결과를 보고 느낀 그 찜찜함이 바로 "미래에 후회를 하게 될지도 모른다고 생각하기에" 비롯되고 있음을 자각해야 하기 때문이다. 그러니까 그 연구결과를 본 우리들은 당장은 괜찮지만 각자의 미래가 은근히 걱정되는 것이다.

사람들은 후회하는 것을 몹시 싫어한다. 그래서 현재의 결정을 미래에 후회하게 될까 봐 선택의 순간마다 불안해한다. 결혼을 안 하기로 마음먹는 것이, 아이를 낳지 않기로 마음을 먹는 것이, 이 직장으로 옮기는 것이, 공무원이 되기로 마음먹은 것이, 배우자를 선택하는 것이 그렇다. 결정 자체는 어떤 식으로든 결론이 나겠지만 나중에 혹시나 그 결정을 후회하게 될까 봐 불안하다. 그러다 보니 누군가 꼭 결혼을 해야 한다고 강조하거나 반드시 아이를 낳아야 한다고 하면 큰 반발감을 느끼면서도 한편으로는 찜찜해지고 만다. 지금 내가 한 결정이 과연 최선인가? 하지만 지금은 알 수 없다. 미래까지 살아 봐야 한다.

그러니 만약 하버드 대학교가 내놓은 그 뻔한 연구의 결과를 듣고 나서 뭔가 찜찜함이 남았다면 그것은 바로 **'나는 그것을 후회하지 않을까? 나는 과연 최선을 다한 것일까?'에 대한 의문이 든 것이다.** 그런데 왜 그런 걱정을 하게 될까? 답은 단순하다. 이미 설명했듯이 지금 이 순간 최선을 다하고 있지 않다고 느껴서 그렇다. 실제로도 우리들 대부분은 관계를 맺는 것에 그리 진심이지 않다. 내가 뭐가 아쉬워서라고 생각되는 자존심 때문에, 누군가에게 다가갔다가 입은 상처를 입은 경험 때문에, 딱히 마음에 드는 사람이 없다는 이유 때문에 더 이상 노력하기를 거부하고 있는 상황이다. 지금 정도의 관계면 충분히 괜찮은 편이라고 생각하고 있는 중이다. 하지만 한참 시간이 흘러 부모님도 다 돌아가시고 나서 저런 연구 결과를 또다시 보게 되면 그때의 우리는 과연 누구를 떠올릴 수 있으며, 어떤 생각이 들까? 우린 지금 정말로 아무 문제가 없을까?

■ 이상한 세상

지금 시대엔 가족과 같은 관계 이외에 친밀함과 충만함을 추구하는 것은 그다지 환영 받고 있지 못하다. 그것은 혈연도 아닌 누군가와 불편하게 얽매는 것이고, 행복만 추구해야 할 관계가 불행까지 같이 감당해야 할 처지에 놓이게 됨을 의미한다. 잘 살고 있는 친구를 만나는 일은 즐겁고 행복하지만, 뭔가 나쁜 일이 생겨서 힘든 친구를 만나는 것은 결국 불편하고 불행한 일이 된다. 물론 처음엔 어느 정도 참고 어울린다. 언젠가 다시 원래대로 돌아올 것이라고 믿기 때문에. 하지만 오랫동안 돌아오지 못하면 결국 그 관계는 끝이 나고 만다.

내가 떠나지 않아도 상대가 견디질 못한다. 불행해진 상대는 나에 대한, 세상에 대한 자격지심으로 인해 열등감, 질투심에 사로잡히기 때문에 더 이상 행복한 나를 만날 수 없는 사람이 되고 만다. 그들 역시도 내가 불행하면 금세 떠날 것이다. 가족이 아닌 친구는 어차피 그 한계가 명확하다. 가족은 책임감과 사회적 시선 때문에라도 나를 떠나지는 않겠지만, 그것으로부터 자유로운 친구들은 언제든 떠날 것이고, 떠남의 순간엔 잠시 "인간적인 의리" 때문에 망설이겠지만 금세 잊을 것이다. 그러니 우리는 가족이 아닌 사람들과 깊은 관계를 맺을 필요가 없다. 옳은 말이다.

여기엔 그저 단 한 가지 문제가 있다. 그것은 바로 우리 인간이 그렇게 살도록 설계되어 있지 않다는 점이다. 그러니까 우리가 적절히 관계의 한계를 인정하고 그에 맞게 행동하더라도 우리의 본능은 그것에 전혀 동의하지 않는다. 그 때문에 충분히 괜찮게 살고 있는데도 불구하고 불 꺼진 방에 혼자 들어갈 때, 매우 곤란한 처지에 놓인 친구를 돕는 사람을 봤을 때, 멀쩡했지만 누군가와 깊은 관계를 맺어야 한다는 글을 읽게 되면 뭔가 설명하기 힘든 감정들이 남게 된다. 미묘하고 작지만 없지는 않다. 가끔 운 나쁘게 하루 종일 힘든 날이라도 오면 아무런 이유도 없이 갑자기 눈물이 터지고 만다. **그 감정은 때에 따라 상황에 따라 다른 많은 이름으로 불리지만 원래 이름은 『외로움』이다.**

외로움은 상황에 따라서 여러 가지로 해석되는 감정이다. 어떨 때는 심심함으로 해석이 되고, 어떨 때는 내 편이 없다는 것으로 해석이 되고, 어떨 때는 이 세상에 나를 신경 써 주는 사람이 아무도 없다는 것으로 해석이 된다. 젊은 시절의 외로움은 보통 심심한 것이라서 친구를 만나거나 게임을 하거나 영화를 보면 해결이 된다. 중년의 외로움은 나를 이해해 주는 사람이 없다는 느낌으로 인해 생겨나기 때문에 비슷한 주제로 대화를 나눌 사람을 만나거나, 말이 통한다는 이유로 불륜을 저지르기도 한다. 노년의 외로움은 독거노인의 그것이며, 생존 그 자체이다. 운 좋은 이들은 자식들의 전화로 버텨 내지만 운 없는 이들은 말라서 사그라지고 만다. 같은 외로움이란 감정이라도 젊고 강한 상태일수록 쉽게 해결이 되고, 약해질수록 커져서 우리는 그 감정에 무겁게 눌리고 만다. 그것이 너무 심해지면 우린 외로움에 완전히 굴복하게 된다. 바로 죽음이다.

사람들은 누구나 이런 내용들을 이미 다 알고 있다. 그래서 지금 당장 충분히 괜찮은 상황에서도 그런 미묘한 감정들을 느끼게 되는 것이다. 어느 날 운이 많이 나쁜 날이라도 오면 내가 왜 이렇게 힘든 세상을 계속 살아가야 하는지에 대해서 의문이 들기도 한다. 너만, 나만 그런 생각을 하는 것이 아니다. 우리 모두가 그렇다.

도대체 왜 그럴까? **웃긴 일이지만 우리 인간이 무엇인가를 위해서 할 때는 반드시 뭔가가 남아야 하기 때문이다.** "나를 위해서" 하는 행동들은 당장은 좋지만 미래를 위해서는 단 하나도 남길 않는다. 나를 위해서 음식을 하고, 나를 위해서 상을 차리고, 나를 위해 설거지를 하는 것은 당장 행복할 수는 있지만 무엇이 남겠는가? 당장은 배가 부르겠지만 시간이 지나면 금세 배가 고픈 그전 상태로 되돌아가고 만다. 하지만 너를 위해서 음식을 하고, 상을 차리고, 설거지를 하는 것은 당장은 힘들지만 보통은 뭔가가 남게 된다. 내가 너에게 뭔가를 쌓인 것이다. 그것은 알 수 없지만 미래에 어떤 식으로든 도움이 될 가능성이 높다.

이것은 마치 은행과 같다. 우리는 우리가 아는 모든 사람들에게 통장을 만들어 두고 기회가 되거나 여유가 되면 거기에 뭔가를 쌓아 둔다. 심한 경우 빚을 내서 쌓기도 한다. 미래의 나를 위해 오늘의 내가 희생을 하는 것이다. 왜 그런 행동을 할까? 언제가 내가 힘든 날이 올 때 꺼내 쓸 수 있기 때문이다. 그 희망이 우리에게 안정감을 준다. 남들도 나와 똑같다. 그들도 역시 나에게 쌓아 둔다. 내가 오늘 누군가에게 잘해 준다는 것은 내가 그 사람에게 쌓는 것이고, 누군가 나에게 잘해 준다는 것은 그 사람이 나에게 쌓은 것이다. 그러니 별로 마음에 들지 않는 상대가 자꾸 뭔가를 주면 부담이 되는 것이다. 다 언젠가 찾아갈 빚으로 느껴진다. 언젠가는 나에게 그 빚을 갚길 원할 것이 분명하다. 이 세상에 공짜로 주는 사람은 없다.

일반적으로 상대방에게 많은 것을 쌓고 있다고 느낄수록 우리는 안정적이라고 느낀다. 서로 많이 쌓인 사이일수록 그것을 잃을 때 타격이 크기 때문에 삶이 깊게 얽혀 들어간다. 그 사람의 불행이 나에게도 큰 영향을 끼치는 것이다. 그래서 **우리는 "내가 그동안 쌓은 것을 잃지 않기 위해서" 가능하면 그 사람의 불행을 함께 감당해 준다. 그 사람 역시도 "나한테 쌓인 것을 잃지 않기 위해서" 내 불행을 함께 감당해**

주려고 한다. 이 행동은 이기적이지만 결국 이타적이다. 이것이 가장 잘 작동하는 관계가 바로 가족이며, 가족을 포함한 모든 관계의 본질이 된다.

그런데 만약 평소에 쌓는 것을 열심히 하지 않으면 나중에 내가 힘들 때 모든 것을 다 감당해야 한다. 그것은 매우 큰 두려움이다. 그러니 결국 불안해진다. 아무리 완벽히 잘 준비를 해 놨더라도 혼자서는 안 되는 일들은 분명히 존재한다. 갑자기 심장마비로 쓰러질 때는 누군가의 도움이 반드시 필요하다. 단순히 감기로 아파서 약을 사러 나갈 때조차 그렇다. 혼자서 하기 힘든 일을 겪을 때마다 평소엔 있는 줄도 몰랐던 내 안의 불안함이 외로움이란 감정으로 변해 급격히 퍼져나간다. 그 순간만큼은 세상에 나 혼자밖에 없다는 느낌이 든다. 불안함은 외로움으로, 외로움은 서러움으로, 서러움은 두려움으로 바뀌어가면서 나는 나도 모르게 눈물을 흘리게 된다. **그 눈물은 그저 누군가의 진심 어린 토닥거림으로 멈춰질 수 있지만 지금 이 순간 내 곁에 그것을 해 줄 아무도 없다.**

다행스럽게도 이런 감정들은 다시 건강해지고 나면 곧 사라진다. 하지만 그런 기억들은 우리들의 무의식에 차곡차곡 쌓여서 또 언젠가 운 없는 날이 오면 스멀스멀 올라온다. 우리는 이미 본능적으로 그 사실을 알고 있기 때문에 어릴 때부터 친구들과 잘 지내려고 많은 노력을 했다. 생각해 보면 다들 중고등학교 시절엔 가족보다도 오히려 친구를 더 중요하게 여겼다. 다들 서로 안에 있는 은행에 열심히 쌓았다. 하지만 우리들 대다수가 되돌려 받은 것은 내가 쌓은 것이 아니라 텅 빈 통장이었다. 많은 친구들이 내가 열심히 쌓은 것을 하나도 되돌려 주지 않은 채 떠나갔다. 그것은 배신이었고 그로 인해 내 마음 속엔 여전히 수많은 상처의 흔적들이 남아 있다.

그때 왜 그 친구들은 나에게 아무 것도 되돌려주지 않았을까? 내 나름대로 열심히 노력했는데 왜 그 친구들은 내 마음을 몰라줬을까? 그 아이들이 이기적이고 나쁜 사람이라서 그런 것일까? 내가 사람을 잘못 본 것일까? 내가 뭐가 아쉽다고 그런 짓을 했을까? 시간이 한참 흘렀지만 그때만 생각하면 기분이 나빠진다. 그러니 생각하고 싶지도 않고 다시 겪고 싶지도 않다. 하지만 지금의 우린 알아야 한다. 그때 친구들은 다들 그럴 만한 이유가 있었다.

내가 그 친구가 진짜로 원하는 것을 쌓은 것이 아니라서 그렇다. 나이를 먹고서야 알게 된 사실이지만 사람들은 각자마다 중요하게 여기는 것이 꽤나 다르다. 나는 예쁜 옷을 중요하게 여기는 친구에게 내가 아끼던 참고서를 주었다. **나는 많은 것을 줬지만 그 친구는 버려야 할 짐만 늘었다.** 원래 뭔가를 쌓는 것은 내가 원하는 것이 아닌 상대가 원하는 것을 줘야만 이뤄진다. 그런데도 우리는 서툴러서 그것이 무엇인지 잘 몰랐다. 인정을 바라는 친구에게 손 편지를 써 주고, 관심을 바라는 친구에게 박수를 쳤다. 자신에게 집중을 바라는 친구에게 더 많은 친구들을 소개시켜 줬고, 많은 친구를 사귀길 바라는 친구에게 집중하고 또한 나에게 집중하라고 소리쳤다.

또 다른 이유는, 슬프게도 원래 모든 관계가 불균형 상태이기에 그렇다. 이미 알게 됐듯이 사람들은 타고난 매력에 따라 관계 속에서 갑과

을의 처지로 나뉜다. 그러다 보니 을이 된 쪽은 훨씬 더 많이 쌓아야 한다. 더군다나 갑은 나뿐만 아니라 많은 사람들에게서 동시에 받기 때문에 내가 아무리 열심히 상대가 원하는 것을 쌓아도 상대가 실제로 받았다고 느끼는 것은 쥐꼬리만큼이다. 그래서 돌려줘야 할 때는 딱 그만큼만 주고 만다. 우리는 그때 '이거나 먹고 떨어져라', 라는 느낌을 받는다.

그 시절에 우리는 이것을 잘 몰랐다. 무조건 내가 주는 것이 쌓이고, 줬으면 그만큼 받아야 한다고 여겼다. 그러다 보니 우리는 상대가 하지도 않은 배신을 당했고, 주지도 않은 상처를 받았다. 분명히 배신을 당했고 상처를 받았지만 정확히 말하면 그것은 상대의 잘못이 아니었다. 그렇다고 해서 내 잘못도 아니다. 그것은 그 누구의 잘못이 아닌 아직은 어렸던, 그래서 **너무 순수했던 시절의 불운한 어긋남이었다.** 우린 그동안 많은 일들을 겪었고 더 많은 것들에 대해서 알게 되었다. 그러니 지금부터는 조금 다르게 접근할 수 있다.

예전에도 그랬고 지금도 그렇듯 우리에겐 결국 타인이 필요하다. 기왕 필요하다면 잘하는 것이 좋을 것이다. 한때 과거의 사소한 오해로 인해 생겨난 관계에 대한 인식을 바꾸고 내 삶의 행복을 위해서 한 번쯤 다시 시도해 보자. 더 이상 과거가 우리의 발목을 잡지 못하도록 하자. 무작정 다시 해 보자는 것도 아니다.

■ 위로가 필요해

잠시 시간여행을 떠나 보자. 꽤나 오래전 과거로 말이다. 과거로 간 당신은 지금 우리의 아주 먼 조상인 원시인이다. 커다란 동굴에서 수십 명의 다른 원시인들과 함께 살아가고 있다. 다행스럽게도 불을 사용할 줄은 알지만 그렇다고 해서 뭔가 딱히 문명의 이기라고 부를 만한 것이 하나도 없다.

당신은 능력 있는 사냥꾼이다. 그래서 동료들과 맘모스를 잡기 위해서 동굴을 떠나 꽤나 멀리 나와 있다. 벌써 삼 일 내내 걸었지만 다행이 내일쯤이면 아마도 놈들 무리 근처에 도착할 듯하다. 하루 종일 걸었더니 몹시 피곤하다. 해가 지자 노숙을 하기로 한다. 이때 꼭 불을 피워야 한다. 그렇지 않으면 늑대나 호랑이와 같은 야행성 포식자들이 언제 습격을 해올지 모른다. 더해서 모두가 함께 잠들어서도 안 된다. 반드시 무리 중 한 명은 깨어서 주변을 경계해야 하고 불을 꺼뜨리지 않도록 해야 한다.

다행스럽게도 여럿이 함께하기 때문에 불침번의 역할은 돌아가면서 하면 된다. 푹 자고 나면 내일은 맘모스를 잡아 바비큐를 해 먹을 수 있을 것이다. 비록 소금도, 후추도, 마늘도, 상추도 없지만 그래도 맘모스 삼겹살과 맘모스 족발구이는 아주 맛이 있을 것은 분명하다. 하지만 맘모스는 만만치 않은 사냥감이고, 매우 사나운 녀석이라서 사냥 중 다칠 수도 있다. 더해서 잡고 나서도 그 커다란 고기를 다 옮기는 것은 아주 큰일이다. 그럼에도 그렇게 걱정은 안 된다. 동료들과 함께라면 그 커다란 녀석을 잡을 수 있으며, 혹시나 다치더라도 동료들이 도울 것이다. 고기를 옮기는 일도 함께 하면 얼마든지 가능하다.

혹시나 사냥 중 크게 다쳐서 다음 사냥에 나오지 못하더라도 동료들은 당신이 나을 때까지 굶어 죽지 않도록 고기를 나눠줄 것이다. 그들은 당신만큼이나 당신의 빠른 회복을 바랄 것이며, 그것은 당신도 동료가 다쳤을 때 같은 마음일 것이다. 운이 나쁘게 크게 다쳐서 이후 아예 사냥에 참가할 수 없게 되더라도 당신은 버려지는 것이 아니라 그저 다른 역할을 맡게 될 것이다. 창을 만든다든지, 잡아 온 고기를 썩지 않도록 훈제 처리를 한다든지, 가죽으로 옷을 만드는 일을 하면서 살면 된다.

그 시대를 살고 있는 당신에게 동굴에서 함께 사는 동료들은 단순한 "관계"가 아니다. 너의 죽음이 나의 죽음이며, 너의 생존이 내 생존이 된다. 그로 인해 **"관계"는 "생존"과 완벽히 동의어이다.** 그래서 혹시나 문제를 일으켜 무리에서 쫓겨나는 일이 오면 그것은 사형선고와 다름이 없다. 그러니 동료들 사이에서의 평판, 자신의 유용한 쓰임새, 사람들과의 유대관계는 그 무엇보다도 중요했다. 그것이 사라지는 순간 그 즉시 죽음 앞에 설 수밖에 없다.

아마도 당신은 '그건 아주 예전에 동굴에 살 때나 통하는 얘기잖아요. 지금은 완전히 다르죠', 라고 반문할 것이다. 하지만 생각보다 우리에게 인간관계가 생존과 직결되던 시기가 그리 오래전 과거가 아니다. 백 년 전만 해도 동굴에 살던 원시인만큼은 아니더라도 관계는 여전히 중요했다.

시간이 흘러 동굴보다는 훨씬 더 큰 단위로 성장한 공동체는 이제 "마을"이나 "촌락" 등으로 불린다. 그리고 그 안에서 살아가는 모든 사람들은 과거만큼은 아니더라도 여전히 서로의 삶을 조금씩 나누어 책임지고 있다. 아주 오래전부터 내려온 안전, 협동, 도움, 역할 분담은 여전히 유효하다. 근처 호랑이가 출몰하면 함께 몰아냈고, 모내기나 김장을 할 때 서로 도움을 주는 품앗이나 두레가 있었고, 경조사를 함께했다. 각자의 역할은 훨씬 더 다양해져서 "직업"이라고 부르며 과거보다 훨씬 세세하게 나누어졌다.

마을 내에서 태어난 아이들은 태어남과 동시에 부모가 속해 있는 공동체 전체로부터 보호와 배려를 받았고 아이 역시도 평생 그 안에서 살아가고, 그 아이의 자식들 역시도 마찬가지였다. 그로 인해서 마을에서 쫓겨나는 일은 여전히 치명적이었다. 물론 과거와 차이는 있다. 마을을 떠난다고 해서 바로 늑대나 호랑이한테 잡아먹힐 일은 없으니까. 하지만 새롭게 터전에 정착하는 일은 매우 힘들다. 마을에서 쫓겨난 사람에게는 "마을을 쫓겨날 수밖에 없었던 이유"에 대한 보이지 않는 주홍글씨가 새겨져 있다.

기존의 마을 사람들은 낯선 자를 잘 받아 주지도 않았고, 받아 주더라도 그 안에서 과거와 같은 마을의 일원이 되는 것은 매우 지난한 과정이었다. 예전 마을에서는 태어나자마자 손쉽게 얻었던 것들이 이제 많은 힘든 노력을 통해 얻어야 할 대상이 되었다. 결국 "낯선 자"나 "이방인"이란 단어는 지금 시대에도 여전히 부정적 의미를 품고 있다.

시간 여행을 끝내고 현재로 다시 되돌아오자. 이제 과거의 그런 공동체는 없어졌다. 나의 안전은 동료나 마을 사람들이 지켜 주는 것이 아니라 경찰이 지켜 준다. 나에게 닥친 불행은 보험회사가 처리해 준다. 그조차 안 될 땐 주민센터나 면사무소에서 관리를 해 준다. 그러니 홀로 살아도 먹고살 수는 있다. 사람이 없으면 죽을 수밖에 없는 그런 시대는 이미 지났다. 좋은 점도 많다. 특히 운명공동체로 엮여서 받아야 했던 수많은 훈수, 참견, 오지랖으로부터 자유로워졌다.

오랜 전통을 가지고 있는 "네 생존이 내 생존이라는" 믿음을 근거로 당연하게 여겨졌던 과도한 참견질과 훈수질은 기분 나쁜 질척거림이며 우리를 몹시 불편하게 만드는 일 중 하나였다. 이제는 거기에서 벗어나 자유롭게 그 누구도 아닌 내가 행복한 삶을 살 수 있게 되었다. 우리들 대부분은 이미 그렇게 살고 있고 앞으로도 그렇게 살아갈 것이다. 여기엔 아무런 문제가 없다. 단 하나만 빼고.

그것은 바로 우리의 어리석은 본능이다. **본능은 이미 시대가 바뀌어 우리는 얼마든지 혼자 살 수 있는데도 불구하고 여전히 동굴에 사는 줄 알고 있다.** 그러니 계속 혼자 있다가 보면 점점 기분 나쁜 감정을 만들어 낸다. 아무런 문제가 없는데도 불구하고 그런다. 병원에서 수술을 받을 땐 분명히 치료를 목적으로 한다. 하지만 우리의 신경은 전혀 그 사실을 모르고 끝없이 고통을 만들어 낸다. 결국 우린 마취를 해야 한다. 본능이나 신경을 설득할 방법이 없다. 본능에게 이제는 혼자 살아도 아무런 문제가 없다는 사실을, 신경에게 치료를 위해 살을 가른다는 사실을 알려 줄 방법이 없다.

그 어리석은 녀석 때문에 우리는 이미 혼자서도 충분히 행복하게 잘 살 수 있는데도 불구하고 가끔 뜬금없이 "외로움"을 느낄 수밖에 없는 처지에 놓여 있다. 이렇게나 발전한 세상에서 동굴에서 살던 시절을 기억하며 혼자 있으면 죽을지도 모른다고 호들갑을 떠는 본능이 보내는 뜬금없는 경고, 그것이 바로 외로움의 근원이다.

그나마 평소엔 흘려 넘길 수가 있다. 하지만 유난히 운이 나빠서 하루 종일 힘들어 삶의 무게가 너무 버겁다는 생각이 들면 그 힘듦과 내 안의 외로움이 서로 공명을 일으켜 나도 모르게 울컥 눈물이 나고 만다. 그런 순간이 오면 아주 오래전, 내가 자는 동안 불을 지키며 나의 생존이 자신이 생존이라고 믿는 동료의 든든하고 따뜻한 손길이, 내가 힘든 일을 당하면 자신의 일처럼 나서서 돕던 마을 사람들의 오지랖 넘치는 정에 대한 기억이, 딱히 내가 겪어 본 적도 없는데 마치 내 기억처럼 문득 떠오르는 것이다. 그것들은 마치 갓 태어난 아이들이 아무도 알려 주지 않아도 알아서 엄마의 젖을 빨 듯 그렇게 **내 본능에 새겨진 생존에 대한 기억들이다.** 물론 다시 나아지면 그런 것들은 금세 질척거림이며 귀찮은 것이 될 것이다. 하지만 그렇다고 해서 우리 안에 새겨져 있는 그것들이 없어진 것은 아니다. 그 기억들은 내가 태어나서 죽는 그 모든 순간을 함께할 것이다. 그것이 인간 본연의 모습이다.

■ 진실은 무엇이었을까

"관계의 거리"는 문명의 발달에 따라 "너는 내 운명"에서 "행복을 위한 적당한 간격"으로 서서히 변해왔다. 이 변화는 아주 큰 것은 아니고, 행운과 불운을 모두 함께했던 관계에서 행운은 함께 하지만 불운에 관해서는 병문안이나 속상한 얘기를 들어 주는 정도까지의 변화이다.

그럼에도 동굴에 살던 시절이나 지금이나 누군가에게 배신감을 느끼고 상처를 받는 일 자체는 변함이 없다. 적당한 관계로 머문다면 그런 일은 거의 없어야 하는데도 불구하고 그렇다. 오히려 과거 너는 내 운명이었던 시절엔 배신이나 상처는 없었다. 모든 것을 함께 하는 시절에 왜 그런 일이 생기겠나? 오히려 그런 기분 나쁜 일들은 관계가 적당한 거리를 유지해야 하게 되면서 생겨난 것이다.

사람들은 그런 경험을 할 때마다 자신이 거리조절에 실패했다고 느낀다. 상대방이 다가오는 만큼만 다가가야 했는데 더 갔다. 혹은 상대가 물러날 때는 자신도 재빨리 그 만큼 물러났어야 했다. 그런데 실수를 한 것이다. 그런 어리석은 경험을 반복하지 않기 위해서는 철저하게 오는 사람 막지 말고 가는 사람 말리지 말아야 한다. 관계 속에서 철저하게 쿨 한 사람이 되어야 한다. 하지만 이것은 결국 착각이다. 왜냐하면 우리가 관계 속에서 배신을 당하고 상처를 입는 이유는 결코 거리조절에 실패해서가 아니다. 그것은 **"관계의 거리조절 능력" 문제가 아닌 "관계 맺기 능력"의 차이로 인해 생겨나는 일이다.** 하지만 우리들 대부분은 그 둘의 차이를 구분하지 못한다.

그래서 실제로 많은 문제들이 관계의 능력 차이, 그러니까 각자가 가진 매력의 차이로 인해 발생하는데 그것을 관계의 거리를 잘 재는 것으로 해결하려고 하고 있다. 불에 다가갔다가 뜨거우니 아예 불에서 멀어진 채 살아가려고 하는 것이다. 충분히 껴입고 있다면 그렇게 살 수는 있다. 단지 따뜻하다고 느끼기도 힘들다. 운 나쁘게 많이 힘들었던 날엔 몹시 춥기도 하다.

그래도 살 만은 하다. 불에 데는 것보다 추운 것이 낫다. 그래서 아마도 이 정도 선에서 관계의 변화가 마무리되었다면 사는 것에 큰 문제는 없었을 것이다. 춥지만 딱히 얼어 죽을 일은 없다. 적당한 거리에서 적당히 어울리면서 살면 된다. 어리석은 본능 때문에 어쩔 수 없이 아주 가끔 외로움은 느끼겠지만 대부분의 시간엔 내가 하고 싶은 일들을 하고 살며 나름대로 행복한 삶을 살 수 있을 것이다. 혹시나 너무 힘들 땐 잠시 관계 속으로 돌아갈 수도 있다. 내가 멀어졌을 뿐이지 불은 여전히 잘 타고 있으니까 말이다. 문제는 여기에 한 가지 변수가 추가되었다는 점이다. 그것은 바로『돈』의 출현이다.

우리는 흔히 돈을 어떤 물건을 사고파는 데 주고받는 수단 정도이나, 가난이나 부자를 나누는 기준점 정도로 알고 있지만, 사실 그런 개념은 이젠 과거일 뿐이다. 지금 시대의 돈은 교환의 수단이면서 한편으로는 "관계의 역할 대행"을 맡고 있다. 사실 이 세상에 존재하는 것들 모든 것들 중에서 돈만이 유일하게 인간의 관계를 대행할 수 있다. 이 말의 의미는 두 가지이다. **하나는 돈이 관계만큼이나, 아니 그 이상으로 중요하다는 것이고, 다른 하나는 돈만 충분하다면 관계가 이제 반드시 필요하지는 않다는 점이다.** 그러니 과거에 이미 실패했던 관계를 다시 해 보는 노력을 하는 것보다 돈을 더 벌기 위해서 노력하는 편이 낫지 않을까? 사실 질문을 하기도 전에 많은 사람들이 이미 그 방향을 향해 열심히 뛰고 있다.

내 안전을 위해서 이웃집과 친하게 지내는 대신, 돈을 더 벌어서 더 튼튼한 문을 달고 더 많은 보험을 드는 방법을 선택하고 있다. 이때 오직 남은 문제는 엘리베이터 안에서 가끔 보게 되는 얼굴도 잘 모르는 이웃과의 어색한 만남뿐이다. 결국 우리는 홀로 살아가고 있지만 이것은 선택이 아닌 어쩔 수 없는 일로 바뀌고 있다. 그러니까 **예전엔 함께**

살 수도 있지만 내가 원해서 홀로 사는 것을 선택했다면 지금은 홀로 살 수밖에 없기 때문에 홀로 살아가게 된다. 이것이 바로 돈의 역할이 관계를 대신하게 되면서 일어난 가장 큰 변화이다. 사실 돈이 처음부터 이렇게까지 강력한 관계 대행자의 역할을 맡았던 것은 아니었다.

돈은 과거 로마시대에도 있었을 만큼 아주 오래전부터 인간의 문명과 함께해왔다. 그러니 그렇게 특별한 것은 아니어야 한다. 그런데 왜 요즘 시대에 유난히도 이렇게나 강력한 관계 대행 능력을 발휘할 수 있게 된 것일까? 이것을 이해하려면 또다시 잠시 과거로 되돌아가 봐야 한다. 도대체 돈에게 무슨 일이 일어났던 것일까?

오래전 원시시대엔 돈이 아예 없었다. 그 당시엔 물물교환이 전부였고, 그래서 돈의 역할이라는 것은 존재하지 않았다. 그 뒤 문명이 발달하면서 교환의 편의를 위해 돈이 생겨났다. 돈은 무거운 물품을 직접 거래하는 수고스러움과 특정 물건에 대한 적당한 가격을 형성시키는 데 있어서 매우 중요한 역할을 하면서 문명의 이기로써 완전히 자리를 잡게 된다. 그런데 그 순간 전혀 생각하지도 못한 돈의 새로운 능력 하나가 강력한 힘을 발휘하기 시작한다. 그것이 바로 돈의 "저장 능력"이다.

돈은 거래가 되는 실제 물품에 비해서 그 부피가 매우 작다. 더해서 금과 같은 금속으로 만들었기 때문에 결코 썩지 않는다. 그로 인해서 좁은 공간에서 장시간 보관이 가능하다. 실제 물품인 돼지고기나 호미는 그렇게 할 수 없다. 물론 어떻게든 보관을 하려고 노력하면 할 수도 있겠지만 운 나쁘게 홍수가 나서 물에 잠기기라도 하면 하루아침에 모두 날려 먹고 만다. 그러니 괜히 뒀다가 썩히느니 차라리 없는 사람들에게 나누어 줘서 그 사람에게 뭔가를 "쌓아 두는 것"이 더 유리하다.

하지만 상대적으로 보관이 매우 유용한 돈이 출현함으로써 상황이 변화하기 시작한다. 이론적으로만 보면 돈은 실제 생산품과는 달리 무한대의 보관이 가능하기 때문이다. 그로 인해 많은 재산을 가진 부자들의 출현하기 시작한다. 하지만 현실적으로 돈 역시도 무제한으로 저장해 둘 수는 없다. 아무리 저장공간이 적게 필요하다고 해도 저장공간 자체는 필요하고, 더 큰 문제는 아무 데나 저장할 수도 없다는 점이다. 반드시 안전한 금고와 같은 곳에 둬야 하고, 저장해 놓은 돈의 액수가 커질수록 위험하기 때문에 사람을 고용해 지켜야 한다. 그런데 고용한 사람은 또 어떻게 믿을 수 있겠는가? 그 사람을 감시하는 또 다른 감시자가 필요하다. 그래서 돈의 저장은 이론적으로는 무한대이지만, 현실적으로는 어느 선에서 막히고 만다. 그런데 현대 문명에 접어들면서 돈은 한 단계 더 진화를 한다. 그것은 바로 은행과 카드사의 출현 덕분이다. 우리는 이제 직접 현금을 주고받는 것이 아니라, 계좌이체라는 기능이나 신용카드, 각종 페이, 암호화 화폐들과 같은, 돈 자체가 아닌 돈의 정보를 통해 거래를 할 수 있다.

과거와 달리 돈은 더 이상 물리적 공간을 필요로 하지 않는다. 단지 컴퓨터 안에 저장 공간이 필요한데 요즘 시대엔 손톱만 한 칩 하나면 인류가 가진 모든 돈을 다 저장할 수도 있다. 이런 식으로 디지털화된 돈은 이제 무한대의 저장이 가능하게 되었다. 그것을 지키기 위해 딱히 경호원을 쓸 필요도 없다. 그저 외부의 불법적 접근을 막는 빈틈없는 방화벽과 돈의 주인을 확실히 검증하는 강력한 보안 알고리즘만이 있으면 된다. 그 여파로 이 지구 상에는 과거엔 상상하기조차 힘든 수준의 부를 실현한 사람들이 나타나고 있는 중이다. 예전엔 "백만장자"가 큰 부자를 칭하는 용어였지만 지금은 억만장자, 이제는 조만장자라는 말까지도 나오고 있는 중이다. 이렇게 가다 보면 언젠간 경만장자도 나오지 않을까?

무한대로 쌓일 수 있는 돈은 이제 관계의 역할 대행을 이미 넘어섰고 관계는 꿈도 꿀 수 없는 대단한 능력을 갖추고 있다. 이제 돈만 충분히 있으면 비행기도 가질 수 있고, 개인 잠수함도 가질 수 있고, 언젠간 화성에도 갔다 올 우주선도 가질 수 있을 것이다. 이젠 돈으로 하지 못하는 것은 원래 인간이 못 했던 것뿐이다.

이런 세상이라면 당연히 이런 의문이 따라온다. 우리는 도대체 돈만 있으면 충분한데 왜 관계를 맺는 일 따위에 신경을 써야 할까? 물론 돈을 벌기 위해서는 또 다시 관계가 필요하기도 하니까 그것은 예외로 하더라도 딱히 누군가와 깊은 관계를 맺기 위해서 노력을 할 필요가 있을까? 실패할 위험도 매우 높은데 말이다. 차라리 그 시간에 그 노력이면 더 많은 돈을 벌기 위헤서 노력하는 편이 더 낫지 않을까? 맞는 말이다. 하지만 여기엔 두 개의 사소한 문제가 있다. 하나는 우리가 그 정도로 충분한 돈을 모으는 일이 매우 어렵다는 점이고, 다른 하나는 돈이 관계를 대신해 주지 못하는 아주 작은 부분들이 있는데, 때로는 그것이 자신이 처한 상황에 따라서는 매우 크게 느껴질 수 있다는 점이다.

우리가 암에 걸려서 수술을 받으러 들어갈 때, 많은 돈은 최첨단 의료장비와 최고의 의료진을 이용할 수 있게 해 줄 것이다. 하지만 뛰어난 의료진과 첨단 장비가 혹시나 잘못되어 죽을 수도 있다는 생각에 떨고 있는 내 손을 잡아 주지는 못한다. 물론 옆에서 '다 잘될 거야', 라고 말해 주는 사람의 존재가 수술에 도움이 될 턱이 없다. 수술이 잘 되려면 뛰어난 능력을 가진 의사와 좋은 의료시설이 필요하다.

하지만 실제로 그런 순간이 오면 내 옆에 바짝 붙어서 내 두 손을 절대로 놓지 않을 것처럼 꼭 쥐고는, 난 너 없으면 못 산다고, 너는 명줄이 기니까 꼭 살 것이라고, 그깟 병은 금세 털고 일어날 것이라고, 꼭 그래야 한다고, 사실상 아무런 근거도 없으면서도 그 누구보다 확신에 찬 채 말해 주는 누군가가 필요하다. **"나의 부재"가 너의 가장 큰 불행이 되기에 내 병이 낫기를 나보다도 더 바라는 누군가가 단 한 명쯤은 있어야 할 것 같다.**

■ 돈으로 어디까지 가능할까

동굴에서 수백 층의 빌딩까지, 모닥불에서 LED 전등까지, 창에서 핵무기까지, 모든 분야에서 우리의 문명은 비약적으로 발달해왔다. 그와 함께 돈은 디지털화되어 무한대의 저장이 가능해지고 더해서 돈만 지불하면 무엇이든 할 수 있는 수많은 다양한 서비스업들이 생겨나면서 관계를 거의 완벽히 대행할 수 있게 되었다. 그리고 더해서 우주여행처럼 오직 많은 돈이 있어야만 할 수 있는 행복들도 점차 많아지고 있다.

이쯤 되니 돈만 충분히 있으면 관계를 통한 과거의 생존전략은 촌스러운 구시대의 유물처럼 느껴지게 되었고, 돈만으로 얼마든지 생존과 행복 모두를 누릴 수 있다는 믿음이 사회 전체적으로 퍼져 나가고 있다. 물론 과거부터 내려온 관계 맺기를 통해 삶을 살아가는 사람들도 여전히 존재한다. 그래서 결국 현대를 살아가는 사람들은 크게 두 가지 길 중 하나를 선택하게 된다.

하나는 여전히 관계라는 전통적인 방법을 고수하는 사람들이다. **이들은 다른 사람들과 잘 어울려 살기 위해서 돈을 필요로 한다.** 다른 하나는 바로 오직 돈만이 유일한 해결책이라고 믿는 사람들이다. **이들은 돈을 더 많이 벌기 위해서 관계를 필요로 한다.** 이 둘은 아직까지는 어느 정도 대립하고 있는 듯 보이지만, 매년 조금씩 돈 쪽으로 기울어지고 있다. 아마도 50년 정도 지난 후엔 타인의 존재는 지금과는 전혀 다른 의미로 인식될 것이다.

머리가 좋아 운 좋게 돈을 충분히 번 사람들은 이런 변화를 개탄하며 천박한 황금만능주의 사회라고 비난하지만, 사실 이것은 옳고 그름의 문제가 아니라 시대의 흐름에 따른 그저 각자의 판단일 뿐이다. 전통적인 관계를 맺는 방법이 더 생존에 유리할지, 아니면 대안으로 떠오른 돈을 많이 모으는 것이 더 유리할지에 대한 각자만의 고유한 생존 계산식이란 뜻이다. 딘지 한 가지 면에서 깊게 생각해 봐야 할 것이 있다. **그것은 바로 남들이 아닌 나 자신이 정말로 돈으로 관계를 대신할 수 있다고 진심으로 믿고 있는지에 대한 여부이다.** 내가 그렇게 생각하고 있는 것과 정말로 내가 그것을 원하는 것과는 전혀 다른 문제이기 때문이다. 상식적으로 생각했을 때 누군가 정말로 돈으로 관계를 대신할 수 있다고 믿는다면 그 사람은 이미 부자가 되어 있어야 한다.

돈을 유일한 생존방법이라고 여기는 사람들은 그야말로 거침없이 돈을 모으게 된다. 법적인 문제만 걸리지 않는다면, 아니 능력이 되면 법망조차 요리조리 빠져나가면서 돈을 모은다. 우린 뉴스에서 그런 짓을 하고 사는 사람들의 삶을 가끔 본다. 그들은 돈이 인생의 유일한 가치이기 때문에 관계는 그저 돈을 더 많이 모으기 위해 필요한 수단에 불과하다. 그들에게 있어서 의리란 말은 존재하지 않으며, 오직 누가 더 얼마나 영리하게 이득을 추구할 수 있느냐 여부만이 중요하다.

관계는 처음부터 이득을 앞에 둔 승부의 대상이지 사람들이 원하는 따뜻함이나 충만함의 대상이 아니다. 그러니 자신이 누군가를 배신한다는 생각 자체를 하지 않는다. 그저 배신을 한 사람은 영리해서 이긴 것이고 배신을 당한 사람은 멍청해서 진 것이다. 정말로 관계 대신 돈을 선택한 사람들은 그렇게 살아가야 한다. 그러니 부자가 되지 못하는 것이 오히려 이상한 일이다. 그런데 당신은 과연 그렇게 살고 있는가? 아니, 그렇게 살 수 있는가?

아니다. **당신은 그저 돈이 해결책이라고 착각하고 있는, 여전히 관계가 중요한 사람이다.** 그러니 과거에 그렇게 그렇게 배신을 당했고 상처를 입은 것이다. 지금도 가끔 외로움도 느낀다. 당신이 그렇게 생각하고 있는 것은 주변 사람들이 다 그렇게 돈만을 추구하기 때문이며, 그들이 그렇게 사는 이유는 그들 역시도 돈으로 관계를 대신할 수 있는 소수의 사람들에게 이용당하고 배신당해서 그렇게 된 것이다.

진짜로 돈이 중요하다고 믿는 사람들은 관계 속에서 돈만을 추구하기 때문에 모든 판단과 행동이 이득과 손해의 관점에서 이뤄진다. 내가 이득이면 재빨리 붙고, 손해면 살짝 눈치 보면서 떨어져 나간다. 하지만 관계가 중요하다고 생각하는 사람들은 좀처럼 누군가와 쉽게 붙거나 떨어지지 못한다. 그것은 지켜야 할 의리이며 사람이라면 당연히 지켜야 할 선이라고 생각한다. 이 둘의 잘못된 만남이 결국 파국을 일으킨다. 한쪽은 배신을 당하고 결국 깊은 상처를 입는다.

이런 현상은 사람들 사이에서 마치 전염병처럼 퍼져 나간다. 반복적으로 상처를 입은 사람들은 점점 배신하지 않는 돈 쪽으로 기운다. 더군다나 돈이 있어야만 경험할 수 있는 행복들이 기하급수적으로 늘어나면서 상대적으로 관계가 가진 장점들이 덜 중요하게 느껴진다. 그렇게 시간이 흐를수록, 기술문명이 발달할수록 관계보다는 돈을 추구하는 사람들의 숫자가 늘어나고 있다. 한 세대의 차이를 두고 살펴보면 이 현상은 꽤나 명확하게 보여지고 있다.

우리들 각자도 예외는 아니다. 우리 역시도 어느 날 문득 돈이면 모든 것을 다 해결할 수 있다고 생각하는 사람이 되어 있다. 이젠 관계는 행복의 도구로만 이용할 수 있을 것 같다. 나는 과거처럼 관계에서 배신을 당하거나 상처를 입는 그런 촌스러운 사람이 아니다. 한때 중고등학교 시절 그 서투름과 순진함으로 인해 제법 상처를 받았지만 지금은 전혀 다른 사람이 되었다. 나도 돈만 충분하면 얼마든지 혼자 잘 살아갈 수 있다. 단지 남은 문제는 돈을 벌기가 쉽지 않다는 점이다. 주식, 부동산, 코인으로 돈을 벌었다는 사람을 보면 부럽고 나도 어서 많은 돈을 벌고 싶다는 생각이 든다.

이것은 부정할 수 없는 흐름이며 이제는 선택이 불가능한 것일까? 뭐, 그럴 수도 있다. 먹고 살기 위해서 돈이 필요하다는 사실만큼은 확실하니까. 하지만 정말로 깊게 생각해 봐야 하는 것이 있다. 그것은 바로 **'나는 그렇게까지 많은 돈이 필요할까?'**이다. 왜냐하면 생각보다 많은 사람들이 실제로 평생 동안 자신이 필요한 수준의 돈보다 수배, 아니 수십 배의 돈이 필요하다고 생각하고 있기 때문이다.

이상한 현상은 아니다. 앞에서도 설명했듯이 관계를 돈으로 대신하게 되면 많은 돈이 필요하기 때문이다. 몸이 몹시 아픈 날 친구가 정성스럽게 요리해 준 죽 한 그릇의 따뜻함을 먹기 위해서는 혼자서라면 도대체 얼마나 비싸고 맛난 음식을 먹어야 할까? 사실 이것은 아무리 많은 돈을 줘도 먹지 못한다. 혼자서 주문하고, 혼자서 배달을 받고, 혼자서 상을 차리고, 혼자서 치워야 한다. 그나마 비슷하게라도 하려면 집안일을 해 주시는 분을 매달 월급을 주면서 써야 한다. 평소엔 그분의 존재가 불필요하지만 언제 아플지 모르니 보험처럼 유지하고 있어야 한다.

분명히 돈이 관계를 대신할 수는 있다. 애인조차 돈을 주면 역할 대행을 시킬 수 있다. 하지만 상대방의 진심 여부는 둘째치고 돈이 매우 많이 든다. 그러니 돈이 늘 부족하다. 그로 인해 평생 동안 열심히 일해서 돈을 벌면서도 늘 돈에 쫓긴다. 정말로 돈이 부족해서가 아니라 사람 대신 돈을 선택했기 때문이다. 아니, 그렇게 선택을 했다고 믿고 있기 때문이다. 이것이 과연 진실일까? 나는 정말로 사람 대신 돈을 선택한 것일까?

잠시 우리의 어린 시절을 떠올려 보자. 그 시절 돈은 그저 맛난 과자나 갖고 싶은 장난감을 구하는 용도로만 한정되었다. 우리는 부모님의 관심과 애정이, 친구들 사이의 인기와 인정이 훨씬 더 중요했다. 그 시절엔 그것만이 삶의 전부였다. 그랬던 우리가 어느새 이렇게 바뀌었다. 나는 정말로 근본적으로 바뀐 것일까? 나는 그렇게나 많은 돈이 필요한 것일까? 아니면 그렇게 많은 돈이 필요할 것이라고 믿고 있는 것일까? 그것을 내가 정한 것일까? 아니면 남들이 그것을 정해 준 것일 것일까? 혼란스럽다.

그럼에도 아무런 고민 없이 '나는 실제로 아주 많은 돈이 필요하다', 라고 선뜻 답을 하기가 그렇다. 어쩌면 나는 어린 시절에 우연히 만났던 "돈이 유일한 해결책"이라고 믿고 있는 친구에게 당한 커다란 배신감으로 인해 이렇게 된 것일 수도 있다. 그 후부터 남들처럼 쿨하게 관계를 맺고 대신 돈으로 모든 것을 해결하는 삶을 추종하고 있는 것인지도 모른다. 거기엔 배신이나 상처라는 단어가 존재하고 있지 않은 듯 보이기 때문에 지금은 그 삶을 열심히 흉내 내고 있다.

진실 여부는 각자마다 다른 삶의 경험이 있기 때문에 정확히 알 수는 없다. 하지만 우리가 어느 순간 잠시라도 "외로움"을 느꼈다면, 그것은 우리가 여전히 누군가의 따뜻한 손길을 원한다는 뜻이다. 너와 나는 여전히 우리를 안아 줄 누군가가 필요하다고 마음속 깊은 곳에서 말하고 있는 것이다.

■ 혼자라는 착각

달빛 하나 없는 깜깜한 밤에 추운 들판에서 노숙을 해야 했던 우리의 조상들에게 따뜻한 모닥불과 자는 동안 불침번을 서 줄 수 있는 동료들은 생명줄 그 자체였음이 분명했다. 그래서 우리는 지금도 타닥타닥 소리를 내면서 타오르는 모닥불을 바라보고 있는 동안 알 수 없는 감성에 빠지고, 나를 걱정해 주는 친구의 안부전화 한 통에 마음 한구석이 뭉클해지곤 한다.

하지만 그런 경험들은 아주 "가끔"이다. 우리는 이제 불을 피우며 야외에서 자는 것을 캠핑이라고 부르고, 친구들과의 모임은 늘 즐거움을 목적으로 한다. 그래서 즐겁지 않으면 더 이상 그 친구를 만나고 싶어 하지 않는다. 이제는 내 안전을 위해서 모닥불을 피우거나 내 안전을 위해서 누군가와 관계를 맺을 필요가 없는 세상이다. 충분히 안전해진 세상은 혼자 살아도 얼마든지 괜찮다. 그럼에도 불구하고 우리는 여전히 외로움이란 감정에 노출되고 만다. 그 감정은 전혀 예상치 못한 순간, 아주 갑자기 불쑥 찾아온다. 초대를 한 것도 아니고, 온다는 연락도 없었는데 그냥 갑자기 몰려든다.

직장 상사에게 심하게 깨져서 친구를 만나 속풀이라도 하고 싶었는데 그날따라 모두 바빠서 딱히 만날 사람이 없던 날 밤, 주말에 있었던 약속이 갑자기 취소되면서 딱히 할 일이 없어져 버려서 어영부영 주말을 보내고 난 일요일 밤 잠들기 전, 힘든 하루를 보내고 집에 돌아왔는데 주방 싱크대에 쌓여 있는, 어제 먹고 설거지를 하지 않은 접시들을 볼 때 우리는 갑자기 낯선 감정의 방문을 받게 된다.

그 순간 우리는 본능적으로 사람의 목소리가 듣고 싶다. TV를 켜고, 유튜브를 본다. 비록 모니터 속이지만, 사람들이 모여 대화를 하는 모습을 보고, 누군가 맛있게 먹는 모습을 본다. 비록 그들은 나를 전혀 모르는 모니터 속에만 존재하는 사람들이지만, 그 창백한 따뜻함으로도 조금은 위로가 된다. 그렇게 어떻게든 그 시간을 버텨 내고 나면 내일은 또 나아질 것이다. 그러면 우리는 마치 아무 일도 없었던 것처럼 살아갈 것이다. 하지만 우린 안다. 또 언젠가 그런 날이 올 수 있다는 것을, 그리고 그 강도는 점점 더 세질 것이란 것을 본능적으로 알고 불안해진다.

분명히 혼자 충분히 잘 살 수 있음을 잘 알고, 실제로도 그럴 수 있는데 왜 우리는 가끔 아무 쓸데없는 감정에 빠져 허우적거려야 하는 것일까? 도대체 이게 무슨 저주란 말인가? 결국 조합이 문제이다. **우리가 살아가고 있는 환경은 이미 엄청나게 발전했는데 우리 안의 본능은 여전히 동굴 속에서 살고 있다.** 이것은 최신식 컴퓨터에 도스가 깔려 있는 상태이고, 인터넷 소설을 한자를 섞은 세로 글씨에 궁서체로 쓰고 있는 상태이고, 멋지게 인테리어 된 커피 가게에서 한여름에 아이스 아메리카노 대신 뜨끈뜨끈한 국밥을 팔고 있는 상태이다.

우리가 살아가다 보면 정말로 누군가가 필요할 때가 있다. 물리적으로도 필요하지만 특히 정신적으로 필요할 때는 그냥 도와줄 사람이 아닌 "나를 진심으로 걱정해 주는" 사람이 필요하다. 나에게 생긴 나쁜 일이 그 사람에게 크게 손해로 이어질 수 있는, 평소에 나에게 많은 것을 저금해 놓은 사람이 필요하다. 나에게 엄청난 투자를 해 놓은 그 사람은 나만큼이나 나를 살리고 싶어 할 것이다. 실제로 그 사람이 그럴 능력이 있는지 여부와는 상관없이 나는 그 사람의 눈에서 쉼 없이 흘러내리는 눈물을 보면서 정말로 "살고 싶다고" 느끼게 된다.

사고를 당해 절벽에 매달려 있을 때 내 체중을 책임지고 있는 두 팔은 끊어질 듯 아프다. 우리는 도대체 언제쯤 포기하고 그 손을 놓게 될까? 아마도 혼자라면 살아날 희망이 없다는 생각이 들면 그 즉시 놓을 수 있다. 하지만 내가 살아서 돌아오길 바라는 이들의 절박한 희망이 함께 한다면 살아날 희망이 완전히 사라진 그 절망의 순간조차도 버텨 낼 것이다. 혼자 사는 삶은 많이 힘들다면 그냥 포기하면 된다. 하지만 누군가와 함께 하는 삶은 내 삶의 무게를 끝까지 버틸 수 있게 해 준다.

좋은 날들이 계속될 때는 아무런 문제가 없다. 하지만 운 나쁘게 힘든 날들이 반복될 때 나를 계속 살아가게 하는 힘은 바로 내 의지가 아닌 "나를 아끼는 이들"의 마음이다. 평소에 우리는 나는 오직 나만을 위해서 살아간다고 생각하지만, 그것은 그저 행복의 관점에서만 유효한 말이다. **우리는 오직 "너를 위할 때" 유일하게 삶의 버거운 무게를 버텨 낼 수 있다.** 그것을 위해 딱히 많은 사람이 필요한 것도 아니다. 딱 한 명만 있으면 된다.

여자와 남자, 남자와 남자, 여자와 여자 상관없이 그 조합이 어떻든 그 사람이 나와 함께 삶을 걸어갈 수 있으면 된다. 그 사람으로 인해 내가 살아가는 이유가 만들어질 수 있다면 충분하다. 젊어서 배우자를 잃은 남은 한쪽을 살게 해 주는 것은 바로 그들의 아이이다. 그들은 아이를 힘들게 키우지만, 아이는 그들이 삶을 살아갈 수 있는 이유가 되어 준다.

찾지 않으면 찾을 수 없다. 찾아다녀도 찾기 힘들다. 그런데 처음부터 찾을 마음조차 없다. 설령 지금 이 순간 '혼자서도 충분한데?', 라고 느꼈다고 해도 다시 한번 생각해 봐야 한다. 정말로 내가 혼자 살고 있는지 따져 봐야 한다. 혼자서 여행을 떠났지만 끝없이 SNS를 통해 사람들과 소통한다면, 그것은 결코 혼자 떠난 여행이 아니다. 정말로 감당하기 힘든 어떤 순간이 왔을 때 연락할 사람이 단 한 명이라도 떠오른다면 그것은 결코 혼자가 아니다. 그저 혼자라고 착각하고 있는 것이다.

그동안 많은 상처들로 인해 굳게 닫아 둔 문을 적어도 빗장이라도 풀어 두어야 한다. 당장 활짝 열어젖히는 것은 힘들겠지만, 누구라도 들어오게끔 빗장이라도 풀어 둔다면 어쩔 수 없이 지나던 잡상인들도 많이 들어오겠지만, 언젠가 누군가 실수로라도 그 문을 열고 들어올지도 모른다. 언젠가 그렇게 실수로 들어온 사람 때문에 내가 절벽에서 매달려도 포기하지 않고 버텨 낼 수 있을 것이다. 그래서 하얗게 질린 얼굴로 울면서 구조대와 함께 뛰어오는 그 사람의 얼굴을 보게 될 것이다.

그 사람과 나는 부둥켜안고 펑펑 울겠지만, 그 순간 문득 깨닫게 될 것이다. 지금 이 순간 나를 안고 울고 있는 이 사람이 우리가 오래전 들판에서 함께 모닥불을 피우고 있었던 그 사람임을, 그리고 내가 자는 동안 불침번을 서고 있던 그 사람임을 오래전 기억 속에서 떠올릴 수 있을 것이다. 설령 나를 안아 준 이가 내가 처음 보는 구조대원이라도 아무런 상관이 없다. 우리 모두 안엔 스스로는 결코 상상하기도 힘든 시간만큼의 함께 한 세월이, 헤아릴 수 없을 만큼 깊이 쌓여 있다. **당신은 혼자가 아니다. 아니, 단 한 번도 혼자였던 적이 없다. 우린 늘 함께였다.**

3.
남자와 여자

아내: 그냥 끼워 줘.

남편: 안 돼. 저렇게 막 들어오는 차는 절대로 끼워 줘서는 안 돼.

아내: 위험하다니까! 아 쫌 그냥 들어오게 놔둬!!

남편: 안 된다니까. 저런 놈들은 끼워 줘도 고마워하지도 않는단 말이야.

아내: 하여간… 그 성질머리하고는.

남편: 히히~ 저것 봐 봐. 결국 포기하네.

아내: 그래. 포기하고 앞으로 간다. 그래서 저기 앞쪽으로 들어갔다. 좋겠다.

남편: 난 내 앞만 지키면 돼. 내 앞은 내 거야.

아내: 그래… 당신 앞이 당신 거라서 참 좋겠다. 그런데 나는 그런 당신이 내 거라서 참 안 좋다.

■ 너를 알고 싶어

사람들과 함께 어울려 사는 삶은 좋은 것이지만 그렇다고 해서 반드시 해야 하는 것은 아니다. 도저히 안 되겠다 싶으면 TV 속에 나오는 사람들처럼 산속에 들어가 홀로 "자연인"의 삶을 살면 된다. 바라보는 입장에서는 엄두가 안 날 수 있지만, 막상 하면 못할 것도 없다. 하지만 누군가와 "친밀한" 관계를 맺는 일은 사실상 선택 가능하지 않다. 삶을 살고 싶다면, 적어도 불행으로 인해 스스로 이 세상을 떠나지 않으려면 단 한 명은 만들어 둬야 한다. 우리는 누구나 잠들었을 때 믿고 나를 맡길 수 있는 "불침번"이 필요하다.

이 세상에서 단 한 명과 친밀한 관계를 맺고 살아가야 한다면 그 조합으로는 남자와 여자가 가장 좋다. 요즘과 같은 시대엔 구태의연한 관념일 수 있지만, 그 조합의 기능성 측면에서 좋다는 뜻이다. 남자와 여자는 정말로 다른 존재이며, 그 다름으로 인해서 생겨나는 많은 문제들이 있긴 하지만, 그 다름으로 인해 생겨나는 장점도 꽤나 많다.

단순히 생각해 봐도 집에 같은 종류의 칼이 두 자루 있는 것보다는 칼과 가위가 하나씩 있는 조금은 더 낫지 않을까? 칼과 가위는 비슷한 역할을 하지만 어떨 땐 칼이, 어떨 땐 가위가 확실히 편하다. 그래서 서로가 가진 마음에 들지 않는 단점 부분만 넘길 수 있다면 여자와 남자의 조합은 모든 관계에서 가장 최고의 조합이 되는 것이다. 그리고 그 정점에 서 있는 것이 바로 부부이다. 많은 사람들이 부부를 "아이를 낳기 위한 조합"으로 보는 경향이 있지만, 사실 부부는 기능성의 조합으로써 훨씬 더 좋다. 하지만 이 관계는 본질적으로 꽤나 심각한 문제를 안고 있다. 서로 다른 성별인 탓에 상대방이 가진 성의 고유한 특징을 이해하고 받아들이는 과정은 꽤나 힘겹기 때문이다. 그로 인해서 가장 좋아야 할 관계가 가장 나쁜 관계로 가는 일이 꽤나 흔하다.

이것은 맛있게 먹으려고 잘 끓인 라면 냄비를 들고 오는 도중 뭔가에 걸려 넘어져 이불에 다 쏟게 되는 상황이다. 맛있게 먹을 수 있는 행복도 포기해야 하는데 더해서 너저분한 라면과 국물로 뒤집어쓴 이불을 빨래까지 해야 할 상황이다. **원래 그냥 불행한 것보다 행복에 대한 기대가 가득 찬 상황에서 갑자기 불행으로 바뀌었을 때가 훨씬 타격이 크다.**

어떻게 견뎌 내겠는가? 더군다나 옆에서 행복하게 잘 살고 있는 부부를 보면 더욱더 열불이 난다. 상대방의 아내가, 남편이 하고 있는 "부러운 행동"을 보고 있다 보면 내 옆에 있는 인간에게 더욱더 화가 난다. 그러다가 결국 이혼으로 결론이 나기도 한다. 도대체 왜 이런 일들이 주변에서 흔하게 벌어지고 있는 것일까?

부부가 갈라설 때는 그야말로 수많은 사연이 있겠지만, 가장 근본적인 문제는 바로 서로가 상대방이 자신과는 아예 다른 존재임을 몰라서 그렇다. 그러니까 상대가 나와 같은 종류의 인간이라고 착각해서 그런 것이다. 하지만 이 본질적 원인에 대해서 잘 알지 못하니 그냥 뭉뚱그려서 "성격 차이"라고 하기도 한다.

이런 남녀의 차이를 좀 과하게 표현하면, 10년이나 사귄 남녀 사이에 느낄 수 있는 공감의 갭 차이가, 같은 성별을 가진 갓 입사한 신입과 50대 꼰대 부장 사이의 갭의 차이보다 더 크다고도 할 수 있다. 그럼에도 많은 남녀가 지금 이 순간에도 상대를 "자신과 비슷한" 존재라고 가정한다. 하지만 그래 봐야 얻는 것은 '도대체 왜 저러지?', 라는 의문뿐이다. 이런 상호 간의 이해의 부족이 갈등을 일으키고, 갈등은 싸움으로 번지고, 싸움은 서로에 대한 미움으로 변했다가 결국 원망으로 차곡차곡 쌓이게 된다.

결혼 후 함께 살게 되면 화장실 변기를 사용하는 일부터, 내가 아프다고 했을 때 보여 주는 반응, 누군가와 갈등이 생겼을 때 처리하는 모습, 돈에 대한 관념, 친구들을 대하는 태도, 첫사랑을 기억하는 마음, 도대체 그것을 왜 사고 싶어 하는지에 대한 의문, 너무 눈치를 보거나 너무 눈치를 보지 않는 태도, 도저히 이해가 안 가는 두려움의 대상, 고마움에 대한 표현 방식 등등 서로가 서로를 이해하지 못할 일들이 너무 많다. 그럼에도 불구하고 우리는 내가 여자를, 내가 남자를 잘 안다고 믿는다. **애초에 남자는 여자로 태어나지도 여자로 자라지 못했고, 여자는 남자로 태어나지도 남자로 자라지 못했는데 서로를 잘 안다고 믿어 의심치 않는다.** 혹시나 상대방에 대한 이해할 수 없는 문제들을 경험하게 되면 그 이유를 알기 위해서 흔히 **자신의 친한 "동성" 친구를 찾는다.** 하지만 그들은 언제나 내 편을 들어 줄 사람들이고, 나와 똑같이 상대에 대해서 모르고 있다.

만나면 다들 똑같은 말을 한다. 특별한 일이 없는 한 결혼은 한 명하고밖에 못 하니 결국 각자가 단 한 명을 통해서만 했던 경험들을 말한다. 그러면 놀랍게도 비슷한 문제점들이 보인다. 비슷하게 화장실에서 문제가 생기고, 비슷하게 지저분하고, 비슷하게 돈을 낭비하고, 비슷하게 게으르다. 이렇게 된다면 과연 누구의 문제일까? 당연히 내가 아닌 내 남편, 내 아내가 문제이다. 이런 식으로 모든 이해가 가질 않는 문제는 상대방이 가진 근본적 결함으로 결론 난다. 최종적으로 "여자는…", "남자는…"으로 마무리가 된다. 상대방 성이 가진 고유한 특징은 내가 이해하고 받아들여야 할 것이 아니라, 정상적인 인간으로서의 결격 사유이기 때문에 어떻게든 반드시 뜯어고쳐야 할 문제가 된다.

그런 과정을 통해 타고난 성향과 자란 환경으로 인해 벌어져 있는 상대와 나 사이의 거리는, 마음엔 썩 들지는 않더라도 인정하고 유지해야 하는 것이 아니라, 멱살을 잡더라도 내 쪽으로 끌과 와야 할 대상이 된다. 그러니 만약 내가 요구했는데 네가 따르지 못하면 "그로 인해 생겨나는 모든 문제는 온전히 네 탓"이 된다. 다름 아닌 내 동성 친구들도 이구동성으로 그렇다고 말해 줬다.

만약 나와 같이 사는 사람을 평생 욕하고 비난하는 삶이 행복하다면 그렇게 살아도 괜찮을 것이다. 무엇을 하든 행복하다면 상관없으니까. 하지만 그런 삶이 행복할 리가 있겠는가? **비난에 관해서는 비난을 받은 사람도 불행해지지만 비난을 한 사람도 결국 불행해질 수밖에 없다.** 그러니 행복하길 바란다면 뭔가 돌파구를 찾아야 한다.

그럼에도 마음을 바꿔 먹기가 쉽지 않다. 다 알고 있어도 도대체 지금껏 쌓인 앙금이 좀처럼 풀어지지 않는다. 나도 잘 지내고 싶다. 나도 이해해 보려고 노력했다. 그런데 그동안 보여 준 상대방의 행동들을 떠올리면 금세 오랜 시간 누적된 화가 밀려 올라온다. 결국 내가 불행해지는 것을 뻔히 알면서도 그 길을 가는 것을 멈출 수가 없다. 그럼에도 마음 한 구석엔 여전히 그 사람과 잘 지내고 싶다. 헤어질 것이 아니라면 비난하면서 사는 것보다는 칭찬하면서 사는 편이 낫지 않겠는가? 그러니 적어도 하나는 인정하자. 분명히 상대방의 잘못은 존재했다. 꽤나 많은 잘못을 했다. 하지만 우리는 누구나 상대에 대해서 잘 모른다. 더군다나 딱히 알려고 노력하지도 않았다. **나와는 전혀 다른 환경에서 자란 그 사람이지만 나와 똑같이 생각하고 움직일 것이라고 예상했다. 나처럼 치우고, 나처럼 씻고, 나처럼 사람들을 대하고, 나처럼 돈을 쓰고, 나처럼 일을 할 것이라고 상상했다.**

그저 내가 지금 이 순간 너의 "이해할 수 없는 생각과 행동"들로 인해 생겨난, 한심해 보이고, 불편하고, 기분 나쁘고 때로는 혐오감까지 드는 내 감정에 완전히 사로잡혀서 네가 왜 그렇게 생각하고 행동하는지에 대해서 단 한 번도 제대로 알려고 하거나 이해해 보려고 하지 않았다. 끝없이 너도 나처럼 생각하고 행동해야 할 것을 기대하고 그 기대는 대부분의 경우 그 크기만큼이나 커다란 실망이 되돌아왔다. 그 실망이 함께 한 세월만큼이나 쌓여서 이젠 너와 나 사이엔 도저히 건널 수 없는 깊은 틈이 생겨나 버렸다. 그런데 조금만 생각해 봐도 참 이상한 일이다. 도대체 우린 처음부터 나와는 너무도 다를 수밖에 없는 상대방에게 그런 기대를 왜 품었던 것일까?

이제 좀 변화가 필요하지 않을까? 욕하고 비난을 하더라도 제대로 알고 하는 것이 낫지 않을까? 알고 난 후에도 또다시 욕을 하면서 끝날 수는 있지만, 다 떠나서 이쯤에서 "행복하고 싶다면" 적어도 한 번쯤은 노력해 보는 것이 괜찮을 것이다. 어찌 아는가? 그동안 너무 짜증 나던 사람이 왜 그렇게 살 수밖에 없는지를 알게 되면 어쩌면 불쌍하게 보이면서 도저히 생길 것이라고 믿지 않았던 연민이 생겨날 수도 있다. 그 기회를 완전히 포기할 필요는 없다.

■ 이해와 인정

한 여자가 있다. 그녀는 오늘 김장을 해야 하는 날이라서 걱정이 많다. 김장은 일 년에 한 번만 하면 되지만, 그 한 번이 쉽지가 않다. 꽤나 많은 것들을 준비해야 한다. 배추, 무, 파, 고추 등등 수많은 야채와 다양한 재료를 사야 한다. 그나마 절인 배추는 배달해 주지만 나머지들은 다 사서 날라야 한다. 그래서 힘 좋은 남편이 하루쯤 쉬면서 좀 도와줬으면 하지만 오늘도 바쁘다는 남편은 휴가를 못 낸다고 한다.

여자는 하루 종일 힘들게 일을 했다. 그래도 오후쯤 다 끝내고 나니 기분이 홀가분하다. 잠시 쉬었다가 김치를 담근 김에 오늘 저녁은 남편이 좋아하는 보쌈을 하기로 마음을 먹는다. 그렇게 남편의 퇴근 시간에 맞춰서 고기를 삶는다. 그런데 고기가 다 익었는데도 남편이 들어오지를 않는다. 전화해서 보쌈을 해 놨으니 빨리 오라고 할까도 생각했지만, 남편이 들어왔을 때 준비된 보쌈에 깜짝 놀라며 좋아하는 모습을 보고 싶어서 참는다. 그런 마음으로 잠시 기다리다 보니 남편이 평소보다 조금 늦게 집에 들어온다.

그런데 퇴근하는 남편의 몰골이 이상하다. 옷이 헝클어져 있고 하얀 와이셔츠엔 더러운 얼룩이 묻어 있다. 더군다나 늦가을임에도 불구하고 얼굴에 땀이 흐르고 있다. 그 순간 여자는 남편에게 무슨 나쁜 일이 생겼을지도 모른다는 생각이 들면서 속이 철렁한다. 여자는 걱정이 되어서 무슨 일이 있었냐고 물어본다. 그런데 남편은 여자가 전혀 예상치 못한 대답을 한다. 옆집에 새로 이사 온 새댁이 김장을 하는지 무거운 무를 들고 낑낑대고 있어서 지금까지 그것을 다 날라 주느라 늦었고 옷도 이렇게 되었다고 한다.

그 말을 듣는 순간 여자의 마음속 깊은 곳에서 갑자기 뭔가가 욱하고 치민다. 손이 떨리고 얼굴이 붉어지면서 자신도 모르게 "미친놈"이란 말이 튀어나온다. 그러자 남편은 아내가 자신에게 왜 그런 욕을 했는지 모르겠다는 황당한 표정으로 바라보고 있다. 상대가 여자라서 도와준 것이 아니라 그냥 옆집 사는 사람이 힘들게 낑낑대고 있어서 도와준 것뿐이라고 항변한다. 자신이 딱히 무슨 사심이 있어서 그런 것도 아닌데 왜 그런 식으로 듣자마자 욕부터 하냐고 오히려 짜증을 낸다. 하지만 여자는 남편의 말이 곧이곧대로 들리지 않는다. 설령 남편의 말이 사실이라도 화가 난다. 그 순간 갑자기 하루 종일 힘들게 김장을 담그던 자신의 모습이 주마등처럼 스쳐간다. 힘들게 낑낑거리면 무를 나르고 배추를 정리하던 자신의 모습이 떠오른다. 그런데 남편이란 새끼는 세상 친절한 사람의 모습이 된 채 헤헤거리면서 옆집 여자 무나 날라 주고 저런 몰골로 들어온 것이다. 여자는 결국 삶아 놓은 보쌈 고기를 냉장고에 넣어 버리고는 저녁을 알아서 처먹으라고 하고는 방에 들어가 버리고 만다.

한 남자가 있다. 그는 오늘따라 심사가 뒤틀린 상사로 인해서 별일 아닌 것으로 한참을 깨졌다. 스트레스를 받아서 퇴근길에 친구를 만나

술 한잔할 생각도 났지만 집에서 기다리고 있을 아내를 생각하며 참고 그냥 집으로 돌아왔다. 그런데 집에 도착하니 아내는 밥도 차려 놓지 않고 어두운 식탁에 홀로 앉아 있다. 아이들은 학원에 가서 아직 안 온 모양인지 온 집안이 정적으로 가득하다. 결혼생활 10년간 쌓인 경험으로 봐서 뭔가 위험이 감지되고 있다. 지금이라도 되돌아서 다시 밖으로 나가야 할 것 같다. 아내는 막 퇴근하고 들어 온 남편이 자신의 눈치를 보며 옷을 갈아입는 동안 가만히 있다가, 간단히 씻고 나오는 남편을 보고는 그 유명한, '잠시 앉아봐. 할 말이 있어', 라고 한다. 그러다니 오늘 고등학교 동창회에 나갔었던 이야기를 하기 시작한다.

명숙이는 최근 집을 샀다고 한다. 종희네 남편은 부장으로 진급했다고 한다. 은혜의 아이는 전교 일등을 했다고 한다. 미정이는 남편이 해외출장을 다녀오면서 사온 비싼 명품 백을 차고 왔다고 한다. 학교 선생님이지만 아직도 결혼을 못한 은정이는 겨울방학 동안 한 달간 유럽여행을 다녀올 것이라고 한다. 그러면서 자신은 집도 없고, 출세한 남편도 없고, 공부 잘하는 아이도 없고, 명품 백도 없는 데다가 결혼까지 해 가지고 유럽여행도 못 간다고 신세한탄을 한다.

듣고 있던 남편은 딱히 대꾸할 말이 떠오르지 않는다. 아이들이 공부를 잘 못 하는 것 말고는 다 자신이 돈을 많이 벌지 못해서 생겨난 문제 같다. 어쩌면 아이들도 비싼 과외를 하게 해 주면 공부를 잘할지도 모른다. 하지만 그렇다고 해서 자신의 연봉이 갑자기 오를 리는 없다. 그것을 뻔히 알면서도 왜 저런 말을 나에게 할까? 그런데 다 떠나서 정말로 도저히 이해가 가질 않는 점이 하나 있다. 사실 이런 날이 오늘이 처음도 아니었다. 아내는 매년 동창회에 다녀오면 늘 저렇게 저기압이 되어 있다. 그런데도 왜 그렇게 기를 쓰고 동창회에 나가는 것일까? 다녀온 후에 저런 상태가 될 것이 뻔하다면 이제는 안 나가야 하는 것이 맞지 않은가?

아내 말로는 오랜만에 친구들 만나는 것이 좋고, 가면 새로운 소식이나 애들 교육에 필요한 좋은 정보도 들을 수 있어서 나간다고 한다. 아내의 말처럼 정말로 그렇다면 거기에서 조금 기분 나쁜 일이 있었어도 그냥 마음에 담아 두고 꺼내지 말아야 하는 것이 아닐까? 꺼낸다고 딱히 해결될 것도 없는데 도대체 왜 저런 말을 해서 내 기분만 상하게 만드는 것일까?

여자는 옆집 새댁을 돕고 온 남편에게, 남자는 동창회에 다녀온 아내에게 진심으로 이렇게 묻고 싶다. **'당신은 도대체 왜 그러는 거야?'**

■ 나는 너와 달라

지금부터 잠시만이라도 '저 인간은 도대체 왜 저럴까?', 라는 불만 대신 '저 사람은 어떤 이유로 저런 식으로 생각하고 행동하게 될까?'라는, 상대적으로 관대한 이해의 태도로 접근해 보자. 수준이 한참 떨어지는 상대와 잘 지내는 유일한 방법은 결국 내가 상대를 최대한 이해해 주는 수밖에 없으니까. 그 이해를 위해서 또다시 과거로 여행을 떠나 보자. 동굴에서 모닥불을 피우던 그 시대, 그러니까 이 모든 문제가 처음 시작된 그 시절이다.

지금 시대는 행복하게 사는 일이 문제이지 먹고사는 일 자체가 그리 심각한 문제는 아니다. 그러니까 행복하지 못해 우울한 삶을 살 수는 있지만 그렇다고 해서 밥이 없어서 굶어 죽을 일은 없다는 뜻이다. 하지만 과거 동굴에서 살던 시대엔 어땠을까? 그때는 그야말로 "먹고사는" 일이 쉽지 않았다. 그러니 먹을 것을 구하는 것이 가장 중요하고 힘든 일일 수밖에 없었다. 당연히 당시를 살던 우리의 먼 조상들은 매일같이 먹을 것을 구하기 위해서 최선을 다해 노력하는 삶을 살아가야 했다.

똑같이 먹을 것을 구해야 할 때 남자와 여자는 구하는 방식 자체에 근본적인 차이가 있었다. 상대적으로 육체적인 힘이 강했던 남자들은 주로 사냥을 다녔고, 힘이 약하고 더군다나 아이를 낳고 보호해야 하는 역할을 맡은 여자들은 아이 때문에 동굴에서 멀리 나설 수 없기 때문에 어쩔 수 없이 근처에서 과일이나 약초를 채집해야 했다.

당시에 커다란 맘모스를 사냥할 수 있을 정도로 강했던 남자들에게 있어서 가장 중요한 것이 무엇이었을까? 날카로운 창일까? 활을 잘 쏘는 능력이었을까? 두려움에 굴하지 않는 용기였을까? 사냥감을 잘 쫓는 추적 능력이었을까? 정확히 급소를 노릴 수 있는 영리함이었을까? 물론 그런 능력들은 모두 다 중요했을 것이다. 하지만 사냥에 성공하기 위해서 가장 중요한 것은 의외로 **"동료와의 협동"**이었다. 아무리 개개인이 탁월한 능력을 가지고 있어도 혼자서는 결코 맘모스를 잡을 수 없었다. 맘모스처럼 커다랗고 위험한 사냥감을 잡기 위해서는 함께 할 동료의 존재가 필수적이었다는 뜻이다. 그러니까 먹을 것을 구하는 일에 있어서 남자들에게 동료의 존재는 선택 가능한 대상이 아니었다. 그런데 동료와 함께할 때 반드시 필요한 조건은 무엇일까?

첫 번째는 바로 각자만의 "역할 분담"이다. 사람마다 자신이 가장 잘 하는 역할을 맡는 것이다. 누군가는 추적을 하고, 누군가는 사냥감을 구석으로 몰고, 누군가는 활을 쏘고, 누군가는 창으로 찌르고, 누군가는 용맹하게 맘모스의 몸에 달라붙어서 급소를 찔러야 한다. 다들 똑같이 추적을 하고, 똑같이 활을 쏘면 그 사냥은 망할 수밖에 없다. 직접적으로 사냥에 참가 한 사람만 역할이 있는 것도 아니다. 누군가는 균형이 잘 잡힌 창이나 멀리 나가는 활을 만들어야 하고, 누군가는 사냥을 하다가 다친 사람을 치료해야 하며, 누군가는 사냥 후 얻은 고기를 불만 없이 분배해야 하고, 누군가는 소중한 고기를 오래 보관하기 위해서 훈제 처리를 해야 한다.

두 번째로 중요한 것은 바로 "의사소통 능력"이다. 서로 같이 일을 하려면 일단 말이 통해야 하고, 그 능력을 이용해 서로가 서로의 생각을 전달할 수 있었다. 만약 이것이 제대로 되지 않아서 혼선이 일어나게 된다면 함께 하고 있는 동료는 도움은커녕 오히려 거추장스러운 짐이 되고 만다. 달아나는 사냥감을 빠르게 추적하는 도중 동료에게 저쪽 방향으로 가라고 했는데 오히려 내 쪽으로 달려와서 나와 부딪히게 되면 그것은 도움이 아니라 방해가 되고 만다.

현대를 사는 우리는 언어의 사용법이 너무 익숙해서 무언가를 설명하는 것에 대해서 별다른 어려움을 겪지 않지만 - 아니 그렇다고 믿지만 - 사실 자신의 생각을 타인에게 정확히 전달하는 것은 원래 꽤나 어려운 일이다. 내 생각을 타인에게 제대로 알아듣게 하려면 무엇보다 논리적이어야 하고, 가능하면 사실에 근거해야 하며, 상대가 듣기에 어느 정도 합리적으로 보여야 한다. 그러지 못하고 너무 개인적인 생각이나 본인의 감정을 내세우게 되면 상대방을 이해시키거나 설득할 가능성이 매우 낮아지게 된다.

오늘 사슴 무리를 잡으러 갈지, 맘모스 무리를 추격할지 결정하는 자리에서 "내가 오늘은 사슴 고기를 먹고 싶다"는 이유나 "오늘 유난히 돌아가신 어머니가 생각나 울적해서 그분이 평소 좋아하던 맘모스 사냥을" 선택할 수는 없다는 것이다. 누군가는 찬성을 할지는 모르지만, 누군가는 그것을 말도 안 된다면서 면박을 줄 것이다. 그러니 적어도 "매년 관측에 의하면 맘모스 무리가 곧 이곳을 떠나 다른 먼 지역으로 이동할 가능성이 높으니 당분간은 맘모스 무리를 사냥하는 것이 나은 선택"이란, 누가 들어도 그럴듯한 설명을 해야만 동료들이 따를 것이다.

마지막 세 번째로 중요한 것은 바로 "공정함"이다. 사냥을 하고 난 후 나온 고기를 납득이 가게 분배하지 않으면 그 다음에 이어질 사냥에 누가 참석을 하려고 할까? 그런데 여기엔 한 가지 커다란 난제가 있다. 균형이 잘 잡힌 품질의 창을 만드는 능력을 가진 사람과 맘모스의 최종 숨통을 끊어 놓을 수 있는 강한 근력과 용기를 가진 사람에 대한 분배를 도대체 어떻게 해야 불만 없이 해낼 수 있을까? 이것은 생각보다 꽤나 심각한 문제다. 100M 달리기처럼 똑같은 대상을 기준으로 하면 판별이 명확하지만, 이런 식으로 서로 다른 대상으로 이뤄진 비교일 경우엔 그것을 결정하는 것이 매우 어렵다.

사람마다 생각이 다르기 때문에 누군가는 창을 잘 만드는 능력이 훨씬 더 중요하다고 생각할 것이고, 누군가는 최후의 일격을 가할 수 있는 강한 힘과 용기야말로 최고의 능력이라고 여길 수도 있다. 결국 어떤 정답도 존재할 수 없다. 그저 사람들이 평소에 하는 생각들의 총합이 어느 쪽에 더 기울었는지가 중요하다. 결국 다수의 사람들이 무엇이 더 중요하다고 "인정"해 주는 것이 무엇보다도 중요하다는 뜻이다.

같은 역할을 맡았을 때도 비슷한 일이 일어난다. 두 사람이 활을 쏘는 역할을 맡았을 때 과연 누구의 활이 더 치명적으로 명중을 했느냐를 따지는 것도 애매하다. 이 역시도 보는 사람이 관점에 따라 다르다. 그런데 여기에서 한 가지가 더해지면서 "공정한 평가"는 산으로 가게 된다. 그것은 바로 평가 대상자와 자신과의 관계성에서 나온다. 그러니까 그 사람이 가진 능력이나 그 능력이 발휘된 정황보다 내가 상대와 친구냐 아니면 원수냐 여부가 훨씬 더 중요하다는 것이다. 자신이 상대와 친하면 별로인 것도 대단하다고 칭찬하고, 싫어하면 대단한 것도 별로라고 깎아내린다. "친분"이 "실제적인 능력"보다 우선하는 것이다.

사실 요즘 회사에서도 근본적으로 달라진 것은 없다. 한 회사가 잘 돌아가기 위해서는 각자 다양한 업무 능력을 가진 사람들의 조화가 이뤄져야 하고, 그들 사이에 의사소통이 원활해야 한다. 또한 최종적으로 회사의 매출이 많이 늘었을 때 영업팀, 인사팀, 재무팀, 고객상담팀에 따른 적절하고 공정한 인센티브 지급이 되어야 할 것이다. 이렇게 역할 분담, 의사 소통, 공정한 배분은 시대를 초월해서 협업을 하는데 있어 정말로 중요한 조건이 된다.

먹을 것을 구하기 위해 아주 오랜 기간 동안 역할 분담, 의사소통, 공정함의 가치를 추구해 온 남자들에게 이젠 그것들이 완전히 뼛속 깊이 새겨지게 되었다. 역할 분담은 남자들에게 자신의 고유한 능력을 개발하고 그것을 타인에게 인정받으려고 노력하는 성향을, 의사소통은 누군가와 대화를 할 때 자신이 느낀 감정보다는 최대한 사실에 근거해 합리적이고 논리적인 표현하려는 성향을, 공정함은 세상 돌아가는 일에 끝없이 관심을 갖고 자신의 편을 최대한 많이 만들어 두려는 성향을 만들어 낸 것이다. **결국 이런 가치들을 추구할 때 남자들은 덜 불안해지고 많이 달성했을 때 행복해지기도 하게 되었다.**

그러니까 남자들은 자신의 역할을 맡아서 잘 해내 인정받는 것을 좋아하고, 사실을 근거로 한 논리적인 표현을 좋아하고, 사회의 많은 갈등들이 공정하게 처리되는 것에 관심을 갖는 것을 좋아하고, 자신이 하고 있는 일이 얼마나 중요한지를 남에게 설명하는 것을 좋아하고, 친구를 많이 만들어서 세력을 불리는 일을 좋아한다. 단지 먹을 것을 구하는 곳인 회사에서뿐만 아니라 먹을 것과 관련이 전혀 없어 보이는 게임 속에서 역할을 잘하려고 하고, 일상적인 대화를 하는데 자꾸 설명을 하려고 하고, 그 놈이 그 놈인 듯 보이는 정치인들의 뉴스를 보면서 매일같이 입에 거품을 물면서 욕을 하고, 집에서 아이들과 놀아 주지도 않으면서 틈만 나면 밖에 나가 자신만의 취미활동을 하면서 사람들과 어울린다.

결국 이런 남자들의 특징을 여자들의 시선에 보면, 남자들은 무엇을 하든 쓸데없이 인정받는 것에 목메고, 그냥 내 말을 들어만 주면 되는데 자꾸 분석해서 설명하며 가르치려 들고, 물어보지도 않은 재미없는 정치 이야기를 하고, 틈만 나면 자기 잘난 척을 하며 초딩처럼 굴고, 가족보다 친구를 더 우선시 여기는 듯한 모습을 보이고, 자신이 관심 없는 주제엔 단답형으로만 대답해서 대화의 맥을 끊어 버리는 모습으로 비친다. 그러니 오랜 시간을 같이 지내다 보면 그럴 만하다고 이해가 되는 것 대신 '저 인간은 도대체 왜 저럴까?', 하는 생각만 든다.

■ 공감이 필요해

확실히 여자는 남자와는 다르다. 아니, 다를 수밖에 없다. 여자들은 아이를 낳고, 모유로 아이를 먹일 수 있는, 남자는 절대 흉내 불가능한 생명을 품을 수 있는 능력을 타고 태어났다. 하지만 그런 축복받은 능력을 가진 대신 여자들은 어쩔 수 없는 한계점을 가지게 되었다.

남자들은 식량을 구하기 위해서 동료들과 멀리 떠날 수 있다. 하지만 그 사이 연약한 아이는 누군가 지켜야 한다. 결국 타고난 신체구조로 인해 그 역할은 아이를 낳고 젖을 먹일 수 있는 여자가 맡게 되었다. 이것은 "먹을 것을 구하는 일"이 너무도 힘들었던 과거엔 전혀 불평등한 일이 아니었다. 대신 동굴에서 멀리 떠날 수 없는 여자들은 짧은 여유가 생기면 동굴 근처에서 먹을 것을 구하기 시작했다. 과일이 주로 그 대상이 되었다. 그런데 이 과일은 동물 사냥감과는 다른, 몇 가지 독특한 특징을 가지고 있다. 일단 있는 곳만 발견만 하면 매년 같은 과일을 구할 수 있는 점과 일 년 중 먹기 좋게 딱 익은 시기가 정해져 있다는 점이다.

그렇다면 여자들에게 있어서 과일을 잘 구하려면 어떤 능력이 필요했을까? 남자들처럼 "협동을 할 수 있는 능력"이 필요했을까? 뭐, 따기

어려운 과일이 있을 수도 있으니 그럴 수도 있다. 하지만 더욱 중요한 것은 따로 있었다. 그것은 바로 어떤 과일이 어디에서 열리는지, 그 과일은 언제쯤 가서 따서 좋은지에 대한 **"최신 정보"**이다. 그러니까 정보의 획득이 가장 중요했다.

정보를 얻으려면 어떻게 하는 것이 좋을까? 스스로 가서 찾아야 할까? 물론 가장 확실하긴 하지만, 그럴 만한 시간의 여유도 없고 비효율적이다. 가장 좋은 방법은 바로 이미 찾은 다른 사람들에게 그 정보를 얻는 것이다. 그런데 누가 그런 좋은 정보를 남에게 가르쳐 주려고 할까? 이 대목에서 남자와는 전혀 다른, 여자들만의 관계 맺기의 숨겨진 목적이 드러난다. 남자처럼 사냥터처럼 목숨이 오가는 위험한 곳에서 내 뒤를 믿고 맡길 수 있는 전우로서의 관계가 아닌, 내가 알고 있는 좋은 정보쯤은 말해 줘도 그리 손해가 되지 않거나 훗날 어떤 식으로든 이득으로 돌아올 수 있을 정도의 관계면 되는 것이다. 그러니 가능하면 최대한 넓게 척지지 않는 관계를 맺어 놓는 것, 그것이 바로 남자와는 다른 여자들만의 고유한 특징이다.

서로가 서로에게 "지금 동쪽 커다란 소나무 옆으로 가면 사과가 잔뜩 열려 있어.", 라는 말해 주고, "내가 이번에 밤이 잔뜩 떨어진 장소를 발견했는데 내일 나랑 같이 갈래?", 라는 말을 듣는다. 이런 식의 정보의 교환은 그 대상이 많으면 많을수록 유리하다. 또한 그리 친하지 않은 사이라고 해도 만나고 있는 순간만큼은 최대한 많은 대화를 하는 것이 좋다. 많은 말을 하다가 보면 자신도 모르게 "좋은 정보"가 튀어나올 수 있기 때문이다. 그러니 말이 많은 수다스러움은 단순히 낭비를 하는 시간이 아닌 뭔가 "좋은 정보"를 얻을 수 있는 기회가 된다.

더군다나 여자들의 경우엔 대화가 일을 할 때도 매우 필요한데, 남자들은 생사가 오가는 사냥 중에 최대한 집중을 해야 하니 대화라고 해 봐야 고함 소리나 지르는 것이 전부이지만, 옹기종기 모여 그리 힘들지 않은 일을 하는 여자들에게 있어서 대화는 일하는 동안의 지루함을 달래 주는 아주 좋은 수단이 된다. 그래서 요즘 시대에도 여자들이 주방에 모여서 야채를 다듬거나, 칼질을 할 때 이런저런 담소를 나누는 광경은 흔히 볼 수 있다. 심지어 오늘 처음 만난 여자들끼리도 꽤나 친밀하게 대화를 주고받는다. 남자들은 그런 여자들의 모습을 보면서 자신이 오늘 처음 본 다른 남자와 한 시간째 '네, 반갑습니다', 라고 단 한마디만 주고받은 채 어색해하고 있는 자신의 모습과 비교하며 놀라워한다.

누군가와 대화를 잘하기 위해서는 "내가 하고 싶은 말"을 하기보다는 "상대가 하고 싶어 하는 말"을 잘 들어주는 것이 중요하다. 또한 내가 말을 하고 싶다면 상대방에게도 그만큼의 말할 기회를 주어야 한다. 더해서 상대가 하는 말에 대해서 그다지 관심이 없더라도 맞장구는 쳐 줘야 한다. 하지만 대화라는 행위를 문제 해결을 위한 "의사소통의 수단"으로만 삼은 남자들에게 있어서 처음부터 대화를 잘한다는 개념 자체가 다르다. 남자들에게 잘하는 대화는 이성적으로 그리고 논리적으로 자신이 생각하는 것을 상대방에게 가장 효율적이고 신속하게 그리고 정확하게 전달하는 것이다. 또한 상대가 어떤 말을 하고 있을 때 열심히 듣는 이유 자체도 상대방의 말에 관심이 있어서가 아니라 그 내용을 분석해서 허점을 찾기 위해서이다. 그래야 말하고 있는 사람과 다른 내 생각을 주장하기에 유리하기 때문이다. 하지만 이런 대화에 관한 남녀의 차이는 남녀가 만나 대화를 할 때 서로에게 답답함을 느끼게 되는 원인이 되고 만다.

여자는 자신이 한 말을 그냥 듣고 공감만 해 주길 원하기 때문에 오늘 속상했던 일, 마음에 걸리는 일, 기분 좋았던 일, 오늘 본 예쁜 신상 핸드백에 대한 얘기를 한다. 그런데 남자는 속상했던 일을 듣고 누가 더 잘못했는지 판단하고, 마음에 걸리는 일에 대해서는 여자가 이미 알고 있지만 실천하기 막막한 해결 방안을 마치 자신이 처음 생각하는 것처럼 설명해 주고, 기분 좋았던 일에 대해서는 '응, 그래?', 라고 한마디만 한다. 핸드백 얘기를 하면 돈이 썩어나냐고 화를 내거나 여자들의 허영심에 대해서 일장 연설을 한다. 사겠다는 것이 아니라, 그냥 보기에 예뻤다고 말을 한 것인데 그렇게 말한다. 그 순간 여자는 남자가 사놓은 비싼 낚싯대나 다 다르다고 우기지만 언뜻 보면 다 비슷비슷해 보이는 수많은 카메라 렌즈에 저절로 눈이 간다.

남자에게 있어서 대화는 어떤 문제를 해결하기 위한 의사소통의 수단이기 때문에 해결할 필요가 없거나, 해결할 수 없는 일들, 그러니까 오늘 일어났던 속상한 일, 마음에 걸리는 일, 기분 좋았던 일, 오늘 본 신상 자전거에 대해서 놀랍게도 **"아무런 말"도 하지 않는다.** 그나마 자전거는 돈을 써야 하는 일이기 때문에 눈치를 보며 말을 하긴 한다. 하지만 그조차도 내가 자전거를 얼마나 타고 싶은지에 대해서 말하는 것이 아니라, 이 신상 자전거가 지금 타고 있던 자전거에 비해서 얼마나 성능이 우수한지에 대해서 사실을 기반으로 한 논리로 "설명"한다.

만약 남자가 '이 자전거가 너무 예뻐서 꼭 타고 싶어!', 라고 말하면 여자는 사라고 허락은 못해도 적어도 이해해 줄 수는 있다. 하지만 공기저항을 따지고, 바디와 기어의 소재가 얼마나 비싼지를 따지고, 자전거의 무게 중심이 주행에 미치는 영향에 대해서 설명하는 것을 듣다 보면 오히려 왜 저러나 싶다. 남자들은 모여서 공기저항이 속도에 미치는 영향에 대해 자신이 아는 사실을 근거로 열정적 토론을 하지만, 여자들은 그런 남자들의 모습을 보면서 '쟤들은 매일 도대체 왜 저러냐?', 라고 말한 후 관심을 끊어 버린다.

최초의 식량을 조달하는 방식의 차이는 이후 남자들은 관계 속에서 『역할 분담』, 『의사소통』, 『공정함』을 추구하게 만들고, 여자들은 관계 속에서 『친밀함』, 『공감』, 『조화로움』을 추구하도록 만들었다. 이 차이가 여자와 남자의 사이에 최초의 틈을 만들어 낸다. 그나마 만약 이쯤에서 머물렀다면 그 틈이 남자와 여자가 서로를 "도저히 이해가 가질 않는다"라고 말하는 수준까지 벌어지지는 않았을 것이다. 거기에 한 가지가 커다란 문제가 더 끼어든다. 바로 타고난 "성적 역할"의 차이이다. 식량을 구하는 방식으로 인해 생겨난 최초의 틈은 성적 역할의 차이로 인해 서로가 보이지도 않을 만큼 커져 버리고 만다.

■ 넓이와 높이

당연한 사실이지만 생각보다 우리가 자주 까먹는 사실이 하나가 있다. 그것은 바로 여자와 남자를 구분하는 기준점은 유일하게 성(性)밖에 없다는 점이다. 여자, 남자가 아니라 남성, 여성만이 유일한 차이란 뜻이다. 그런데도 우리는 이런 단순 명료한 사실을 왜 평소엔 잘 인지하지 못할까?

우리 인간이 그리 단순하게 둘로 나뉘지 않기 때문이다. 성적역할로 인해 생겨나는 차이보다, 그것을 통해 만들어지게 되는 남자나 여자만의 고유한 특징이 훨씬 더 크고 강렬하기 때문에 오히려 타고난 성적역할은 그리 큰 차이로 느껴지지 않은 현상이 일어나는 것이다. 실제로 요즘 시대를 잘 살펴보면 "남성(male)"와 "여성(female)" 이라는 생물학적으로 정자와 난자를 제공하는 성적인 차이보다 "남자(man)"과 "여자(woman)"라는 사회가 요구하여 각자가 책임져야 할 역할로써의 차이가 훨씬 더 크게 중요하게 여겨지고 있다. 하지만 잘 생각해 보면 **사회적 역할 차이는 그저 단순한 성적역할 차이로 인해 파생된 결과에 불과하다.** 그러니까 부수적으로 파생된 결과가 본질적 원인보다 훨씬 더 중요하게 여겨지고 있는 것이다. 그러니 남자와 여자의 차이를 제대로 이해하기 위해서는 본질로 되돌아가 봐야 한다.

여자든 남자든 상관없이 모든 사람들에게, 아니 모든 생명체에게 후대를 남기는 일은 타고난 본능 중 하나이다. 물론 자신의 목적을 위해서라면 단식을 할 수 있듯이 후대를 남기는 본능 역시도 당연히 거부할 수는 있지만, 그렇다고 해서 몸 자체가 반응하지 않는 것이 아니다. 누구나 나이가 되면 몸이 2차 성징이 발현되기 마련이다.

여자와 남자는 공통적으로 임신에 필요한 유전자 중 절반을 제공한다. 그런데 이후 상황은 전혀 달라진다. 왜냐하면 열 달 동안 아이를 품는 역할은 오직 여자만이 담당하기 때문이다. **이렇게 여자만이 유일하**

게 "임신의 주체"가 되는 현상은 단순히 "임신을 할 수 있다는" 차이를 넘어서서 서로 상대방 성에 대한 근본적인 태도를 변화시키게 된다.

기본적으로 후손을 남기는 일은 중요하다. 하지만 그것 못지않게 중요한 것이 바로 "많은 후손"을 남기는 일이다. 비록 요즘 시대엔 애 하나 키우는 일조차도 매우 힘들어서 셋 이상 낳으면 애국자 소리를 듣는 형편이지만, 아이를 키우는 일이 쉽다면 지금 시대라도 많은 사람들이 얼마든지 애국자가 될 것이다. 이렇듯 여자와 남자 모두 기본적으로 "많은 후손"을 남기고 싶다는 욕구는 같지만 하지만 실제로 그것을 실현해 내는 타고난 능력의 차이는 너무도 다르다. 남자가 여자에 비해서 비교 불가능 수준으로 월등하게 효율적이라서 그렇다.

잠시만 윤리적인 관점을 접어 두고 생각해 보자. 남자 한 명이 평생 동안 몇 명의 후손을 남길 수 있을까? 뭐, 남자마다 차이는 있겠지만 건강한 남자라면 몇천 명 정도일 것이다. 하지만 만약 과학적 도움까지 제대로 받는다면 어쩌면 수십 억 명 이상도 가능할지도 모른다. 기본적으로 남자는 여자와 달리 자신의 유전자를 이어받은 아이를 낳기 위해서 딱히 "임신"이라는 절차가 필요 없기 때문이다.

하지만 여자는 전혀 다르다. 여자는 자신의 유전자를 타고난 한 명의 아이를 갖기 위해서는 일반적으로 열 달의 시간이 필요하다. 그러니 정말로 많은 아이를 낳아도 평생 30명의 아이를 낳는 것이 물리적 한계일 것이다. 남자처럼 과학적 도움을 받는다고 쳐도 한 명의 여자가 가진 난자의 숫자 자체가 대략 500개 정도이기 때문에 잘해야 500명이다. 몇천 명 대 30명, 수십억 명 대 500명, 처음부터 비교도 안 되는 숫자이다.

이 차이가 이후 어떤 상황으로 이어지게 될까? 아주 단순하다. 언제든 아이를 낳을 수 있는 기회가 있는 남자는 기회만 되면 임신을 시키려고 할 것이고, 한번 선택하면 최소 10달 동안은 전혀 다른 기회가 주어지지 않은 여자는 한 번의 기회를 매우 신중하게 고르게 된다. 좀 과하게 표현하면, 남자는 상대가 여자이기만 하면 되는 것이고, 여자는 가능하다면 유전적으로 뛰어난 남자를 고르려고 하게 되는 것이다. **"알파남"이란 개념이 그런 이유로 인해서 생겨난다.** 자식에 관해서 만큼은 여자가 남자보다 훨씬 까다로운 선택과 집중을 할 수밖에 없다.

단순히 생각하면 성적 역할에서만큼은 남자들이 훨씬 더 유리해 보인다. 하지만 그것은 흔한 착각이다. 왜냐하면 한 남자가 동시에 많은 여자들을 임신시킬 수 있다는 사실은, 자신이 여자들의 선택을 받을 수 있는 입장에 있을 때나 좋은 것이지, 반대로 그리 인기가 없는 남자가 되었을 경우 아예 후손을 남길 기회조차 얻지 못하는 악몽이 되고 만다. 그래서 생물학계의 연구에 의하면, 자연계에서는 수컷들이 평균적으로 5%만 후손을 남긴다고 한다.

그렇다면 어떤 남자들이 여자들의 선택을 받아 자손을 남길 가능성이 높을까? 당연히 "강한 남자"인데, 기본적으로 그 강함은 과거로부터 지금까지도 "먹을 것을 잘 구하는 능력"을 뜻한다. 여자의 입장에서 보면 자신이 임신을 하고 아이를 키우는 동안 어쩔 수 없이 무력해지기 때문에 그 기간에 먹을 것을 잘 구해다 주는 남자의 역할이 너무도 중요하기 때문이다. 그런 면에서 여자가 남자를 선택할 때 경제력을 보는 것은 너무도 당연한 일이다.

　이렇게 되면 남자들에게 있어서 동료와 함께 하는 "협업"은 또 하나의 중요한 역할을 하게 된다. 먹을 것을 구하는 가장 좋은 방법 이외에 내 후손을 남길 수 있는 가능성을 높이는 방법으로도 너무도 중요해진 것이다. 이렇게 되면 원래 중요했던 것들, 그러니까 확실한 역할과 정확한 의사소통 능력, 분배의 공정함의 가치는 더욱 더 커져서 이제는 그것이 없다면 내가 살아남는 것도, 내 후손을 남기는 것도 모두 불가능해져 버리고 만다. 그렇다면 남자에게 있어서 이것을 최대치로 실현한 상태가 어떤 것일까?

　그 답이 어렵지 않은 질문이다. 바로 무리의 "우두머리"이다. 어떤 한 무리의 리더는 대체 불가능하며 가장 중요한 역할을 맡고 있으며, 당연히 무리의 구성원들과 의사소통이 원활해야 한다. 그리고 무엇보다 공정할 때 무리의 지지를 받아 리더의 자리를 유지할 수 있다. 물론 아주 탁월한 능력을 가졌다면, 예를 들어 타고난 힘이나 아주 뛰어난 머리를 타고 났다면 결론적으로 무리를 다 잘 먹일 수 있기 때문에 의사소통이나 공정함의 가치는 그리 중요하지 않게 되긴 한다. 아무튼 남자에게 있어서 능력은 그 무엇보다도 중요하며, 능력의 최고 정점은 바로 리더나 보스가 되는 일이다.

　결국 남자들은 평생 동안 리더나 보스가 되기 위해서 끝없이 위로 올라가려고 한다. 가장 높이 올라갔을 때 모든 것을 얻기 때문이다. 그러니 남자들이 끝없이 경쟁을 하고 그 결과에 대해서 동료들의 "인정"을 받아 최고의 자리에 오르려고 하는 것은 너무도 당연한 욕망이다. 단지 여기에서 생겨나는 문제는, 인정을 받을 때마다 경험하게 되는 쾌감에 중독되어서 그것이 무엇이든 일단 이기려고 노력한다는 점이다. 침을 멀리 뱉는 것도 경쟁을 하고, 아이와 놀 때도 이기려고 하고, 친구보다 더 큰 물고기를 잡았다고 자랑하고, 게임에 졌다고 많이 우울해한다.

만약 먹을 것을 잘 구하는 능력이 단순히 먹고사는 일에만 한정되었다면 남자들이 그렇게까지 되지는 않았을 것이다. 하지만 그 능력이 "후손을 남길 수 있는 가능성"으로 이어지기 때문에 남자들은 무한대의 경쟁에 내몰고 만다. 잘 먹지도 못하는데 자식도 못 낳게 되는 상황, 남자 여자를 떠나서 정말로 한 인간으로서 최악의 상황이라고 할 수 있다.

과거로부터 보스나 리더가 된 남자는 기본적으로 자식을 많이 낳았다. 조선 시대의 태종은 아내 12명에게서 28명의 아이를, 세종은 아내 6명에게서 22명의 아이를, 성종은 아내 12명에게서 28명을 얻었다. 하지만 이 분야에서 칭기즈칸을 따라올 남자는 없다. 그는 이미 예전에 죽고 없지만, 지금 시대에 전 세계 사람들의 0.5%(1,750만 명 정도)가 칭기즈칸의 유전자를 이어받은 상태라고 한다. 칭기즈칸은 "남성"으로만 보면 최고의 성공을 거둔 사람이다.

할 수 없어서 그렇지 남자들은 누구나 칭기즈칸이 되고 싶어 한다. 단지 그러기 위해서는 타고난 능력, 도달하는 동안 받게 될 스트레스, 경쟁 중 지게 되면 죽을 수도 있다는 두려움 때문에 대부분 알아서 포기하게 된다. 그렇지만 그 안에 있는 가지고 있는 경쟁심과 인정받고 싶은 욕구가 아예 사라진 것은 아니다.

그러다가 가끔 생명을 걸 필요가 없는 수준의 경쟁에서 갑자기 불쑥 튀어나온다. 도대체 저것을 왜 이기려고 하는지 이해가 가질 않는 것에서 어떻게든 이기려고 하는 것이다. 친밀함과 조화로움을 추구하는 여자의 입장에서 보면 그런 남자들의 모습이 이해도 잘 안 가고 보기에도 위태위태하다. 저렇게 심각하게 경쟁하다가 이기고 지면 이후에 서로 얼굴도 안 볼 것 같은데, 놀랍게도 남자들은 그 다음날 아무렇지도 않은 얼굴로 어울린다. '저들은 져도 상처를 받지 않는 것일까?' 아니다. 상처를 받는다. 아주 크게 받는다. 그런데도 남자들은 왜 경쟁을 멈추지 못하는 것일까?

■ 백마 탄 남자보다 대화가 필요해

아무리 남자들이 "이기는 행복"을 좋아해도, 경쟁 그 자체가 좋기만 한 것은 아니다. 이기기 위해서는 정말로 힘들게 많은 노력을 해야 하기에 그렇다. 여자들이 친구들과 만나 시원한 아이스 아메리카노와 달콤한 치즈 케이크를 앞에 두고 담소를 나누면 얻을 수 있는 것과 같은 행복을 위해서는 남자들은 게임에서 이기기 위해서 매일 수백 판을 반복하거나, 내기 골프를 이기기 위해서 매일 수없이 많이 골프채를 휘두르거나, 남들보다 더 많이 아는 사람이 되기 위해서 끊임없이 공부를 하며 지식을 쌓아야 한다. 그런 것들은 꽤나 힘들다.

그런 노력의 과정은 "승리"라는 궁극적 목적을 달성할 때 분명히 행복을 가져다주긴 하지만, 그렇다고 해서 과정까지 즐거운 것은 아니다. 더군다나 또한 노력한다고 해서 반드시 이기는 것도 아니고, 지게 되면 행복은커녕 우울해지고 만다. 심지어 열심히 노력한 만큼 우울해진다.

그런 남자들의 모습을 옆에서 바라보고 있는 여자들은 남자들의 그런 본능을, 아니 두려움을 잘 이해하지 못하기 때문에 시원한 커피나 마시며 수다를 떨면 얻을 수 있는 행복을 게임이나, 골프나, 지식을 쌓는 일을 힘들게 하면서 얻으려고 하는지 잘 이해가 가질 않는다. 주말에 집에서 편히 쉬면 되는데 꼭 밖에 나가서 밤새 모기를 뜯기며 낚시를 하고, 축구를 하러 갔다가 인대가 늘어나 절뚝거리면서 돌아온다. 심하면 아예 목숨을 걸고 에베레스트와 같은 높은 산에 오르는 경우도 있다.

한 분야에서 이기지 못하게 되면 새로운 분야를 만들어서라도 이겨야 한다. 돈을 잘 벌지 못하면 지식이 많은 사람이 되어야 하고, 지식을 많이 쌓지 못하면 게임이라도 잘해야 하고, 게임을 못하면 자전거로 전국일주라도 해야 한다. 무엇이든 자신만의 승부처가 필요하고, 그 분야에서 승자가 되어야 한다. 그리고 놀랍게도 **남자들은 자신도 똑같은 마음이기 때문에 어떤 특별한 분야에라도 남다른 것을 이뤄냈다면 그 사람을 "승자"로 인정해 준다.** 패자가 되는 것에 대한 깊은 두려움을 가지고 있는, 남자들만의 진심 어린 공감이다.

인간의 남자들만 그렇게 경쟁하는 것도 아니다. 귀여운 눈망울을 가져서 보기만 해도 예쁜 사슴이나, 깡충깡충 뛰는 토끼, 밤을 까먹는 귀여운 다람쥐들도 번식기가 되면 싸운다. 심지어 곤충들도 싸운다. 수컷에게 있어서 패배는 유전자의 단절을 의미한다. 물론 여자들도 분명히 경쟁을 하긴 한다. 특히 최고의 남자를 선택하기 위해서 자신의 매력을 최대한 높여야 한다. 그럼에도 여자들은 남자들처럼 경쟁하지는 않는다. 어찌되었건 간에 기다리다 보면 자연스럽게 순서가 오기 때문이다.

이론적으로만 보면, 승자인 남자가 수많은 여자들을 임신시킬 수 있지만, 한 여자가 수많은 남자의 아이를 임신할 수는 없다. 오히려 그런 상황이 벌어지면 남자들은 그 아이가 자신의 아이라는 확신이 없기 때문에 책임지지 않으려고 도망치고 만다. 물론 자신의 도망치는 모습이 부끄럽기 때문에 그런 여자들을 "헤프다"고 비난하면서 양심 세탁을 한다. 원래 남자들에게 있어서 헤픈 여자라는 말은 자신의 아이인지 확신할 수 없는 아이를 임신할 수 있는 여자라는 의미이다.

기다릴 수 없기 때문에 절실한 남자와 달리 여자들은 자연스럽게 순서가 오기 때문에 상대적으로 여유롭다. 단지 여자들 역시도 앞에서부터 괜찮은 남자들이 선택되어서 빠져나가기 때문에 더 오래 기다릴수록 점점 별로인 남자들만 남는다는 점이 문제일 뿐이다.

이런 식으로 여자와 남자의 경쟁은 근본적으로 그 차이가 벌어지게 된다. 남자들은 자신이 마음에 드는 여자에게 선택을 받기 위해서 경쟁한다면, 여자들은 자신이 꼭 선택하고 싶은 "최고의 남자", 즉 알파남을 두고 경쟁을 하게 된다. 거기에 한정된 만큼은 여자들의 경쟁이 남자들보다 훨씬 더 치열하고 잔인하다.

"백마 탄 왕자님" 이야기가 과거에도 통했고 요즘 시대에도 여전히 통하는 이유가 바로 그것이다. 훗날 한 왕국의 리더가 될 남자, 여자들에게 있어서는 늙은 왕이 아닌 젊은 왕자는 최고의 결혼 상대일 수밖에 없기 때문에, 여전히 많은 여자들이 꿈꾸는 판타지 속의 주인공이 된다. 하지만 이런 고전적 개념들은 문명이 발달하는 과정에서 꾸준히 변화해 왔다.

최초의 변화는 일부일처제이다. 한 명의 남자에게 한 명의 여자라는 사회적 계약은 남자들이 과거처럼 그렇게 피 터지게 경쟁할 필요가 없게 만들었다. 일부일처제는 다수의 여자들에게 자식을 남기는 모험을 하기보다는 단 한 명이라도 확실히 자신의 유전자를 남기고 싶은 남자들의 욕구와 한 남자에게 확실한 보호를 받길 원하는 여자들의 욕구가 잘 맞아진 수렴적 결과물이다.

하지만 현대에 들어서는 여자들 쪽에서 또 다시 변화가 일어나고 있다. 과거와 달리 여자들의 사회 진출이 활발해졌기 때문에 "먹을 것을 구하는 일"을 남자에게 전적으로 맡길 필요가 없어져서 그렇다. 이제는 여자들 스스로 얼마든지 먹고 사는 일을 책임질 수 있어졌기 때문에 과거처럼 "먹을 것을 잘 구하는 능력"을 가졌다는 이유로 남자를 선택할 필요성이 줄어들었다. 그리고 경제력만 확실하다면 아빠 없이 혼자서 아이를 낳고 기를 수 있을 만큼 사회 시스템도 안정되었다.

결국 과거엔 강한 남자라는 조건이 남자가 가진 모든 잠재적 문제들을 상쇄시켜 버렸기 때문에 그냥 남자들은 강한 남자만 되면 되었지만 이제는 추가적으로 "인성"이란 조건이 더해졌다. 그러다 보니 이제는 백마만 타고 온다고 해서 여자들이 눈길을 주는 것이 아니다. 얼굴도 잘생겨야 하고, 재미도 있어야 하고, 신뢰도 있어야 하고, 위기대처 능력도 있어야 하고, 아이들과 잘 놀아 주기도 해야 한다. **이제는 말 없이**

두 발로 걸어오더라도 따뜻하고 자상하고 대화가 통하는 남자들이 훨씬 더 인기가 많은 세상이 되었다. 물론 모든 것이 완전히 바뀐 것이 아니기 때문에 여전히 강한 남자인 "돈을 잘 버는 남자"의 인기는 여전하다. 하지만 세계 곳곳에서 과거로부터 많은 강한 남자들이 그것을 권력으로 휘둘러 온 것에 대한 강한 반발이 일어나고 있다.

많은 남자들이 과거로부터 자신이 강하다는 이유로 집에서 수많은 갑질을 해왔다. 돈이나 권력 좀 있다 싶은 남자들이 바람을 피우는 일이나 심한 경우 첩을 두는 일이 흔히 일어났고, 집 안에서도 자신이 말이 곧 법이라는 식의 강압적이고 권위적인 모습을 보여왔다. 하지만 이제 상황이 완전히 달라졌다. 그로 인해서 과거처럼 그런 행태를 보이는 남자들은 점점 더 퇴출이 되는 분위기이다. 여자들의 사회적 지위가 올라감에 따라서 남자가 갖춰야 조건들 중에서 "돈을 잘 버는 능력"은 점점 다른 조건들에게 따라 잡히고 있는 상황인 것이다. 하지만 남자들은 이런 여자들의 빠른 인식 변화를 따라잡지 못하고 있다. 그로 인해서 사회 곳곳에서 끝없는 갈등이 표출되고 있다.

특히 "대화 방식"이 문제가 된다. 과거로부터 대화를 여전히 의사소통의 수단으로만 여기는 남자와, 대화를 통해 내 입장을 전하고 너의 입장을 들으며 공감하려고 하는, 그래서 행복하고 싶은 여자가 서로 마주 앉아 대화를 할 때 자꾸 어긋남을 느끼게 된다. 특히 여자가 그 문제를 많이 느끼는데, 대화라는 것이 원래 기본적으로 서로간의 감정을 주고받는 것임에도 불구하고 남자들이 자꾸 이성적으로 또한 논리적으로 대화를 하려고 하기 때문이다.

남자들은 대화는 자신들이 목적으로 하는 최종 행복, 그러니까 사냥감을 잘 사냥하기 위해서 필요한 수단으로만 쓰이지만 여자들은 대화 그 자체가 이미 행복이라서 서로 크게 어긋나게 된다. 그리고 이 어긋남은 이후 함께 하기만 하면 무엇을 해도 좋은 여자와 꼭 뭔가를 목적으로 해서 이뤄야 하는 남자의 입장 차이로 벌어진다.

함께 산에 오르고 싶다면 앞산이든 뒷산이든 상관없는 여자와, 산이라면 적어도 지리산 정도는 가야 한다고 믿는 남자 사이에 갈등이 만들어지는 것이다. 남자는 지리산에 가기 위해서 왜 그 산에 올라야 하는지, 이 산에 대해서 사람들이 과거로부터 유명한 사람들이 어떤 말을 했었는지, 사람이라면 적어도 한 번쯤 이런 산에 올라 봐야 한다고 말하겠지만 도대체 왜 사서 고생을 하나 싶은 여자의 귀엔 하나도 들어오지 않는다. 그래서 혹시라도 만약 남자의 말에 혹해 지리산에 가게 되었다면 도대체 왜 이 힘든 산에 오르자고 했는지 산을 오를수록 원망만 커지게 된다.

이런 상황들이 반복될수록 이젠 그나마 아슬아슬하게 유지되던 대화마저 끊어지고 만다. 그나마 대화가 서로를 이해할 수 있는 거의 유일한 수단인데 그 대화가 끊기게 되면 상대방에 대한 이해의 기회는 저 멀리 사라져서는 이젠 도대체 상대가 왜 저러는지를 알 수 없게 된다. 이런 기간이 오래될수록 상대방에 대한 이해는 떨어지고 오해는 점점 더 커져서 언젠가부터 상대방이 사람이 아닌 괴물처럼 보이기 시작한다.

■ 너와 내가 저지른 잘못

이런 원초적인 문제를 해결하기 위해서 처음으로 되돌아가 보자. 여자들은 왜 대화를 하길 원할까? 이유는, 대화 자체가 재미가 있어서 그렇기도 하지만, 근본적으로는 자신을 제대로 이해받고 싶어서 그렇다. 자신이 느낀 수많은 감정들에 대해서 상대방의 동의를 얻고 싶은 것이다. 바로 공감이다. 그런데 여자들은 왜 그렇게 공감을 받고 싶은 것일까? 거기엔 깊고 어두운 사연이 숨겨져 있다.

슬픈 일이지만 여자는 태어남 자체가 불평등함이다. 왜냐하면 태어나 보니 "육체적 강함" 수준에서 자신을 이미 앞선 남자들이 이 세상의 절반을 차지하고 있기 때문이다. 특별히 강한 몸을 타고나거나, 특별한 수준의 노력을 하지 않는 한, 여자는 남자에 비해서 육체적 약자이다. 이것은 여자의 문제가 아니라 후손을 남기기 위해 무한경쟁을 해야 했던 남자들이 자연스럽게 얻은 특징이다. 하지만 비록 아무런 노력 없이 우연히 얻었다고 해도 장점은 장점이다.

남자들은 처음부터 남자로 태어나서 잘 못 느낄 수 있지만 내가 아무리 노력을 해도 이 세상의 절반의 사람이 나보다 육체적으로 강하다는 사실은 조금만 생각해 봐도 정말로 두려운 일이다. 밤길에서 어떤 존재를 만났는데 그 상대가 호랑이나 사자라면 설령 나를 물지 않는다는 사실을 알고 있더라도 서로 스쳐 지나가는 그 순간만큼은 두려움을 느낄 수밖에 없다. 하지만 고양이라면 그렇게 느껴지지 않는다. 사실 큰 개도 무섭다. **상대를 알지 못한다는 것과 육체적으로 강한 존재라는 두 가지 조건이 만들어 내는 가능성이 존재하는 상상이다.**

지금은 법과 질서가 어느 정도 유지되는 세상이기에 그나마 여자들이 폭력에 대한 두려움을 덜 느끼지만, 과거 그렇지 못한 시절에 여자들에게 있어서 강한 남자들이 절반을 차지하고 있는 이 세상은 두려움 그 자체일 수밖에 없었다. 이것이 바로 과거에 여자들이 자기 남편에게 그 수많은 말도 안 되는 비인간적인 취급을 받으면서도 결국 종속적 삶을 살 수밖에 없었던 원인이다. 그런 남편이라도, 그 인간이 없으면 자신이 다른 남자들의 폭력으로부터 완전히 무방비 상태가 되기 때문이다. 더군다나 거기엔 성폭력이라는 정말로 끔찍한 범죄까지도 포함되어 있다.

너무 평화로운 시기가 오래되어서 그렇지 원래 "육체적" 두려움은 본능적이며 매우 치명적이다. 그러니 똑똑하거나 많이 안다고 해서 그것을 무시할 수가 없다. 분명히 존재하는 두려움이며, 그로 인해서 늦은 밤 골목길을 걸어갈 때, 인적이 뜸한 지하 주차장을 걸어갈 때, 외진 산길에서 낯선 사람을 만났을 때, 그야말로 움찔하면서 본능적으로 두려움을 느낄 수밖에 없다.

물론 남자도 아예 육체적 두려움을 느끼지 않는 것은 아니다. 여자들과는 달리 태어나 보니 일단 중간 어디쯤에서 시작하지만, 그렇다고 해서 자신보다 강한 힘을 가진 사람들이 아무도 없는 것은 아니기 때문이다. 그럼에도 여자보다는 훨씬 더 나은 형편이다. 남자들은 적어도 여자들이 느끼는 극한의 두려움, "성폭력"에 대한 두려움은 느끼지 않을 수 있기 때문이다.

여자들이 느끼는 성폭력이 정말로 두려운 이유는 그 일이 내가 어떤 실수를 했거나, 성격 더러운 인간과 운 나쁘게 엮여서 일어나는 육체적 폭력과 달리 내가 딱히 어떤 아무런 잘못도 하지 않았고 상대를 전혀 알지도 못함에도 오직 남자의 일방적인 성적충동에 의해서 일어날 수 있다는 점이다. 평소엔 멀쩡한 남자들도 성적충동 앞에서는 짐승이 되는 경우가 흔히 일어난다.

결국 '여자라서 당했다', 라는 표현이 나오게 된다. 그렇게 여자들의 분노가 시작된다. 성폭력의 원인이 단순히 내가 여자였기 때문이다. **"원인 없는 폭력", 이것이 바로 일반 폭력과는 다른, 성폭력만이 만들어 내는 매우 심각한 두려움이다.** 이것은 조금만 생각해 봐도 이해가 간다. 이유도 모르고 어딘가에 잡혔는데 상대가 아무런 것도 묻지 않고 매일 와서 나를 사정없이 팬다. 이유나 알아야 그나마 생각이라도 하고 매를 덜 맞을 방법을 생각할 텐데 아무런 말도 없이 무조건 패기만 한다면 과연 얼마나 미치지 않고 버틸 수 있을까?

더군다나 성폭력이 일어나게 되면 연쇄적으로 발생하는 두려움이 바로 임신의 공포이다. 육체적으로 큰 상처를 입는 것도 힘든데 임신의 걱정까지 해야 한다. 그런 상황에서 자신이 당한 폭력에 대해서 외부적으로 밝히는 것조차 커다란 용기가 필요하다. 여자들의 사회의 절반이 남자인 세상에서 느낄 수 있는 공포심은, 남자들이 교도소에 가서 자신의 엉덩이를 노리는 다른 남자들 속에서 사는 것과 비슷하다. 그런 상황을 상상할 수 있다면 남자들 역시도 여자가 느낄 공포심을 깊게 공감해 줄 수 있을 것이다.

그런데 좀 이해가 안 간다. 매일 평소에 그렇다면 도대체 여자들은 어떻게 이 세상을 살아갈 수 있는 것일까? 더군다나 평소엔 여자들이 남자들보다 훨씬 덜 걱정이 있는 듯 보이기도 한다. 일단, 그런 성폭력 사건이 일어나긴 하지만, 그렇다고 해서 아주 흔하게 일어나는 일은 아니다. 그래서 두렵지만 평소에 조심하면 살아갈 만하다. 하지만 그렇다고 해서 여자들이 그렇게 살아갈 수는 없다. 진짜 이유는 따로 있다. 그것은 바로 **여자들은 대부분의 경우 태어남과 동시에 "충분히 신뢰할 수 있는 남자"로부터 끝없이 보호를 받기 때문이다.**

남자들은 보통 성인이 되면서 육체적으로 독립을 하지만 여자들은 보통 결혼을 하기 전까지, 아니 결혼을 한 후에도 아빠라는 존재로부터 보호를 받게 된다. 중간에 결혼을 하게 되면 이젠 아빠보다는 본격적으로 남편에게 보호를 받는다. 그러다가 아빠도 죽고 남편도 늙어 힘이 없어질 때쯤이 되면 그때는 보통 아들에게 보호를 받는다. 그래서 이상한 일이지만, 대를 이어야 한다는 책임감에 사로잡힌 남자들보다도 여자들이 오히려 더 아들을 선호하는 경향이 있다.

아주 이상한 인간이 아니라면 보통 아빠들은 딸을 보호하는 데 있어서 정말로 최선을 다한다. 혹시나 잘 안 되더라도 엄마라는 대안의 존재가 있기 때문에 어린 시절의 여자들은 잘 보호를 받으며 별다른 걱정 없이 자란다. 하지만 여자가 부모의 보호로부터 벗어나 남편에게 그 역할을 맡겼을 때부터 문제가 일어난다. 부모는 자신이 낳았기 때문에 책임감을 가지고 자신의 딸을 보호하지만, 남편은 비슷한 또래이며 딱히 자신이 아내를 보호해야 한다는 명백한 책임감을 갖고 있질 못한다. 또한 언제든 자식을 위해 희생을 할 각오가 되어 있는 부모와는 달리, 그 자신도 본인의 행복을 우선적으로 추구하고 싶어 하는 존재이다.

여기에서 진짜 문제는 남편이 아내에 대한 책임감을 명시적으로 느끼지 못하는 것과 비슷하게 아내 역시도 자신이 남편에게 "보호"의 책임을 원한다는 사실을 명시적으로 자각하지 못한다는 점이다. 스스로 자각하지는 못하지만 남편의 책임감에 대해 알고 싶은 아내는 매일 끝없는 대화를 시도하고, 똑바로 그 사실을 말해 줘야만 이해할 수 있는 남자는 매일 자신에게 '내가 너를 얼마나 믿을 수 있을까?'를 확인하는 아내의 의도를 전혀 파악하지 못한 채 엉뚱한 답만 한다.

남자에게 제대로 보호를 받는 여자들은 그 사실을 잊을 수 있지만 그렇지 못한 여자들은 매일 불안함을 느낄 수밖에 없다. 그래서 많은 여자들이 매일같이 남자에게 "나를 사랑하는지를" 묻는다. 그것을 들은 남자는 '왜 저렇게 매일 사랑하는지를 묻지? 어제 사랑했는데 오늘 사랑하지 않을 리가 없잖아?', 라고 생각하며 그것의 비현실성과 비논리성을 이해할 수 없다고 투덜대지만, 사실 여자가 묻는 것은 사랑하는지 알고 싶은 것이 아니다. 네가 오늘도 나를 보호하기 위해서 최선을 다할 것인지, 지금의 너를 내가 신뢰할 수 있는지, 즉 너의 충성심을 묻고 있는 것이다.

여자가 남자에게 사랑을 확인하는 이유는 지금 당장 남자에게 어떤 일을 해 달라는 것이 아니다. 언젠가는 일어날지도 모르는 "정말로 두려운 일"이 일어났을 때 그 모든 일을 제치고 달려와 달라는 것이다. 평생 일어나지 않을지도 모르지만, 내가 그럴 수 있는 너에 대한 믿음을 갖고 살 수 있도록 해 달라는 것이다. 그런데 남자가 자꾸 자신의 엄마,

그러니까 또 다른 여자에게 신경을 쓰고 있다. 이때 여자가 느낄 불안감을 남자는 짐작조차 할 수 없다. 그리고 이해할 수 없으니 예전부터 내려온 고부갈등으로 취급해 버린다.

그때그때마다 느껴지는 불안감으로 인해 여자들이 하는 앞뒤가 잘 안 맞는 비논리적인 잔소리에 지쳐 언제는 돈을 많이 벌어오라고 해 놓고 정작 돈을 벌기 위해서 매일 야근하면 왜 잔소리를 하냐고 화를 낸다. 나도 취미 생활을 하면서 행복하게 살고 싶다고 항변을 한다. 부모님은 나를 키워 주신 분인데 어떻게 모른 척하냐고 짜증을 낸다. 그래, 돈도 열심히 벌어야 하고, 너의 행복을 위해서 하고 싶은 일을 해도 좋다. 부모님은 너를 태어나게 해 주신 분이니 자식의 본분을 다해야 할 것이다. 그런데 그 어떤 순간에도 너의 눈은 언제나 나를 향하고 있어야 한다. **너의 삶에서 나는 그 어떤 순간에도 최우선 순위여야 하며, 내가 위기에 처했다면 너는 어떤 상황에서든 뛰어올 준비가 되어 있어야 한다.** 하지만 너는 가끔 어떤 것에 빠져서 나를 까맣게 잊은 듯 보이고, 나보다 다른 누군가를 더 우선하는 듯 보인다. 그것이 가끔 나를 몹시 두렵게 만든다. 그것이 네가 저지른 진짜 잘못이다.

■ 인정이 필요한 남자

여자는 자신이 믿고 있는 남자의 보호를 원한다. 그렇다면 남자들은 여자들에게 무엇을 원할까? 아니, 남자는 원래 무엇을 원하는 것일까? 그냥 보면 그것이 무엇이든 일단 이기는 것을 좋아하는 것은 맞는 것 같다. 설령 승부에 관심이 없어 보이는 사람조차도 승부를 거룰 대상에 가치를 느끼지 못하거나 혹은 아예 처음부터 이길 가능성이 없기 때문에 포기한 것뿐이다.

경쟁은 기본적으로 이기기 위한 투쟁이다. 그렇다면 왜 이기려고 할까? 직장 내에서 승진을 하기 위해서라든가 더 많은 연봉을 받기 위해 경쟁하는 것은 이해가 가지만 왜 더 빨리 뛰고, 더 높이 오르고, 더 많은 지식을 알고, 더 침을 멀리 뱉고, 더 골프를 잘 치려고 할까? 이긴다고 해서 뭔가 크게 달라질 것도 없다. 이겼다는 사실만으로도 기분이 좋은 것이다. 왜 단순하게 이기기만 하는 것에 그렇게 집착을 할까? 그 이유는 하나뿐이다.

바로 사람들의 인정을 받고 싶어서 그렇다. 남자에게 있어서 인정은 사냥 후 더 많은 고기를 받을 수 있는 기회였으며 후대에 자신의 유전자를 더 많이 남길 수 있는 기회이다. 이런 이유로 인해서 남자에게 있어서 누군가의 인정은 단순히 행복 추구가 아니다. **여자에게 있어서 보호가 자신의 생명줄인 것처럼 남자에게 있어서 인정이 자신의 생명줄이다.** 하지만 보호와 달리 인정은 매우 모호한 개념이다. 누가 나를 인정해 주는지 어떻게 알 수 있을까? 이때 그것을 가장 확실하게 해줄 도구가 바로 누군가와의 경쟁이다. 남녀공학인 학교에서 체육대회가 열리는 날에 운동을 잘하는 남학생은 수많은 여학생들로부터 눈길을 받는다. 이것은 오히려 성적이 일등인 남학생이 받을 수 있는 눈길보다도 훨씬 더 강렬하다. 성적은 그 승부가 나는 시점이 한참 후인 간접적인 경쟁인 반면, 운동경기는 그야말로 눈앞에서 당장 그 승부가 결정되는 직접적인 경쟁이기 때문이다.

남자들은 모두 그런 순간을 꿈꾼다. 만약 꿈꾸지 못한다면 스스로의 한계를 느끼고 포기한 사람들뿐이다. 하지만 포기했다고 해도 그것이 마냥 슬픈 일만은 아니다. 왜냐하면 남자들은 얼마든지 자신이 유리한 경쟁을 선택할 수 있기 때문이다. 그래서 평균적으로 보면 남자들이 여자들보다 훨씬 더 다양한 취미 생활을 즐긴다. 맨 손으로 산을 오르고, 역사에 빠져들고, 요리를 잘하려고 노력한다. 그것 하나하나가 모두 다 "남보다 나은 나"라는 인정을 목표로 한다.

남자들은 매 순간마다 자신이 얼마나 인정을 더 받을 수 있는지가 지대한 관심이다. 자신의 생각을 말할 때도, 상대를 설득할 때도, 뭔가를 발표할 때도, 술자리에서 개똥철학을 늘어놓을 때도 그렇다. 그러다가 자신보다 더 인정받는 듯한 사람을 앞에 두면 열등감이 생기고 반대로 자신보다 덜 인정받는 듯한 사람이 있으면 우월감을 느낀다. 하지만 나보다 훨씬 더 인정을 받는 사람이 나를 "인정"해 주면 그 즉시 열등감이 사라지면서 그 자리엔 윗사람에 대한 존경심이 채워져 그를 추종하고, 자신보다 덜 인정받는 사람이 자신에 대한 호감을 표시하고 따르면 아랫사람으로 여기고 이끌어 주려고 애쓴다. 마지막으로 자신과 비슷한 수준의 사람이 자신을 인정해 주면 그 즉시 십 년 만난 절친처럼 군다.

남자들이 태어나 최초로 인정을 받고 싶어 하는 존재는 바로 엄마이다. 물론 아빠의 인정도 중요하지만, 어린 시절엔 남자 역시도 여자만큼이나 약한 존재이기 때문에 자신이 느끼는 수많은 두려움의 감정들을 공감해 주는 엄마의 존재가 해 주는 인정이 생존 그 자체로 느껴진다. 엄마의 인정이 바로 아직 신체적으로 자라지 못해서 약한 자신에 대한 절대적 보호자로 느껴지는 것이다. 그 후 자라면서 자연스럽게 엄마보다 물리적으로 강한 아빠로 바뀐다. 하지만 오래지 않아 또다시 바뀐다.

바로 친구들이다. 중학교 시절 정도부터 남자 아이들은 한참 동안 친구들 사이에서 인정받는 것이 인생의 목표가 된다. 그래서 온갖 것에 경쟁을 하기 시작한다. 운동 경기, 게임, 성적, 더 많은 경험, 강함, 심지어 잉여스러움도 경쟁의 대상이 된다. 하지만 사회에 진출하는 시기가 오면 현실에 눈을 뜨면서 경쟁 대상의 폭은 확연히 줄어든다. 이제는 본격적으로 사회적 성공, 돈, 권력과 같은 것들만 경쟁의 대상이 된다. 소위 "머리만 좋아서 학창 시절 제대로 인정받지 못했던 안경 쓴 찐따"들이 앞서기 시작하는 시기이다.

온갖 것을 경쟁하지만 늘 승자가 될 수 있는 것은 아니다. 운이 좋게 잘 태어난 소수의 남자들은 많은 분야에서 승자의 입장이 되지만 상대적으로 패자가 훨씬 더 많다. 그러다 보니 이 시기를 관통하는 동안 남자들은 많은 좌절을 경험한다. 자존심 때문에 겉으로는 표현하지 않지만, 열등감 때문에 패배를 인정하기보다는 승자의 문제점을 비난하지만, 실망감 때문에 자신이 패배한 분야의 무가치함을 주장하지만, **많은 남자들의 내면엔 자신에 대한 깊은 좌절감이 자리를 잡고 있다.** 그때 이런 남자들의 좌절감을 치유해 줄 수 있는 유일한 존재가 바로 "여자" 이다.

한 여자의 남자가 된다는 것은 생각보다 훨씬 대단한 일이다. 남자와 달리 한번 선택하면 돌이키기 힘든 여자들은 정말로 많은 것들을 따져 보고 남자를 선택할 수밖에 없기 때문에, 한 여자의 남자가 되는 것 자체가 남자의 입장에서는 대단한 "인정"을 받는 일이다. 그로 인해서 남자는 자신이 인정을 받고 싶어 하는 대상이 최초의 엄마에서 아빠로 그리고 친구에서 아내로 바뀌어 간다. 그러다 보니 최종적으로 평생 아내의 인정만 제대로 받아도 충분히 행복하게 살아갈만하다. 그런데 반대로 결혼 후에 아내로부터 인정을 받지 못한다면 그 남자는 어떤 삶을 살게 될까?

동창회에 다녀온 아내는 단지 그날 속이 상해서 친구들의 행운을 부러워했을지 모르지만, 남자의 입장에서는 원하는 인정을 받기는커녕 오히려 무능력한 자신에 대해서 다시 떠올리는 계기로 작용하고 만다. **인정을 받고 싶지만 제대로 못 받는 것도 자체도 힘든데, 이제는 본격적으로 인정은커녕 무시를 당한 것이다.** 이때 남자들이 받게 되는 상처는, 여자가 다른 여자와 부딪혀 다쳤는데 남편이 다른 여자의 상처를 살피면서 자신이 덜 다쳤다는 이유로 자신에게 약국에 가서 소독약을 사 오라고 지시를 하는 상황과 같다. 실제로 남편이 무능할 수도 있고, 상대방 여자가 확실히 더 다쳤을 수는 있다. 하지만 그런 식의 행동은 커다란 마음의 상처를 만들어내고 만다.

남자에게 보호를 원하는 여자는 자꾸 다른 곳에 한눈을 파는 남자를 보게 되고, 여자에게 인정을 받고 싶은 남자는 오히려 무시를 당한다. 이런 상황이 반복될 때 남녀 사이엔 도저히 건널 수 없는 깊은 틈이 생겨나 버린다. 하지만 둘 모두 여전히 모른다. **상대가 자신에게 무엇을 원하는지, 자신이 상대에게 무엇을 원하고 있는지조차 모른다.** 그래서 자꾸 엉뚱한 것으로 서로 시비를 건다. 그러니 해결이 될 수가 없다. 함께 한 세월이 쌓이면 쌓일수록 점점 더 오해만 늘어나게 될 뿐이다.

■ 단 하나의 인정

만약 '부부 사이에 문제가 생겼다면 아내와 남편 중 누가 더 원인 제공자일까요?', 라는 질문을 받는다면 어떻게 답을 해야 할까? 참 곤란한 질문이다. 어떤 답을 하든 한쪽에게 욕을 먹을 수밖에 없다. 그나마 '둘 다 서로 잘못이죠.', 라고 중립인 척해야 빠져나갈 수 있을 듯하다. 그런데 욕을 먹을 각오로 말을 하자면, 정말로 특이한 상황들, 그러니까 한쪽이 유난히 더럽거나, 게으르거나, 거짓말을 밥 먹듯이 하거나, 너무 과하게 사치스럽거나, 폭력적이거나 하는 것 등등 인간적으로 감당할 수 없는 문제를 가진 경우를 제외한다면 부부갈등의 대부분의 원인 제공자는 남자이다.

여자가 남편에게 원하는 "보호"는 대부분의 경우 오직 남편만이 해줄 수 있으며 실제적으로도 매우 필요하다. 하지만 남자가 아내에게 원하는 "인정"은 반드시 아내에게서만 얻을 수 있는 것이 아니면서 실제적으로 반드시 필요한 것도 아니다. 그로 인해서 일반적으로는 남편이 먼저 한눈을 판다. 아내의 인정만으로 만족하지 못해서 자꾸 옆을 바라보는 것이다. 결혼을 한 후에 여전히 엄마의 인정을, 친구의 인정을, 회사 동료의 인정을, 심한 경우 다른 여자의 인정을 원한다.

남자는 결혼 전 아내 이외의 사람들의 인정을 통해 살아왔다. 이제 결혼을 해서 한 여자의 남편으로서 아내의 인정을 통해 살아가야 하는 전환의 시점이 왔지만 그 사실을 제대로 인지하지 못한다. 오히려 결혼과 동시에 아내로부터 완전히 인정을 받았다는 착각에 결혼 전보다 더 엄마와 친구들의 인정에 집착하는 경우도 생긴다. 그렇게 여전히 엄마의 인정을 원하는 남자와 이제 늙은 남편 대신, 아니 그 자신도 평생 남편으로부터 제대로 보호를 받아 보지 못해 불안한 엄마는 찰떡궁합이 된다.

결혼한 아들을 분리시키지 못하고 여전히 아들을 인정해 주며 자신의 보호자로 삼은 시어머니와 이제는 그 남자가 내 남편이니까 이제부터는 나를 보호해야 한다고 믿는 며느리 사이의 불꽃 튀는 경쟁이 시작된다. 이때 남자가 확실히 아내의 편에 서준다면 삐걱거리긴 해도 큰 문제는 안 생긴다. 하지만 엄마의 인정과 아내의 인정 모두를 바라는 남자는 아무것도 하지 않는다. 어찌할 바를 몰라 하다가 그냥 숨어 버리고 만다. 그리고는 혼자서 억울해한다. 하지만 가장 억울한 것은 아내다. 어찌되었건 간에 시어머니는 자신의 남편이 있지 않은가? 설령 혼자 되었더라도 그것은 스스로 감당해야 할 문제이다.

그나마 다행스러운 점은 "엄마의 인정"을 넘어선 남자들은 꽤나 된다는 점이다. 하지만 여전히 친구들과 직장 동료들의 인정은 남아 있다. 그래서 많은 남자들이 인정의 행복을 얻기 위해서 결혼 후에도 결혼 전처럼 친구들과 어울리거나 직장 사람들과 어울리기를 원한다. 평일엔 직장 동료와의 인맥을 위한 술자리 때문에 늦고, 주말엔 주중에 힘들게 일했으니 취미생활을 하면서 쉬어야겠다는 명목으로 밖에 나간다.

자신이 그렇게 해야 하는 이유를 수 없이 많이 대지만, 남자가 진짜로 원하는 것은 그저 "인정"뿐이다. 남자는 자신이 인정을 받을 수 있는 곳에서 있는 것이 가장 행복하다. 그래서 인간관계가 서툴러서 사람들에게 인정을 받기 힘든 남자들은 정시 퇴근을 한 후 집에 온다. 주말에도 밖에 나가지 않고 집에 있는다. 그렇게 아내의 껌딱지가 된다. 그러면 오히려 여자가 질색한다.

결혼 초반엔 아내는 보통 여전히 밖에서 인정을 받으려고 하는 남편의 태도를 고쳐 보려고 한다. 이제부터는 내가 인정을 해 줄 테니 그만 밖으로 돌아다니라고 한다. 사실 여자가 남자를 선택했다는 것 자체가 커다란 인정이기 때문에 그만 나돌아 다녀도 될 듯하다. 하지만 남자 입장에서는 이미 자신을 "충분히 인정"한 상대로부터 받는 인정은 그리 큰 자극이 되질 않는다. 그래서 계속 새로운 인정 대상을 찾아다닌다. 거기에 정신이 팔리다 보니 여자들이 원하는 보호, 그러니까 신뢰를 주지 못했다. 그리고 그럴 때마다 여자의 마음속엔 작은 금이 생겨난다. 하지만 그렇다고 해도 바로 깨지지는 않는다.

꼭 필요한 제품을 하나 사야 하는데 한번 사면 반품이 거의 불가능하며 가격도 몹시 비싸다면 처음 그 제품을 고를 때 정말로 심사숙고를 하게 된다. 더해서 이미 결정하고 구매를 해서 써야 할 상황에 놓였을 때 어떤 단점들이 보였다고 해도 그 문제들이 결정적 문제가 아니라면 최대한 좋게 넘어가려고 한다. 이것은 후회라는 감정을 경험하기 싫은 일반적인 사람의 심리이다. 그러다 보니 단점이 꽤나 심각함에도 불구하고 못 본 척 무시하고 쓰기도 한다. 하지만 어느 날 선을 넘었다고 느끼는 순간 그동안 쌓인 모든 것이 한꺼번에 폭발하고 만다.

여자가 남자를 고를 때도 같은 일이 일어난다. 여자는 남편을 고르는 시점에 이미 충분히 심사숙고를 한 것이다. 그런데 자신의 남편에게 엄마나 친구들에게 집착하는 단점이 있다. 그러면 여자는 그 단점을 고치려고 하거나 보지 않도록 부단히 노력한다. 하지만 수년간의 노력의 시간이 헛되이 끝나면 아내는 결국 폭발하고 만다.

반품할 수 없는 제품의 단점이 너무 커서 도저히 쓸 수 없다는 생각이 들지만 그렇다고 해서 버리기도 아까울 때 우리는 그 제품을 눈에 보이지 않는 곳에 처박아 두는 선택을 한다. 일단 눈에라도 안 보이면 잊혀지기 때문에 화가 덜 나기 때문이다. 남편의 견딜 수 없는 단점으로 인해 결국 폭발한 아내도 비슷한 행동을 한다. 남편의 존재를 없는 듯 여기는 것이다. 생각 같아서는 남편을 시댁에 반품을 하고 싶지만 경제적 문제나 육아 문제 등등 현실적으로 걸리는 것들이 너무 많다. 그렇다고 물건처럼 어딘가 처박아 둘 수도 없다. 그러니 내 시야에서 지우는 방법밖에 없다.

그렇게 한번 닫힌 여자의 마음을 다시 여는 것은 정말로 힘들다. 그것은 신뢰를 회복하는 것이기에 그렇다. 원래 신뢰를 쌓는 것은 힘들지만 한번 무너진 신뢰를 다시 쌓는 것은 그것보다 수십 배 더 힘들다. 사실 설령 실제로 이런 상황이 벌어졌다고 해도 남자가 크게 잘못한 것은 아니다. "인정"받고 싶은 욕구가 너무 커서 결혼 후에도 엄마의 인정과, 친구들 사이에서의 인정과, 직장에서의 인정에 집착한 것뿐이다. 하지만 그런 남편에 대해 신뢰를 잃은 아내는 마음을 닫아 버렸다.

아내가 보호를 원한다는 사실을, 아내가 진짜로 바라는 것은 언제나

"나를 최우선으로 생각해 주는 것"이란 사실을 모르기 때문에, 그저 돈을 벌어다 주고, 집안일을 도와주고, 육아에 도움을 주고 나면 자신의 해야 할 일을 다 했다고 생각한다. 사실 아내의 입장에서는 자신의 남편이 언제나 자신을 향하고 있음을 확신할 수 있다면 돈도 자신이 벌어도 되고 집안일 모두 자신이 해도 별로 불만이 없다.

하지만 그것에 대해 제대로 아는 남자도 별로 없고 심지어 여자들조차도 자신이 남자에게 정말로 원하는 것이 무엇인지를 모른다. 그래서 결혼 상대를 고를 때 '상대가 얼만큼 신뢰할 만한 사람인가?' 보다 그 사람의 재산, 그 사람의 능력, 그 사람의 외모, 그 사람의 집안, 그 사람의 직장을 우선순위에 두게 된다. 남자의 돈이, 직장이, 연봉이, 집안이 신뢰의 증거로 쓰인다. 그것이 바로 비극의 씨앗이다.

■ 깻잎 논쟁

세상 모든 일이 그렇듯, 사람 사이에 어떤 갈등이 생겼을 때 무조건 한쪽만의 잘못일 확률은 그리 높지 않다. 부부가 겪어야 하는 수많은 갈등들도 그렇다. 일반적으로 결혼의 의미는 세상살이가 그리 수월하지 않기에, 서로 마음이 잘 맞는 남녀가 함께 서로에게 의지하며 살아가는 아주 좋은 수단이다. 더해서 아이를 낳고 공동양육을 할 수 있다는 장점도 크다. 하지면 결혼을 좀 더 깊게 들여다보면 남자는 믿음을 통해 여자에게 보호란 행복을 제공하고, 여자는 믿음을 통해 남자에게 인정을 제공하는, 일종의 서로가 원하는 것에 대한 맞교환이다. **여자는 남자의 온전한 집중을 통해 행복해지고, 남자는 여자의 진심이 담**

긴 인정을 통해 행복해진다. 이 교환이 잘되는 부부일수록 행복하게 살아간다.

퇴근길에 옆집 여자가 힘들게 김장용 무를 나르는 모습을 보고 일을 돕고 온 남편은 기본적으로 선의로 그런 행동을 한 것이다. 하지만 그 안엔 결국 인정에 대한 뿌리깊은 욕구가 숨겨져 있다. 나보다 힘이 약한 존재를 돕고 나서 상대방에게 '고맙습니다', 라는 말을 들을 때 남자는 뿌듯하며 자신의 존재의 필요성을 확인 받는다. 그래서 만약 남자가 도움을 줄만큼의 힘이 없었다면 그냥 못 본체 했을 것이다.

아내는 남편과 옆집 여자 사이에 이뤄진 눈에 보이지 않는 거래에 본능적으로 불안함을 느낀다. 남편이 옆집 여자에게 무엇을 기대했고, 그 여자가 무엇을 줬는지 아는 것이다. 물론 다른 사람을 돕는 것이 무조건 나쁜 것은 아니다. 하지만 원래 자신과 이뤄졌어야 할 교환을 남편이 바쁘다고 해서 포기했는데 엉뚱하게도 옆집 여자와 이뤄졌으니 열불이 나지 않을 수가 없다. 더군다나 그 옆집 여자와의 거래가 한번으로 끝날 것 같지도 않다. 이미 원하는 것을 얻은 옆집 여자와 남편은 자신도 모르게 또 언제 그런 거래를 할지 모른다. 사실 이것이 더 불안하다.

동창회에 나가서 잘된 친구들의 이야기를 듣고 속이 상한 아내가 퇴근한 남편에게 그것에 대해 넋두리를 하는 이유는, 친구들이 자신보다 더 잘 보호를 받고 있다는 생각이 들어서 그렇다. 남편을 무시하는 것이 아니라 그들의 그런 행복이 부러운 것이다. 하지만 남편의 입장에서는 '너를 다른 남자랑 비교해 보니 많이 부족해', 라는 소리로만 들린다. 인정을 받는 것을 갈구하는 남자가 그것도 가장 중요한 인정의 주체인 아내에게서 인정은커녕 무시를 받고 있는 상황에 놓인 것이다. 그러니 삶이 우울해질 수밖에 없다.

남편의 남을 돕겠다는 선의가 아내의 입장에서는 자신에게 와야 할 보호가 타인에게 간 것으로 느껴지고, 친구들이 부러운 아내의 마음이 남편의 입장에서는 무시로 느껴진다. 서로 나쁜 의도는 아니지만, 결국 상대방에게 크게 상처를 입히는 행위가 된다. 이런 것들이 쌓이다 보면 부부 사이의 깊게 파인 틈은 언젠가는 도저히 서로 건널 수 없는 상태에 놓이고 만다. 이런 일을 막으려면 어떻게 해야 할까?

무엇보다도 "맞교환"이란 단어를 제대로 이해해야 한다. 교환이란 의미는 주고받는 것이다. 그러니 주지 않으면 받지도 못한다. 처음부터 내가 받을 당연한 "권리"가 있는 것이 아니라, 일단 줄 때 적어도 받을 수 있음을 의미한다. 그러니 주지도 않으면서 그저 받기만을 원하는 것은 거래 자체가 이뤄지지 않을 가능성이 높다.

갈등을 줄이기 위해 부부가 가장 먼저 바꿔야 할 태도는 바로 상대방에 대한 "권리의식"을 줄이는 일이다. 지금껏 설명했듯이 기본적으로 남자는 보호를, 여자는 인정을 해 주는 것이 원칙이지만, 그것이 반드시 상대방이 내가 원하는 만큼 충분히 줘야 할 것은 아니다. 또한 남자든 여자든 결혼을 할 나이엔 아직 많이 서툴러서 자신이 원하는 것에 집중하느라 상대가 원하는 것을 잘 보지 못할 가능성이 높다. 그러니 시간을 두고 오래 함께 하다 보면 자연스럽게 서로가 원하는 것을 알게 되고 그로 인해서 점점 더 좋은 관계로 발전해 나갈 수 있다. 하지만 너무 강한 권리의식으로 처음부터 상대방에게 강하게 강요하면, 상대방은 어떤 이해나 변화의 기회를 갖지 못하고 끝없는 상대방의 불만에 지쳐 미리 포기해버리는 결과를 초래하고 만다. 그러니 조금 다른 관점에서 상대를 바라볼 여유를 갖는 것이 중요하다.

남편은 아내와 비슷한 또래이고 같은 시대를 살았다. 그러니 아무리 그래도 줄곧 자신을 보호해줬던 부모님하고는 큰 차이가 있다. 남편은 자식을 위해 스스로의 삶을 희생할 수 있는 부모가 아니라 그 자신도 행복하고 싶어 하는 사람이다. 물론 당신을 보호하는 일도 그 사람의 행복 중 하나이겠지만, 또 다른 사람들과 만나서 인정을 받는 일도 그 사람의 커다란 행복 중 하나이다.

정도가 심하다면 그것에 대해서 이야기해야 하는 것은 맞지만, 어느 정도 선까지는 그것을 허용해 줘야 한다. 처음부터 남자의 성향이 외부에서의 인정을 받는 일에 스트레스를 받는 성격이라면 제발 나가라고 시켜도 집안에만 있으려고 하겠지만, 그렇지 못한 남자들의 경우엔 "밖에 나가 인정을 받을 수 있도록" 아주 작은 숨통이라도 틔어 주어야 한다.

만약 그것이 허락되지 않으면 남자들은 욕구가 실현되지 않는 불행을 경험하기 싫어서 욕구 자체를 만들어 내지 않으려고 한다. 자신의 삶을 가족을 보호하는 로봇 같은 역할로 정의한다. 그 후로 그의 내면엔 다양한 인간적인 감정들이 사라지고 보호의 책임감만 자리를 잡고 만다. 그렇게 되면 **아내는 자신을 보호해 주는 최고의 존재를 얻을 수는 있지만 자신의 감정을 이해하고 공감해 주는 상대는 잃고 만다.**

이 문제를 막기 위해서는 남편의 보호는 당연한 것이 아니라 "감사함"의 대상이 되어야 한다. 그런 태도의 변화가 일어날 때 아내는 남편을 진심으로 감사하며 남편의 노고를 인정할 수 있게 된다. 또한 그 순간 남자는 자신이 그리도 받고 싶었던 진정한 의미의 인정을 받게 된다. 밖에서 더 이상 인정을 받는 일이 불필요하게 느껴질 정도로 확실하게 받는다. 그로 인해 남자는 여자에게 매우 깊게 집중할 수 있게 된다. 아주 옛날에 TV 광고를 통해 한때 유행했던 '남자는 여자 하기 나름이에요', 라는 표현이 결코 틀린 말이 아니다. 칭찬은 고래도 춤추게 하듯이, 여자의 감사함의 표현은 남자를 춤추게 만든다.

보호와 인정은 서로 찰떡궁합처럼 어우러진다. 딱히 서로에게 주려고 노력할 필요조차 없다. 남편이 언제나 아내를 최우선 순위에 두는 모습을 보이면 아내는 자신이 할 수 있는 최고 수준의 인정을 표현해 준다. 하지만 권리가 되는 순간 이 맞교환의 규칙이 깨진다. **맞교환인데도 서로 자신이 가진 것을 먼저 내놓지 않는다.** 악당들조차도 마약과 돈을 거래할 때는 자신이 가진 가방을 상대방에게 보여 준다. 그래서 진짜로 제대로 된 마약인지, 위조지폐가 아닌지를 서로 확인할 수 있도록 한다. 서로를 전혀 믿지 못하는 악당들도 그런 식으로 맞교환을 하는데, 서로를 가장 신뢰해야 할 부부가 서로 팔짱을 끼고 서서 '어서 나를 보호한다는 증거를 대봐. 그러면 내가 너를 인정해 줄게', 하고 있거나, '어서 나를 인정해 줘 봐, 그러면 내가 너를 보호해 줄게', 라고 하고 있다.

누군가는 먼저 손을 내밀어야 한다. 그래야 서로 손을 맞잡을 수 있는 것이다. 그런데 그것을 왜 꼭 상대가 먼저 해야 한다고 생각할까? 모든 거래는 나를 위해서 이뤄진다. 그러니 내가 원하는 것을 얻기 위해서 상대방이 원하는 것을 주는 것은 반드시 해야 할 일 중 하나이다. 하지만 **지금은 먼저 주는 일이 자존심 상한다.** 주는 것도 없이 받기만 하고는 의기양양한 상대방의 모습을 꼴 보기가 싫다. 과거 한때 분명히 상대방과 평생을 함께하고 싶어서 결혼을 했는데 지금은 이런 웬수가 따로 없다. 도대체 그 사이에 무슨 일이 있었기에 지금처럼 서로 멀어져 버린 것일까? 상대가 그렇게나 이상한 사람이고, 그렇게나 잘못을 한 것일까?

■ 타인에 대한 이해도

누군가를 안다는 것은 어떤 의미일까? 이름, 고향, 형제관계, 전공, 졸업한 학교, 다니고 있는 직장, 연봉, 모아 놓은 재산, 부모님의 직업, 부모님이 사는 동네 이름을 아는 것일까? 잠시 생각해 보니 그것은 아닌 것 같다.

'나이가 몇이지? 형제는 몇이고? 체중은 얼마지? 아버지 수입은 얼마야?' 생텍쥐페리는 자신이 쓴 소설 《어린 왕자》에서 어른들이 이런 질문을 통해 "누군가를 아는 것"은 참 이상한 일이라고 말했다. 그는 대신 '그 애 목소리는 어떻지? 그 애가 좋아하는 놀이는 무엇이지? 나비를 수집하는지?', 라고 질문을 해야 한다고 했다. 작가는 스펙을 쌓기 위해 너무도 지친 우리를 따뜻하게 어루만져 준다. 하지만 좀 더 생각해 보면 그의 질문도 그다지 온전하지 않다. 상대가 좋아하는 색이나,

즐겨 듣는 음악이나, 좋아하는 음식이나, 선호하는 차나, 잘 마시는 술의 종류나, 좋아하는 스포츠 종목을 알면 그 사람을 정말로 "아는 것"일까? 물론 그것이 나이나 체중이나 연봉에 대해서 아는 것보다는 낫다. 하지만 이것도 결국 그 사람의 반쪽만을 아는 것이다. **그 사람이 가진 "낭만의 영역만" 아는 것이다. 모르는 나머지 절반은 바로 "현실"이다.**

겨울바다는 텅 빈 공간과 스산함으로 우리를 어딘가로 이끌지만 조금만 있어도 차가운 바닷바람으로 인해 뺨이 갈라질 듯 아프다. 사랑하는 사람과 이별을 한 후 어떤 노래를 들어도 다 내 얘기인 것 같아서 한없이 눈물이 나지만 TV에 속에서 보글보글 끓는 김치찌개를 보면 갑자기 입에 침이 고인다. **낭만은 우리를 감성과 슬픔 속에 있게 해 주지만 현실은 우리를 추위와 배고픔 속에 있게 만든다.**

남녀가 연인관계일 때는 주로 밖에서 만난다. 서로를 위해서 잘 꾸미고, 행복한 데이트를 위해서 돈을 아끼지도 않고, 가능하다면 분위기 좋은 장소에도 간다. 처음부터 상대방을 최대한 행복하게 해 주기 위해서 만나기 때문에 당연히 그렇게 한다. 이것은 아주 좋은 것이지만, 결국 낭만이다. 이제 남녀가 결혼과 동시에 한집에서 살게 된다. 그냥 한집에 같이 있는 것이 아니라, 진짜 삶을 살아간다. 이때 아직 제대로 알지 못했던 상대방의 "현실"이 드러난다. 분위기 좋은 카페에 앉아서 낭만을 즐기고 있을 때는 결코 알 수 없는 것들이다.

같이 살게 되면 가장 먼저 생활습관 대해서 알게 된다. 자는 동안 코를 얼마나 고는지, 이를 가는지 여부를 알게 된다. 머리를 며칠 만에 감는지, 하루에 이를 몇 번 닦는지도 알게 된다. 화장실 변기커버를 어떻게 하는지, 샤워를 하고 나면 얼마나 사방에 물이 튀어 있는지를 알게 된다. 이 외에도 다양한 생활 습관에 대해서, 별로 알고 싶지 않은 것까지 세세하게 알게 된다. 더해서 돈 씀씀이가 어떤지도 알게 된다. 어떤 물건들을 주로 사는지, 얼마나 자주 사는지, 돈을 아끼는 사람인지, 돈을 많이 쓰는 사람인지, 즉흥적으로 소비를 하는 사람인지, 계획적으로 쓰는 사람인지 알게 된다. 품질을 따지는지, 무조건 싼 것을 사는지, 가성비 있는 제품을 사기 위해서 얼마나 오래 검색을 하는지, 모든 제품을 무조건 백화점에서만 사려고 하는지도 알게 된다.

같이 살게 될 때, 처음으로 나와 데이트를 했던 시간 이외에 무엇을 하고 있는지를 알게 된다. 게임을 하는지, 드라마를 보는지, 책을 읽는지, 등산을 하는지, 주말이면 꼭 자전거를 타는지, 그냥 TV 리모콘을 쥐고 하루 종일 소파에서 뒹굴거리는지, 근처 가까운 곳이라도 산책을 하려고 하는지를 알게 된다. 공동생활에 대한 태도도 알게 된다. 청소를 하는지, 요리나 설거지를 하는지, 음식쓰레기를 버리는지, 양말이나 속옷을 거꾸로 벗어 놓는지, 뭔가 고장이 나면 스스로 고치는지, 옆집 사람과 어떻게 지내는지를 알게 된다.

사실 현실적인 모습들, 그러니까 "모르던 있던 절반"은 매우 자질구레한 것들이다. 하지만 이 자질구레한 것들이 매일같이 반복되면서 갈등의 단초가 된다. 그로 인해서 정말로 운이 좋은 부부를 제외하고 대부분의 부부는 신혼 초엔 정말로 자주 싸우게 되고 최소 10년 이상은 같이 살아야 어느 정도 맞춰진다.

결혼 전 예쁘게 꾸미고 나와서 데이트를 하던 낭만은 온데간데없고 음식 쓰레기 버리는 문제로 싸우고, 변기 커버를 올리고 내리는 문제로 서로 짜증을 내고, 손톱을 깎아 놓고 치우지 않은 것으로 인해 대판 싸우고 며칠간 서로 말을 하지 않기도 한다. 이런 것들은 일종의 "문화충격"이다. 그래도 그나마 이런 문제들만 생기면 그래도 그렇게까지 심한 싸움으로는 번지지 않을 것이다. 진짜 문제는 사실 따로 있다.

결혼 전 '내가 저 사람이랑 결혼을 해야겠다', 라고 느꼈던 상대방의 장점들이 결혼과 동시에 오히려 갑자기 단점이 되어 버린다. 하지만 상대는 딱히 바뀐 것이 전혀 없는데 결국 내 입장의 차이로 인해서 그렇게 된 것이다. 세련된 외모를 가져서 호감이 갔던 남자는 옷과 화장품을 사는데 매달 수십만 원을 지출하고 있다. 늘 예쁘게 꾸미고 나오던 여자는 밖에 나갈 때마다 꾸미기 위해 두 시간 이상이 걸린다. 내 말이라면 다 들어주던 남자는 자신의 엄마 말도 잘 듣는다. 엄마와 사이가 좋아서 보기 좋던 여자는 결혼 후에도 매일 몇 시간씩 통화를 해서 장모님이 내 엉덩이에 커다란 점이 있다는 사실도 알고 있다. 데이트를 할 때마다 여자에게 돈을 아끼지 않고 돈을 팍팍 쓰던 남자는 알고 보니 매달 통장이 적자이고, 술을 잘 먹어서 좋았던 여자는 평일에도 직장동료와 자주 술을 먹어서 만취상태로 밤늦게 퇴근한다. 친구들 사이에서 인기가 많아서 보기 좋았던 남자는 주말마다 끝없이 약속이 있고, 모든 스케줄을 남자에게 맞춰 줘서 편했던 여자는 집에 일 년 내내 개인적인 약속이 하나도 없이 모든 시간을 남자와 함께 보내길 바란다.

현실적인 문제로 인해서 서로 잘 맞지 않아도 상대가 결혼을 결심할 정도로 "좋은 점"이 있으니 참고 살아가야 하는데, 그 좋은 점마저 더 이상 좋지 않다. 오히려 단점이다. 그때가 되면 문득 이런 생각이 든다. '내가 원래 알고 있던 사람은 어디로 갔지? 이 사람은 나를 속이려고 그동안 연기를 한 것일까?' 이 생각이 드는 순간부터 파멸이 시작된다. 하지만 본인만 몰랐을 뿐 이미 파멸의 전조는 있었다. 그것은 누군가를 안다는 것이 그 사람의 이름, 외모, 연봉이라고 믿었던 시절부터, 어린왕자를 읽고는 한걸음 나아가 누군가를 안다는 것이 그 사람이 좋아하는 음악, 색깔, 음식, 스포츠에 대해 아는 것이라고 믿었던 시절부터 이미 시작된 것이다.

누군가를 진짜로 아는 것은 그 사람이 잘 때 얼마나 코를 고는지를 아는 것이다. 그것은 그 사람과의 삶을 살아 볼 때만 제대로 이뤄진다. 하지만 우리는 보통 그런 기회가 없다. 결혼을 하고 난 후에나 비로소 알 수 있다. 하지만 그런 나와는 다른 상대방의 모습이 그렇게나 나쁜 것일까? 내가 그렇게나 짜증을 내고 화를 내면서 신혼 초부터 각방을 쓰자고 해야 하는 것일까? 양말 좀 뒤집어 벗어 놓는 것이 그렇게나 미워할 짓일까? 뒤집어 벗어 놓았다면 그냥 뒤집은 채로 빨아 놓으면 된다. 그러면 나중에 본인이 뒤집어 신을 것이다. 아니면 뒤집어진 채 신을 것이다. 양말을 뒤집어 놓은 남자와 뒤집은 꼴을 보지 못하는 여자, 과연 누가 더 문제일까?

결혼 후 상대방에게 심각한 수준의 빚이 있었다든지, 건강상에 커다란 문제가 있음을 말하지 않았다든지, 불륜을 저질렀다든지 하는 문제들이 있다면 당연히 파탄이 날 수도 있다. 그것은 상대가 나를 확실하게 속였기 때문이다. 하지만 **개인적인 버릇이나 생활습관이나 얼마나**

나와 다른지의 여부가 그렇게 심각한 수준의 문제들이 되어야 할까?

혼자서 살면 혼자 다 할 것을 둘이 산다고 해서 왜 혼자서 하면 안 되는 것일까? 혼자만 하면 왜 그렇게 기분이 나빠야 하는 것일까?

명작 중 하나로 꼽히는 영화《굿 윌 헌팅》에서 로빈 윌리암스는 사별한 아내의 방귀 소리에 대해서 추억한다. 그는 맷 데이먼에게 자다가 본인이 뀐 방귀 소리에 놀라 깨어난 아내가 자신에게 '당신이야?', 라고 물었던 모습을 말해 주며 크게 웃는다. 하지만 이내 두 눈엔 눈물이 고인다. **누군가가 사랑스럽다면, 누군가를 정말로 사랑했다면 그 사람이 가진 조금 나쁜 버릇쯤은 아무것도 아니다. 아니, 아니어야 한다.** 왜 그런 것들이 상대방에 대한 짜증의 이유가 되어야 할까?

왜 상대는 내가 수십 년간 해온 생활습관에 맞춰야 할까? 그 사람은 왜 나를 위해서 수십 년간 해온 생활습관을 고쳐야 할까? 반대로 나는 그 사람에게 맞춰 줄 수는 없을까? 아니 그것은 좀 힘들더라도 그냥 그 사람의 생활습관을 내가 그대로 인정해 주는 것이 아예 불가능한 것일까? 둘 사이에서 내 상식의 기준만이 옳다는 믿음은 도대체 어디에서 온 것일까?

■ 침묵하는 힘

'그래서 지금 옆에 있는 사람이 나쁜 사람인가요?' 자신의 배우자에게 많이 실망해서 틈만 나면 불만을 털어놓고 있는 분에게 이렇게 물으면 대부분 잠시 생각을 한 후에 한숨을 쉬면서 대답을 한다. '아… 그건 아니고… 사람은 착해요. 그런데…'

말을 끊어서 미안하지만, 그렇다. 그 사람은 착하다. 당연히 착하니까 결혼한 것이다. 이 세상에 일부로 나쁜 사람과 결혼하는 사람은 없다. 그나마 젊은 시절에 나쁜 남자라는 환상에 빠져서 결혼했다가 후회하는 사람만 있을 뿐이다. 그런데 분명히 착한데 결혼 후 왜 그런 갈등들이 일어나는 것일까? 그 이유는 정확하게 하나뿐이다. **상대방을 나와 똑같은 존재로 가정했기 때문이다.** 나와 똑같은 기준에서 나와 똑같은 생각을 하고, 나와 똑같은 이유로 그런 행동해야 한다고 믿고 있어서 그렇다. 상대를 상대방의 입장에서 봐야 하는데 내 입장에서만 본다. 서로 전혀 엉뚱한 해석을 한다. 결국 그 차이는 늘 "상대방의 잘못"으로 수렴된다. 이것은 상대가 꼬리를 세우면 싸움을 거는 것으로 여기는 고양이와 친한 상대에게는 꼬리를 흔들어야 한다고 생각하는 개가 만나는 장면과 같다. 개가 친근함을 표시할수록 고양이는 화가 나고 결국 둘은 싸울 수밖에 없다.

서로 너무도 다른 유전적 기질을 타고 태어났고, 자란 환경도 너무 달랐고, 살아오면서 겪은 수많은 경험들의 차이도 다르다. 그래서 결국 같은 사건에 대해서도 서로 다른 반응이 나오는 것이 너무도 당연한데도 불구하고 '너는 왜 나처럼 그 문제를 심각하게 여기지 않니?', '너는 왜 나처럼 그런 문제쯤은 별것 아니라고 넘기질 못하니?', 라고 비난한다. 이것이 모든 갈등의 최초 시발점이다. 여기에 돈 문제, 시댁 문제, 처가 문제, 생활습관 차이 문제, 자녀 문제 등, 수많은 해결해야 할 문제들이 달라붙는다. 문제 자체가 쉽지도 않은데 문제를 대하는 태도부터 전혀 다르다. 심각함의 대상이 다르다.

어려서부터 경쟁적 환경에 노출된 남자들은 자신의 욕구를 직접적으로 표현하는 것에 익숙하고, 감정을 최대한 숨기는 것에 단련이 되어 있다. 경쟁적 상황일수록 자신의 요구사항을 명확히 전달해야 이뤄질 수 있음을 알기 때문이고, 감정적일수록 승부에서 이기기 힘들다는 것을 경험적으로 잘 알고 있기 때문이다. 원래 자신의 의도대로 사람들을 움직이게 설득하려면 절대로 두리뭉실하거나 오해가 될 수 있는 말을 해서는 안 된다. 그랬다가는 그냥 다른 사람들의 주장에 묻히거나 오해로 인한 싸움이 난다. 그러니 자신의 의도를 관철시키고 싶다면 논리적으로 문제가 없게 확실히 말을 하고, 그렇지 않을 것이라면 딱히 말을 할 필요가 없다.

반면에 어려서부터 공존의 환경에서 살아온 여자들은 자신의 욕구를 표현할 때 그것을 절대로 직접적으로 해서는 안 된다는 것을 경험적으로 잘 알고 있다. 너무 대놓고 그런 표현을 했다가는 다른 여자들에게 거부감을 사게 되고, 일단 그렇게 거부감을 사게 되면 의도의 타당성에 상관없이 거부되고 만다. 그러다 보니 가능하다면 처음부터 부드럽고 간접적으로 표현을 하게 된다. 남자처럼 왜 하는지 여부를 장황하게 딱히 설명할 필요도 없다. 그저 "내가 하고 싶어서" 정도만 해 줘도 이유는 충분히 통한다. 그러면 다들 '네가 하고 싶다면 해야지', 라고 반응해 준다. 남을 움직이게 하려면 온갖 논리와 팩트로 무장해야 하는 남자들의 세계와는 전혀 다르다. 여기에 더해서 남자와 여자는 대화의 목적 자체가 다르다. 남자는 대화 자체도 경쟁의 일부가 되고 여자는 그저 공감을 주고받는 것이 목적이다.

경쟁이라는 것은 내가 높이 올라가는 것도 중요하지만 때로는 상대를 내 밑으로 끌어 내리는 것도 효과가 있다. 누구보다 가장 빠르게 도착하는 것도 승리의 조건이지만 모든 경쟁자를 나보다 느리게 만들어도 결국 내가 이긴다는 뜻이다. 이것이 바로 경쟁의 속성이다. 그러니 남자들은 다른 남자들의 의견에 절대로 그냥 고개를 끄덕일 수 없다. 동의라는 것은 단순히 동의로 끝나지 않고 내 순위에 영향을 끼친다. 경쟁자 중에서 한 명이 더 치고 나가면 나는 아무런 행동을 하지 않고도 순위가 밀려 버리기 때문이다. 또한 나보다 앞선 사람이라도 잘 물고 늘어지면 내 순위보다 더 낮게 만들 수도 있다. 그러니 누군가 의견을 내면 최대한 단점을 지적할 수 있을지 여부가 중요하다.

반면에 공존의 세상에서 살아가는 여자들에게 있어서 다른 사람들의 의견은 최대한 동의하면서 들어 주는 편이 좋다. 돈도 안 드는 선심이다. 또한 경쟁을 하고 있지 않기 때문에 당연히 내 순위에 영향을 끼치지 못한다. 오히려 반대를 하거나 뻔히 보이는 문제점에 대해서 말했다가는 상대방의 기분을 상하게 해서 나중에 내가 반대 입장이 되었을 때 가시 돋친 말을 듣거나 무조건적인 반대를 받을 수도 있다. 그런 행동들은 아무런 도움도 안 되고 괜한 적만 만든 것이다.

이렇게나 타인의 의견에 대해 근본적인 대응 태도가 다른, 남자와 여자가 만나 대화를 하게 되면 이후 어떤 일이 일어날까? 비록 남자는 여자를 자신의 경쟁자로는 여기지 않지만 대화를 하는 버릇은 여전히 유지가 된다. 여자가 하는 말에 문제점을 말해 주고, 여자가 생각하지 못하는 부분을 조언해 준다. 여자가 하는 말에서 비논리적인 부분을 찾아내고, 그 의견의 편파성에 대한 문제를 알려 주려고 한다. 하지만 여자가 듣기엔 그냥 들어 주면 되는데 굳이 내 문제점을 꼬집어서 말하고, 궁금하지도 않은 것들을 설명하며 잘난 척하고, 누가 설명해 달라고 하지도 않은 논리적 오류를 지적하고, 내 편이 아닌 제삼자의 입장에서 나를 비난한다. 그러니 대화가 안 된다.

반면에 여자는 남자들이 하는 말에 다른 여자들을 대하듯 해 준다. 들어주고 딱히 반론을 제기하지 않으며 대부분의 문제를 제삼자가 아닌 상대의 입장에서 같이 들어 준다. 물론 그로 인해서 문제 해결의 실마리는 전혀 생겨나지는 않지만 말을 하는 사람에서의 입장에서 보면 **자신의 말을 그저 들어 주는 것만으로도 많은 위로가 된다.** 그러니 세상 속 경쟁에서 아주 많이 지친 남자들이 그저 대화의 상대만으로도 여자들과 함께하고 싶어 하기도 한다. 사실은 남자들도 여자들처럼 대화하고 싶다. 단지 태어났더니 이미 그런 세상이었고 거기에서 살아남기 위해서 지금의 모습이 된 것이다.

이제부터라도 모든 남자들이 여자처럼 대화할 수 있게 된다면 모든 문제가 해결될 수 있을까? 만약 이 세상이 늘 밝고 행복한 낭만의 영역에만 있을 수 있다면 그럴 것이다. 하지만 이 세상엔 분명히 현실이 있다. 그러니까 힘든 일을 겪을 때 누군가의 위로도 필요하지만 그 힘든 일을 해결하고 더해서 재발 방지를 할 수 있는 노력도 필요하다는 뜻이다. 그러기 위해서는 현재 자신이 겪고 있는 문제들을 정확히 파악해야 하는데 그때 필요한 것이 바로 **남자들의 대화 방법인 제삼자의 냉정한 평가이다.**

물론 지금 현대를 살아가는 사람들에게 있어서 그런 현실적 문제가 생겨날 가능성은 과거에 비해서 훨씬 낮다. 그렇게 장기간 낭만의 영역에 있을 수 있기에 남자들의 특징이 그렇게 단점으로만 나타나는 것이다. 하지만 어느 날 어쩔 수 없이 현실의 영역에 들어갈 때 남자들의 단점은 금세 장점이 된다. 그것을 위해서라도 남자들은 완전히 여자들처럼은 대화할 수 없다. 아이가 갑자기 아플 때 안아 주고 위로해 주는 여자의 역할도 필요하지만 병원을 찾고 운전을 하고 입원 수속을 밟는 남자의 역할도 필요하다. 그렇게 두 사람이 어울려질 때 부부는 아이를 건강하게 잘 키워 낼 수 있다.

그럼에도 여자와 남자 모두 조금 더 생각해 봐야 할 점은 분명히 있다. 이후 세상은 더욱 더 안전해질 것이기 때문에 남자들의 단점은 점점 더 강조될 것이 분명하다. 그러니 그 전에 서로에 대한 이해의 폭을 조금이라도 넓혀야 한다. 남자들은 우선 자신의 대화방식, 그러니까 **경쟁의 삶 속에서 터득한 대화 방식을 여자와의 대화에서 쓰고 있는 잘못을 자각해야 한다.** 부부는 경쟁의 대상이 아니다. 부부는 함께 하는 어울림의 삶이다. 그러니 가정에 있을 때는 가능하다면 여자의 대화법을 따르려고 노력해야 한다.

여자 역시도 남자의 대화 방식이 왜 잘못될 수밖에 없었는지에 대한 이해가 필요하다. 그냥 들어 주면 되는데, 내 편이 돼 주면 되는데, 잘잘못을 따져 달라는 것도 아닌데, 설명해 달라는 것도 아닌데 왜 저런 식으로 말을 하고, 고집을 피우고, 흥분하는지 이해가 안 간다면서 화를 내기보다는, 남자들은 남자로 태어났고 남자로 자랐기 때문에 저런 바보 같은, 그래서 이득은커녕 손해만 보는 대화 방식을 계속 고수하고 있음을, 마음엔 들지 않아도 이해해 줄 수는 있을 것이다.

내 옆에 있는 사람은 이 세상에서 유일하게 내 통장을 공유할 수 있는 사람이다. 그러니 이 사람과 잘 지내는 일은 이 세상 어떤 것보다도 중요하다. 이 사람과의 관계가 내 행복의 너무도 중요한 열쇠가 되는 것이다. 그것을 위해서라면 우리는 상대방의 입장을 조금이라도 더 이해를 해 줘야 할 것이다. 상대방에 대한 무지함을 정말로 심각하게 여기고 이제부터라도 제대로 알기 위해서 많은 노력을 해야 함을 깨달아야 한다.

내가 힘든 만큼 그 사람도 힘들다. 내가 답답한 만큼 그 사람도 답답하다. 내 존재의 본질이 아내나 남편이라는 역할이 아니듯 그 사람도 남편이나 아내가 그 사람의 본질이 아니다. 나는 사람이다. 그 사람도 사람이다. 우린 모두 엄마, 아빠, 아들, 딸, 김대리, 사장님, 이모, 어이, 야, 저기요 가 아니라 그저 나 자신으로 살고 싶은 사람들이다.

2부

내 안의 〈나〉

4.
내 감정의 주인

친구1: 나 요즘 너무 힘들어…. 자꾸 그때 일이 생각나.

친구2: 그렇구나…. 그래도 이젠 그만 잊어야지. 딱히 네 잘못도 아니잖아.

친구1: 아니야. 내 잘못이야. 내가 조금만 조심성이 있었어도 그 일이 일어나지 않았을 거야. 그건 온전히 다 내 탓이야.

친구2: 글쎄다. 그런 순간이라면 누구라도 너처럼 했을 거야. 그런 상황에 다른 판단을 하기는 쉽지 않을 거 같은데? 나도 네 입장이었으면 똑같이 행동했을 거야.

친구1: 모든 사람이 그랬더라도 나는 그러지 말았어야지. 다 내 탓이야.

친구2: 너는 지금 그 일이 일어난 것 자체를 안타까워하는 거니 아니면 더 똑똑하고 잘나지 못한 너 자신을 탓하는 거니? 이 세상 모든 일이 네 뜻대로 될 리가 없잖아.

친구1: 넌 지금 내가 힘들다는데 꼭 그런 식으로 말해야겠어? 그

■ 관계의 진실

지금껏 관계에 대해 우리가 잊었던 것들에 대해서 알아왔다. 덕분에 관계에 관한 새로운 관점을 가지고 과거와는 조금은 다른 방식의 접근을 해볼 기회를 얻게 될지도 모른다. 하지만 여전히 한 가지 문제가 남아 있다. 관계 자체에 대해서는 어느 정도 이해가 이뤄졌지만 관계의 주체인 나 자신에 대해서는 여전히 아는 것이 거의 없기 때문이다. 좀 이상하게 들릴 것이다. 하지만 사실이다. 우리 인간은 지금껏 거대한 우주에서 원자단위까지 이 세상에 존재하는 거의 모든 것을 관찰하며 엄청난 지식을 쌓아왔지만, 그 누구도 자신의 얼굴을 자신의 두 눈으로 바라본 적이 없다. 우린 기껏해야 거울이나 카메라 렌즈로 볼 수 있을 뿐이다.

우리가 나 자신에 대해서 보는 과정도 별로 다를 바 없다. 우리는 스스로 자신을 바라보지 못하고 끝없이 타인의 눈을 통해서 자신을 봐왔다. 그런데 그들도 나와 똑같이 자신의 두 눈으로 자기 자신을 바라본

적이 없다. 결국 우리가 아무리 노력해도 나 자신에 대해서는 근사치만 얻게 된다. 더해서 왜곡된 것들 투성이다. 그러니 지금부터는 왜곡 없이, 온전히 바라보는 법을 알아야 한다. 내가 어떤 존재인지를, 인간이 어떤 존재인지를 제대로 알 때 우리는 관계라는 전쟁터에 다시 나갈 최소한의 조건을 갖추게 될 것이다.

누군가로부터 '삶에 있어서 가장 중요한 것이 무엇인가요?', 라는 질문을 받게 되면 우리는 각자 어떤 대답을 내놓게 될까? 생각보다 그 답을 찾는 것이 쉽지가 않다. 그럼에도 확실한 것 하나는 그 답이 꽤나 다양할 것이라는 점이다. 어떤 이들은 당장 살아가는데 필요한 것들을 말할 것이고, 또 어떤 이들은 우리가 인간답게 살아가기 위해 필요한 것들을 말할 것이다. 어떤 사람들은 삶을 의미 있고 풍족하게 만들어 주는 것들에 대해 말할 것이고, 또 다른 사람들은 우리가 서로 함께 공존할 수 있는 가치들에 대해서 말할 것이다.

그러니 신념, 사상, 공존, 공정, 평등, 분배, 보호, 정직, 용기, 배려, 관용, 공감, 정의, 권리, 인류애, 생명, 사랑, 우정, 가족, 우정, 인간관계, 돈, 성공, 권력, 도전, 노력, 인내, 인기, 인정, 건강, 외모, 몸매, 음식, 자기 성찰, 사유, 지혜, 탐구심, 진실 등등의 인류 보편적 가치들이 그 후보가 될 가능성이 높다. 그런데 이런 것들은 왜 중요할까?

좀 당황스럽다. 너무도 중요한 것들이라서 나열을 했는데, 그런 것들을 왜 중요하게 여기냐고 물으면 홍시 맛이 나서 홍시 맛이 난다고 대답했던 어린 장금이처럼 뭐라고 설명하기가 난감하다. 도대체 가족이 왜 중요하냐고? 공정이 왜 중요하냐고? 돈이 왜 중요하냐고? 건강이 왜 중요하냐고? 사랑이 왜 중요하냐고? 평화가 왜 중요하냐고?

딱히 설명할 필요는 없어 보이지만 기왕 질문이 나왔으니 알아보자. 가족이 중요한 이유는, 그들이 나와 깊은 운명 공동체이기 때문이다. 내가 좋은 일이 가족에게도 좋고, 가족에게 일어난 좋은 일이 나에게도 좋다. 특히 나쁜 일을 겪을 때 가족의 존재는 너무도 중요하다. 이 세상에서 가족만큼 나의 불행에 함께 맞서 주는 존재는 없다. 내 가족들이 특별히 착해서 그런 것이 아니라 나에게 일어난 불행이 그들에게도 큰 영향을 끼치기 때문이다. 가족은 나의 행복에 있어서 가장 좋은 동반자이고, 불행에 있어서는 최후의 안전판이 되어 준다.

공정이 중요한 이유는, 누구에게나 "평등한 기회"를 만들어 낼 수 있기 때문이다. 돈이 중요한 이유는, 돈이 있어야 "먹고살 수 있기" 때문이다. 건강이 중요한 이유는, 정말로 설명할 필요가 없긴 하지만, 굳이 설명을 해야 한다면 건강해야 "오래 행복하게" 살 수 있기 때문이다. 외모가 중요한 이유는 좋은 외모는 관계를 맺을 때 많은 도움이 되고, 남들보다 특별히 뛰어난 외모는 그 자체로 큰돈을 벌 수 있게 해 준다. 이런 식으로 앞서 나열한 중요한 가치들은 그 자신만의 고유한 역할을 갖고 있다. 그런데 이런 가치들을 잘 살펴보다 보면 이 모든 것들을 일맥상통하고 있는 하나의 공통된 단어를 찾아낼 수 있다. 그것은 바로 누군가의 "행복"이다.

행복, 잠시 까먹었지만 두말할 나위 없이 최고의 가치이다. 심지어 유일한 가치이기도 하다. 그것이 나의 행복이냐, 너의 행복이냐, 우리들의 행복이냐의 관점에서만 서로 입장이 다를 뿐, 한 사람의 행복이란 점에서는 완전히 겹쳐진다. **공존, 공평, 평등과 같은 것은 다수의 사람들의 행복을 위해 중요하고 성공, 권력, 외모, 건강과 같은 것들은 한 개인의 행복을 위해 중요하다.** 결국 우리가 중요하다고 여기고 있는 모든 것들은 행복으로 가는 서로 다른 경로일 뿐이며 최종 도착지엔 모두 행복이 기다린다. 그럼에도 그렇게나 많은 다른 가치들이 존재하는 이유는 그저 사람들마다 계산법이 달라서 그렇다. 다들 행복하길 바라지만 무엇을 추구해야 행복할 수 있을지는 사람들마다 다르다는 뜻이다.

결국 삶에서 유일무이하게 중요한 가치가 바로 행복이다. 그런데 흥미롭게도, 매우 흥미롭게도 이 결론에 대해서 반감을 느끼는 분들이 있다. 그것도 꽤나 많다. 그러니 단순히 반감이라고 치부하긴 그렇다. 조금만 생각해 봐도 실제로도 그렇지 않나? 행복이 삶의 유일한 가치라면 정의하고 나면 우리가 살아가는 세상엔 설명할 수 없는 것들이 너무 많다. 일제강점기에 자신의 행복을 포기하고 독립운동을 하다가 돌아가신 분들이나, 전쟁 때 나라를 지키기 위해 목숨을 내놓은 분들이나, 아프리카의 이름 모를 사람들을 위해 평생을 헌신하신 분들도 있는데, 그렇게 큰일은 아니어도 다른 이의 목숨을 구하기 위해서 자신의 목숨을 내놓은 의인들이 매년 신문에 나고 있고, 진리를 얻기 위해서 불행의 대명사격인 고행을 마다하지 않는 분들도 있는데 어떻게 행복이 가장 중요하다는 식으로 건방진 말을 하고 있는 것일까?

■ 잘못된 신념 〈나는 힘든 게 좋아〉

삶에는 살아가는 동안 남다른 신념을 가지고 있어서 끝없이 다수와 싸워야 하거나, 사람들에게 잊히고 버려진 사회적 약자를 돌보는 일을 해야 하거나, 무능력하고 평생 가난했던 부모가 자신에게 빨대를 꽂고 살아가는 것을 감당해야 하거나, 정말로 다니기 싫은 직장을 먹고 살기 위해서 억지로 다니거나, 이미 신뢰를 잃은 배우자와 어쩔 수 없이 결혼 생활을 유지해야 하거나, 스스로 사는 것인지 아니면 죽지 못해 살아지는 것인지 혼란스러울 만큼 수동적인 모습 등등 참으로 힘들어 보이는 상황들이 있다.

그렇게 그런 삶을 살게 되면 보면 가끔 자기 스스로 내가 정말로 행복하기 위해서 살고 있는 것인가, 하는 의문이 들 때도 분명히 있다. 그럴 때마다 행복이란 단어는 나하고는 너무 거리가 멀어서 도대체 행복하다는 말을 하는 사람이나, 행복을 추구해야 한다는 말을 들으면 그들이 다른 사람들의 시선 때문에 연기를 하거나 혹은 아예 존재하지도 않는 허상을 쫓는 존재들처럼 느껴지기도 한다.

나는 내 행복보다 훨씬 중요하게 지켜야 할 것들이 있는데, 나는 주어진 운명의 올가미에 걸려서 옴짝달싹 못하고 그 끝이 보이지 않은 불행 속에서 평생 동안 허우적대면서 살아가고 있는데, TV 속 연예인은 엄청나게 넓은 집에 사람들을 초대해놓고 한 번도 먹어 보지도 못한 값비싼 음식을 손님들에게 대접하고 있다. 그렇게 방송 내내 자신이 가진 것들에 대한 자랑스러운 미소를 지으며 자신이 얼마나 행복한 삶을 사는지 증명하려고 애쓰고 있다. 그런 가식적인 모습을 보다 보면 기존엔 없던 행복에 대한 반감까지도 생길 지경이다.

이해는 간다. 자신과는 전혀 관련 없어 보이는 행복이라는 허망한 목표를 좇고 있는 삶을 보고 있다가 보면 혐오감과 함께 무의식적 거부감이 충분히 일어날 수 있다. 하지만 확실히 말해서 그건 결국 착각이다. 그저 너무 오랫동안 그리고 깊게 각인되어서 이제는 그것이 진실처럼 느껴지는 착각이다. 그러니 딱히 특별한 기회가 없다면 행복은 죽는 그날까지 자신과는 관련이 없는 허상의 존재로만 남게 된다.

행복에 관한 우리의 가장 흔한 착각은 바로 내가 지금 행복이 아닌 불행을 선택했다고 믿는 것이다. 어떤 사람이 혼자서 살면 충분히 행복할 수 있는데 가족을 부양하느라 삶이 피폐해졌다면 당장은 그래 보이긴 한다. 그는 행복을 포기하고 불행을 선택한 것이다. 하지만 결국 착각이다. 진실은, **지금 내가 어떤 불행한 일을 하고 있더라도 그것은 바로 더 불행한 일을 피하거나 막기 위한 것이다.** 우리가 병원에서 다리를 자르는 불행을 선택했다면, 오직 그 선택이 적어도 죽음이라는 더 큰 불행을 겪는 것보다는 낫다.

가족에게 묶여 평생 그들을 부양하면서 사는 우울한 삶은 사실 더 불행할 수 있는 일, "가족에 대한 의무를 버린 비양심적인 존재"라는 사람들의 비난을 듣고 싶지 않거나, 자신이 없으면 굶어 죽게 생긴 가족 소식을 듣게 되는 일을 막고 싶거나, 어떤 경우엔 그런 비참한 가족들의 모습을 보면서 느껴지는 상대적 우월감에 취해서 결국 스스로 그만두지 못하는 것이다. 그것도 아니라면 어린 시절부터 너무 오랫동안 눌려 있어서 일명 가족으로부터 가스라이팅을 당한 탓이다. 가족을 벗어나는 일이 빨대를 꽂혀서 쪽쪽 빨리는 것보다 더 두려운 것이다. 그러니 지금이라도 거기에서 벗어나고 싶다면 그것은 생각보다 꽤나 쉽다.

가진 돈을 다 모아서 가능하면 회사 근처에 작은 월세 방을 얻고 이후 전화번호를 바꾸고 다시는 집으로 돌아가지도, 가족들의 연락을 받지도, 자신의 돈을 가족에게 보내지도 않으면 된다. 혹시라도 가족과 통화가 되거나 만나게 되면 자신이 낼 수 있는 가장 차가운 어투로 나는 이제부터 나를 위해서만 살기로 했다고 단칼에 끊어내면 된다. 가족들은 아마도 "가족을 버린 비양심적인 나쁜 인간"이란 명분으로 한참 동안 설득을 하다가 결국 안 되면 자신이 아는 최고 수준의 욕을 해대겠지만 그럴수록 절실히 깨달아야 한다. 그들이 평소 자신을 어떻게 여겼는지를 말이다.

그럼 남은 무능력한 가족들은 어떻게 하냐고? 내가 알 바 없다. 내가 살기 위해서 다리를 잘랐다면 잘려 나간 다리는 그저 병원 폐기물일 뿐이다. 그것에 미련이 남아 집에 들고가 봐야 썩어서 냄새가 난다. 잘려 나간 부분은 그들 스스로 감당해야 할 몫이다. 오히려 그들이 그렇게 사는 이유 중 하나가 바로 나 때문에 그렇다. 그들은 내가 떠나면 처음엔 나를 욕하겠지만, 결국 살기 위해서 일을 하게 될 것이다. **그들이 그런 망가진 삶을 살았던 원인 중 하나가 바로 나의 잘못된 책임감이었던 것이다.** 너무도 단순하고 쉬운 해결책이다. 하지만 결국 실행하지 못할 것이다. 이미 주변에서 가족을 떠나 네 삶을 살아야 한다는 말은 귀가 닳도록 많이 들었을 것이고, 더욱 무서운 사실은 그 자체가 이미 자신의 정체성이 되었을 테니까.

불행한 자신에 대한 끝없는 연민과, 내 한마디에 눈치를 살살 보는 가족들을 바라보는 혐오스러움에서 오는 쾌감, 업무상 실수에 대해 나를 질책하는 금수저 상사 앞에서 속으로 '부모 잘 만나 아무 걱정 없이 편하게 살아온 네가 나에 대해서 뭘 알아', 라는 생각을 하면서 느껴지는 은근한 우월감을 포기하기가 결코 쉽지 않다. 설령 상사의 지적이 옳더라도, 그 우월감으로 가볍게 뭉개 버릴 수 있는 그런 능력을 결코 잃고 싶지 않은 것이다. 그렇게 불행이 나의 정체성이 되고, 살아가면서 누군가와 갈등이 생겨나면 내 잘못은 내가 불행하기에 생겨난 것이니 한없이 줄어들고, 타인의 잘못은 그가 나보다 행복한 사람이기에 한없이 커지게 만들 수 있다.

처음엔 불행이 너무도 싫었지만 그 불행 속에 너무 오래 있다가 보니 어느 순간부터는 **불행이 나의 모든 잘못을 합리화시켜주는 고마운 존재가 되어 버린 것이다.** 그 상태에 이르게 되면 더 이상 행복은 실제로 존재해서는 안 되며, 남들에게 보이기 위해서 하는 연극이거나 어리석은 존재들이나 추구하는 허상이어야만 한다.

정말로 무서운 함정이다. 한번 빠지면 중독되어 스스로는 빠져나올 수가 없다. 그럼에도 아직 실낱같은 희망이 남아 있긴 하다. 들어간 길이 있다면 나오는 길도 분명히 있을 테니까. 단지 그동안 이젠 그만 돌아 나와야 한다는 생각이나 기회가 없었을 뿐이다.

가장 먼저 해야 할 일은 바로 행복에 대한 오해를 버리는 일이다. **지**

금의 자신이 겪고 있는 불행도 그보다 더 큰 불행을 막기 위해 자발적으로 선택한 "상대적 행복"이란 점을 분명히 자각해야 한다.** 누군가 대신 선택해 준 것이 아니라, 내가 선택한 것이다. 그러니 자기 자신이 그 선택으로 인해 불행하다고 해서 결코 행복을 추구하지 않는 것은 아니란 점을 명확히 이해해야 한다.

두 번째로 해야 할 일은 **불행과 행복의 경계는 사람마다 모두 다르기 때문에, 내가 지금 불행하다고 해서 모두가 똑같이 불행으로 느끼지는 않는다는 점이다.** 누가 봐도 불행해 보이는, 평생 가족을 부양하기 위해서 결혼도 못하고 혼자 사는 사람이라도 사람에 따라서는 얼마든지 행복할 수 있다. 반면에 누가 봐도 행복할 것처럼 보이는, 돈 잘 벌고 자상한 남편과 공부 잘하는 자식들과 함께 살고 있는 여자라고 해도 사실은 불행할 수 있다. 재벌가의 자식으로 태어나 평생 돈 걱정 없이 살아온 금수저도 사실은 몹시 불행할 수도 있다. 똑같은 환경이라고 해도 그것이 행복할지 불행할지는 오직 우리들 각자의 몫이다. 거기엔 그 어떤 기준점이 존재하지 않는다.

세 번째로 해야 할 일은 **자신이 얼마큼이나 불행을 정체성화시켜서 남들을 내리까는데 쓰고 있는지에 대해서 깊게 생각해 봐야 한다.** 아마도 지금껏 누리던 모든 불행 자부심을 버리고, 남들이 이미 멀리 앞서 있는 행복에 대한 경쟁에 뛰어들 생각을 하니 눈앞이 깜깜하긴 할 것이다. 그럼에도 오늘이 다시 출발하기에 가장 빠른 날이다. 오늘은 언제나 나에겐 가장 젊은 날이니까.

네 번째로 해야 할 일은 **내가 정말로 행복을 원하지 않는가에 대한**

생각을 해 보는 일이다. 아주 오랫동안 행복한 삶에 대한 반감으로 인해 그 생각이 매우 단단히 굳어져 있겠지만, 한 번쯤은 심각하게 고민해 보는 것이 좋을 것이다. 우리는 누구나 과일가게에 가면 가장 싱싱하고 상처가 없는 사과를 고르려고 애쓴다. 그 이유도 하나뿐이다. 그래야 조금이라도 내가 기분이 좋아지고, 기분이 좋아진다는 말은 행복의 다른 표현이다. **우리 모두는 지금껏 살아오는 동안 단 한 차례도 나의 행복이 아닌 다른 목적을 위해 무엇인가를 선택하고 행동한 적이 없다.**

■ 내 감정을 만들어 내고 있는 『너』

행복한 삶을 살기 위해서 가장 먼저 준비해야 할 것이 무엇일까? 많은 돈? 다양한 친구들? 좋은 직장? 강한 권력? 다양한 취미? 화목한 가족관계? 풍부한 경험들? 예쁘거나 잘생긴 외모? 뛰어난 머리? 건강? 꿈? 아마도 쭉 나열한 조건들은 가지면 가질수록 점점 더 행복해질 수 있는 것들일 것이다. 하지만 그렇다고 해서 가장 먼저 준비할 것은 아니다.

행복한 삶을 살기 위해서 **가장 먼저 준비해야 할 것은 바로 "내가 불행하다는 사실을 인정하는 것"이다.** 듣고 나면 헛웃음이 나올 수도 있지만, 생각보다 많은 사람들이 실제로는 불행함에도 불구하고 절대로 그 사실을 인정하지 않는다. 물론 그 이유는 충분히 납득이 간다. 우리는 모두 단 한 번 살 수 있는 기회만 주어져 있기 때문에 자신의 현재 삶이 불행할 수 있다는 것은 그야말로 지금껏 살아온 삶을 모두 부정하는 것이며, 미래에 대한 우울한 예언이 되기도 하기 때문이다.

너무나 중요한 무엇인가를 단 한 번 할 수밖에 없어서 절대로 실패해서는 안 되는 일을 할 때, 그것이 실패했을지도 모른다는 생각이 점점 더 확실해지면 어떤 기분이 들까? 당연히 커다란 불안감과 감당하기 힘든 절망감이 느껴질 것이다. 그런데 그것이 바로 자신의 삶이라면? 단 한 번의 기회로 주어지며, 자신에게 가장 중요한 인생 그 자체라면 어떨까?

우리는 불행을 삶의 실패로 받아들이는 경향이 있다. 그러니까 지금 자신이 불행하다고 인정한 사람은 자신의 삶을 실패했다고 고백하는 꼴이다. 그래서 실패하기 두려운 우리는 매번 스스로를 보호하려고 한다. 그 덕분에 우리들 모두는 자신의 행복에 관해서 만큼은 너무나도 심할 정도로 긍정적이다. 주변에서는 '도대체 왜 저렇게 사는지 모르겠다', 라는 평가를 받는 사람조차도 본인은 '이 정도면 됐지, 뭘 더 행복해지려고 해?', 라고 반문한다.

그런 삶의 태도가 나쁘다는 뜻이 아니다. 단지 더 행복할 수 있는 기회가 있음을 놓치고 있고, 그로 인해서 행복한 삶을 살기 위해 더 열심히 노력하지 않는다는 점만이 문제가 될 뿐이다. 잠시 시간을 내어 단순한 문항을 통해 나의 불행지수를 따져 보자.

*1. 만나고 싶은 사람이 별로 없다. (그렇다고 혼자 놀기도 잘 못
    한다.)*

2. 친구를 만나 하는 대화 내용이 주로 나에게 일어난 안 좋은 일

이거나 남에 대한 불만이다.

3. 가끔 외롭거나 자주 지루함을 느낀다.

4. 누군가의 밝은 이야기보다 어두운 이야기에 끌린다.

5. 행복해 보이는 사람들은 가식적이거나 그렇게 보이려고 연기를 하는 것 같다.

6. 누군가 행복하냐고 물어보면 한참을 생각해 봐야 한다.

7. 가끔 여행이라도 해야 답답한 속이 풀릴 것 같지만 정작 떠나지는 못한다.

8. 매일 일상이 반복되는 느낌이 들고 내일에 대한 기대가 거의 없다.

9. 아주 가끔은 활짝 웃는 사람들이 부럽기도 하다.

10. 뭔가를 더 새로운 것을 배워서 나를 변화시키고 싶다는 욕구를 느낀다.

딱히 어느 이름 있는 대학의 교수가 만들어 낸 설문지는 아니니 너무 심각하게 생각해 볼 필요는 없다. 단지 여러 항목에 동시에 해당된다면 어쩌면 자신이 불행할 수도 있다는 가능성을 열어 둬야 한다. 혹시나 '대단하다. 다 내 얘기인걸?'라고 하더라도 그다지 불안해할 필요는 없다. 오히려 그 상태라면 내려올 만큼 다 내려와서 더 이상 내려갈 곳이 없다는 뜻이다. 그럼 이제부터는 올라가기만 하면 된다. 단지 올라가기 위해서는 그 무엇보다도 두 가지를 "인정"을 해야 한다. 첫 번째는 나는 지금 확실하게 불행하다는 인정이다. 두 번째는 지금껏 죽을 각오로 해왔던, 더 많은 돈을 버는 것, 직장에서 인정받는 것, 더 많은 능력을 가지는 것, 더 나은 외모를 가지는 것, 가족과 거리를 두는 것 등의 노력으로는 더 이상 행복해질 수 없다는 점이다. 우리가 지금 행복하게 살지 못하는 이유는 사실 전혀 다른 곳에 원인이 있다.

그 원인을 아주 단순히 표현하면, **내 행복의 기준점을 내가 아닌 타인에게 맞춰서 그렇다.** 그것은 마치 아주 그림을 잘 그리는 사람이 농구선수가 돈을 많이 번다는 말을 듣고 매일 농구를 연습하는 것과 같다. 다행스럽게 그림을 잘 그리면서 운동도 잘하는 사람이라면 상관없지만 단지 그림만 잘 그릴 수 있다면 그것은 불행으로 가는 급행열차를 탄 셈이다. 심지어 자신이 잘하는 것을 하고 있어도 마찬가지다. 혼자서 그림을 그릴 때가 가장 행복한 사람이 돈을 잘 번다는 이유로 농구 연습을 하고 있다면 그 삶은 분명히 경제적으로 관계적으로 살만은 하지만 행복하기는 쉽지는 않다.

나는 지금껏 내가 잘 못 하는 것을 억지로 하고 있었거나, 남들이 이것을 하면 성공한다고 해서 힘들게 하고 있거나, 잘한다는 남들의 칭찬에 취해서 그것을 해왔다. 그러니 내가 제대로 행복하기가 힘들었던 것이다. 진정 내 행복을 위해서라면 무엇보다도 먼저 **내 행복에서 "남의 조언"을 제거해야만 한다.** 내 행복의 기준점을 타인에게 맞추면 맞출수록 그 난이도는 점점 더 높아지고, 실현되었을 때 얻어지는 행복 또한 그리 꽉 차지 못한다. 물론 남들의 조언을 따르면 좋긴 좋다. 하지만 가성비가 별로이다. 이 말은 내가 하고 싶은 것을 하고 사는 삶과 동일한 수준의 행복을 얻기 위해서는 훨씬 더 많은 시간과 돈 그리고 노력이 필요하다는 뜻이다.

내 욕망과 타인으로부터 온 욕망을 구분하는 가장 좋은 방법은, 자신이 느끼고 있는 감정의 출발점을 찾아내는 것이다. 그것이 오롯이 나로부터 출발한 것이라면 내 것이고, 그것이 타인의 감정인, 그들의 칭찬이나 인정을 받기 위해서라면 타자의 것이 된다.

가을 단풍이 가득한 산에 올라서 그 예쁜 풍경을 볼 때 기분이 몹시 좋다. 이것은 온전히 나로부터 출발한 감정이다. 그런데 그런 상황이 되면 사람들이 하나 둘씩 사진을 찍기 시작한다. 그렇게 찍힌 사진들은 수많은 종류의 SNS에 올라간다. **바야흐로 진정한 『타인의 감정』이 시작되는 시간이다.**

뭔가를 올리게 되면 곧 사람들의 반응이 오기 시작한다. '너무 좋겠다'며 수많은 이모티콘을 섞어서 격하게 부러워하는 사람, '요즘처럼 힘들 때 팔자 좋다면서'며 은근히 비난하는 사람, '나는 어제 시골에 갔다 왔다면서'며 내가 묻지 않는 얘기를 하는 사람, '단풍을 보려면 내장산 정도는 가야 한다고'며 해 달라 하지도 않은 조언을 하는 사람이 나타난다.

그런 반응들로 도착하기 시작하면 어떤 일이 일어날까? 처음 예쁜 풍경을 봤을 때 느꼈던 단순하고 순도가 높은 감정들은 사람들의 반응으로부터 촉발된 다양하고 혼잡한 감정들에 밀려 점차 희미해지고 만다. 그 순간 내 시선은 예쁜 풍경에서 벗어나 그 좁은 스마트폰의 액정 화면 안에 고정된다. 그나마 그 안의 반응이 부러움이나 나를 인정해 주는 듯한 것이면 긍정적인 감정들이 생겨나 괜찮지만 무관심하거나 조금만 비난이 섞여 있어도 금세 내 감정은 짜증이나 분노와 같은 부정적 감정으로 가득 차 버리고 만다. 그럼에도 우리는 스스로 느낀 감정이기에 그것이 내 감정이라고 철석같이 믿는다.

이때 잘 생각해 볼 필요가 있다. 그런 감정들이 정말로 내 것일까? 아니다. 그런 감정들은 내 것이 아니다. 믿기 힘들지도 모르겠지만, 우리는 우리가 믿는 것보다 자신이 느끼는 진짜 감정에 대해서 잘 모른다. 잘 모르는 수준이 아니라, 사실상 거의 모른다. **내가 느끼고 있다는 사실만 믿고 "내 감정은 내가 제일 잘 알고 있다고" 착각하고 있을 뿐이다.** 그러니 우리가 무엇보다도 먼저 해야 할 일은 감정 그 자체를 이해하는 일이다. 나는 도대체 왜 그런 감정들을 느끼게 되는 것일까?

■ 내가 모르는 나의 감정

"당신은 사실 당신이 느끼고 있는 감정에 대해서 아는 것이 거의 없다"

꽤나 도발적인 표현이다. 처음 들으면 말도 안 되는 소리다. 내 감정을 내가 모르면 도대체 누가 안다는 말인가? 이 말을 들으면 사람들마다 꽤나 다양한 반응이 나타난다. 너무 단정적인 표현 같아서 반감이 느껴지는 사람, 왜 저런 헛소리를 할까 싶어서 짜증이 나는 사람, 뭐, 그럴 수도 있지 하면서 덤덤한 사람, 음? 그런가? 하는 마음이 들면서 약간의 궁금증이 생긴 사람, 오! 감정에 대해서 내가 모르던 어떤 것이 있나? 하는 생각이 들면서 호기심을 느끼는 사람이 있다.

이런 반응들을 큰 뭉텅이로 나누면 결국 두 가지 중 하나이다. 하나는 의심이나 짜증과 같은 부정적인 반응이고 다른 하나는 궁금중이나 호기심과 같은 긍정적 반응이다. 멀리 갈 필요도 없이 이 반응부터 시작해 보자. 우리가 지금 이 순간 왜 그런 감정을 느끼게 되는지에 대해서 한번 생각해 보자.

우선 부정적 반응, 아니 부정적 감정을 느끼게 되는 과정에 대해서 좀 더 생각해 보자. 우리는 왜 스스로에 대한 감정을 잘 모른다는 말에 의심이나 짜증과 같은 부정적인 감정을 경험하게 될까? 여기엔 각자마다 여러 가지 이유가 있을 수 있다. 과거 비슷한 말을 들은 적이 있었는데 완전 헛소리였던가, 딱 봐도 사람들의 관심이나 끌려는 얄팍한 상술이라는 생각이 들던가, 내가 내 감정을 느끼는 것은 언제나 확실한데 왜 저런 소리를 하는지 도대체 이해가 가질 않을 때 그럴 수 있다.

나름대로 그 이유가 다양하긴 하지만, 이런 부정적 감정적 반응에는 한 가지 공통점이 있다. **그것은 바로 어떤 식으로든 스스로 『자극』이 되었다는 점이다.** 만약에, 정말로 만약에 같은 말을 들었어도 어떤 자극도 생겨나지 않았다면 그것은 마치 '나는 어제 밥을 먹었습니다', 라는 말을 들었을 때처럼 아무런 감정이 생겨나지 않았어야 했다. 그러니 결국 비록 부정적이긴 해도 자극이 된 것만큼은 확실하다. 왜 그런 자극이 생겨났을까?

이미 비슷한 말을 들었는데 더 들어 보니 헛소리였다면 시간만 낭비한 것이다. 얄팍한 상술에 속아서 그런 제목을 가진 책을 샀다면 돈을 낭비한 것이다. 정말로 내가 내 감정에 대해서 잘 모른다는 것이 진짜 사실이면 나는 나 자신에 대해서 모르는 것이 있을 수 있다는 막연한 불안감이 들 수 있다.

결국 이런 부정적 감정의 원천은 어떤 말을 믿게 되면 내가 어떤 식으로든 손해를 입을 수 있다는 가능성에 대한 반발감이나 불안함이다. 더군다나 그 손해의 가능성은 단순히 지금 이 순간에 머물지 않는다. 과거에 겪었을 잘 기억도 나질 않는 순간들의 손해들, 미래에 겪게 될 일어날 가능성이 있는 손해들, 이 둘 모두가 함께 동시에 떠오른다. **결국 기억도 잘 나지 않는 과거에 대한 후회와 일어나지도 않은 미래에 대한 걱정으로 인해 불안해진 것이다.**

그렇다면 왜 손해를 입는 일이 두려울까? 그 답 역시도 쉽다. 우리가 손해의 가능성에 대해 두려움을 느끼는 이유는 자꾸 그런 손해를 입다가 보면 결국 자신의 죽음까지도 이어질 수 있다는 사실을 이미 "알고 있기에" 그렇다. 이 과정을 이제 원인부터 현상까지 거꾸로 추적해 보자. 그러면 최초에 살고 싶기에 손해에 대한 두려움이 생겨나고, 두려움이 생기니 불안해지고, 불안해지니 짜증이나 분노와 같은 수많은 다양한 부정적 감정들로 이어졌다는 점을 이해할 수 있다.

그런데 여기에서 한 가지 이상한 점이 있다. 우리가 당장 경험하고 있는 감정들은 분명히 의구심이나 짜증이나 화가 난 것 같은 것인데, 그것과 두려움과 도대체 어떤 관련이 있을까? 설마 내가 그런 말을 듣고 두려워서 짜증이 난 것이라고? 에이, 아무리 생각해도 그것은 아닌 것 같다.

회사에서 퇴근할 무렵 직장 상사가 갑자기 오늘까지 다 해야 한다면서 일을 주면 그 순간 엄청 짜증이 난다. 누가 봐도 짜증이 나는 상황이다. 그런데 이것이 그 상사의 무개념 문제가 아니라 내 안의 두려움 때문에 그런 것이라고? 정말로 말도 안 된다. 그렇다면 왜 짜증이 날지 따져 보자. 만약에 상사가 그런 부당한 업무 지시를 했더라도 딱히 아무런 감정이 들지 않는다면 퇴근 시간이 되었으니 퇴근하겠다고 말하고 가거나, 그냥 시키는 대로 늦게까지 일을 하면 된다. 하지만 왜 그렇게 하지 못할까? 퇴근 시간에 퇴근을 하는 것은 직장인의 권리이며, 회사가 시킨 일을 해야 하는 것은 직장인의 의무인데 말이다.

하지만 실제로 우리가 그런 요구를 받고도 그냥 퇴근을 하게 되면 뭔가 찝찝한 기분이 든다. 반대로 야근을 선택하게 되면 짜증이나 화가 난다. 도대체 왜 이런 기분들이 들까? 추측하는 것이 그리 어렵지 않다. 상사의 지시를 거부했다면 당연히 나에 대한 감정이 상했을 것이고, 그것은 결국 나에 대한 평판이 하락할 여지가 있다. 결국 내년 인사고과에도 어떤 식으로든 영향을 끼칠 가능성이 높아진다는 것을 본능적으로 알고 있다. 그것이 두려운 것이다. 사실 당장 내일부터 얼굴이 볼 일이 부담스러워진다.

그렇다면 그냥 남아서 야근을 하면 되는 것이 아닐까? 그것도 아니다. 만약 오늘 그런 식으로 시킨 일을 하면 내일도, 모레도 또 이런 일이 일어날 수 있다. 더군다나 퇴근 시간이 다 되어서 일을 시키는 상사의 무개념은 또 다른 황당한 요구를 할 수 있다는 가능성을 내포하고 있다. 이번 주말에도 전화를 해서 출근을 하라고 하지 않을까? 혹은 나를 얼마나 우습게 보면 저런 요구를 아무런 눈치도 보질 않고 하는 것일까? 상사의 무개념 가능성과 나에 대한 조심성 없는 태도가 미래에 닥칠 또 다른 불행을 예고하고 있는 중이다. 그것이 두려운 것이다.

결국 그 순간 퇴근을 선택하게 되면 느끼게 되는 평판 하락에 따른 손해 가능성에 대한 두려움과 야근을 선택하게 되면 느끼게 되는 미래에 또 다시 반복될 이런 상황에 대한 두려움이 서로 싸우는 중이다. 이런 식의 **미래에 닥칠 가능성이 두 개의 두려움이 서로 비슷하게 느껴져서 한쪽을 확실하게 선택할 수 없는 상태, 이것이 바로 우리가 느끼는 짜증이란 감정의 진짜 정체이다.** 그러다 보니 두려움이 한쪽으로 명백하게 기울면 오히려 짜증이란 감정을 느끼지 않을 수 있다.

예를 들어 만약 똑같은 상황에서 뒤통수에 총을 대고 그 일뿐만이 아니라 10일치 일을 해야 한다고 해도 여전히 짜증이 날까? 아니다. 죽음에 대한 엄청난 두려움으로 인해 오히려 일을 하는 동안만큼은 내가 쓸모가 있으니 일이 많은 것이 더 좋다고 느낄 것이다. 그런 상황에서는 기존에 가졌던 모든 두려움이 모두 자취를 감추고 오직 생존에 대한 두려움만이 남는다.

이런 식으로 **우리가 느끼는 수많은 부정적 감정들은 양팔 저울에 올라간 두려움들 중에서 과연 얼만큼 기울었는지의 여부에 따라서 다양하게 나타난다.** 그 기울기가 아주 크면 공포, 불안함 등이 느껴지고, 좀 나아지면 억울함, 분노 등이 느껴진다. 그리고 많이 비슷해지면 부담감, 짜증, 신경질 등을 느끼게 되고, 거의 똑같은 수준이 되면 매우 귀찮아지고 만다. 방 청소를 해야 할 때 힘듦에 대한 두려움과 하지 않았을 때 감당해야 할 점점 더 더러워지는 방에 대한 두려움이 거의 똑같이 느껴지기 때문에 보통 청소는 너무도 귀찮은 일이 되고 만다. 하지만 좋아하는 사람이 집에 오겠다고 연락이 오면 그 즉시 청소를 하게 된다. 더러운 집으로 인한 평판하락이라는 새로운 두려움이 출현했기 때문에 귀찮음은 금세 부담감으로 변하고 만 것이다.

이런 식으로 두려움은 각각의 상황에 따라, 저울의 기울기에 따라 순식간에 수없이 많은 부정적 감정들로 변화되어 간다. 하지만 너무도 빠르게 변화되는 탓에 우리들은 최초의 감정은 인식하지 못하고 변화의 마지막 지점에 느낀 감정들, 그러니까 불안함, 짜증, 분노, 신경질, 귀찮음과 같은 최종적 감정이 내 진짜 감정이라고 믿게 된다. 그렇게 자신이 최초에 느낀 감정이 사실은 두려움이란 점을 까맣게 잊고 만다. **처음부터 두렵지 않았다면 생기지 않았을 짜증이 온전히 상대방의 어처구니 없는 요구나 행동으로 인해 생겨났다는 믿음에 대해서 어떤 의심도 하지 않는다.**

퇴근 후에 딱히 갈 곳도 없고, 집에서 밥 챙겨 먹는 것도 귀찮고, 에어컨이 없어서 너무 덥다면, 누군가 그다지 어렵지 않은 일을 부탁해서 회사에서 야근을 해야 할 상황이 오히려 기분이 좋아질 수도 있다. 밥도 시켜 먹을 수 있고, 시원하기도 하고, 자신의 평판도 좋아지고, 일도 그리 힘들지 않는데 도대체 짜증이 날 이유가 없다. 반대로 퇴근 후 지난 1년간 기다려온 새로 나온 게임을 할 생각으로 심장이 두근거리고 있었는데 갑자기 야근을, 그것도 부당하게 느껴지는 일을 해야 할 상황이 되면 아무리 화를 안 내던 사람도 화를 내게 된다. 똑같은 외부적 문제가 내 상황에 따라서 전혀 다르게 해석되어 전혀 다른 감정들로 변화되어 가는 것이다.

이런 식으로 우리가 느낀 감정들은 **그 시작은 그저 우연히 발생하는 외부적 자극으로 인해 생겨나지만 결국 최종적으로는 내 입장에 따라서 완성된다.** 하지만 우리는 이미 그 감정에 완전히 사로잡힌 후라서 자신이 스스로 그런 감정을 만들고 있음을 전혀 인식하지 못한 채 최초에 발생한 외부적 자극에 대해서만 수많은 비난을 퍼붓는다. 자신이 가진 지식과 상식을 통해 그리고 이성과 논리의 방식을 이용해 외부적 자극의 잘못된 점을 확실하게 하려고 애쓴다. 하지만 그 모든 노력은 사실 부질없다. 왜냐하면 결국 현재 **우리가 느끼고 있는 감정들의 진정한 출처는 외부적 자극이 아닌 우리 자신이기 때문이다.**

부처님 말씀을 기록해 놓은 경전인 《잡아함경(雜阿含經)》엔 "두 번째 화살"이란 이야기가 나온다. 여기에서 첫 번째 화살이 바로 외부의 자극이다. 이것은 그 살아가는 자라면 누구도 피할 수 없는 것이다. 우리가 살아가면서 마주하는 수많은 운들이 여기에 속한다. 특히 불운들은 화살처럼 날라와 꽂혀 우리를 힘들게 한다. 그런데 이 첫 번째 화살을 맞은 우리는 다음에 어떤 행동으로 대처할까? 보통은 화살을 제거하고 그 자리를 치료해야 할 것이라고 생각할 것이다. 하지만 우리들은 오히려 반대의 행동을 한다. 그것이 바로 스스로 두 번째 화살을 날려서 이미 화살을 맞아 살이 찢기고 피가 튄 그 자리에 또 다시 꽂아 넣는다. 그것도 더 세게 명중시킨다. 이것이 우리가 매일 살아가면서 느끼게 되는 감정들의 실체이다. 하지만 우리는 언제나 첫 번째 화살의 문제라고 여긴다. 모든 문제의 원인은 외부세계, 그러니까 나에게 최초의 화살을 날린 상대방에게 있다고 믿어 의심치 않는다. **내가 겪는 모든 문제점이 스스로에게 쏜 두 번째 화살임을 단 한 번도 생각해 본 적이 없다.**

그나마 여기까지 듣다 보면 공감은 가지 않아도 어느 정도 이해는 된다. 특히 부정적 감정들이 결국 내 안에서 만들어지고 있음은 확실하니까. 하지만 그와는 다른 긍정적 감정들은 어떨까? 그것도 설마 두려움과 관련이 있을까? 있다. 물론 긍정적 감정들이 직접적으로 두려움의 변화된 모습은 아니다. 하지만 긍정적 감정들 역시도 결국 두려움과 깊은 연관이 있다. 그러기 위해서 우리는 두려움의 또 다른 모습 중하나인 지루함에 대한 이해가 필요하다.

5.
왜곡된 감정

친구1: 어디 가?

친구2: 사냥 가지. 토끼 잡아서 애들이 좋아하는 토끼고기 바비큐 해 먹으려고.

친구1: 오, 좋겠다. 그나저나 요즘 토끼 잡기가 어렵지 않아?

친구2: 어렵지. 그래도 이 총만 있으면 한 방이야.

친구1: 그냥 시장에서 사는 건 어때? 요즘 가격도 엄청 싸던데.

친구2: 시장? 음… 시장에서 파는 건 도대체 믿을 수가 있어야지.

친구1: 그래? 그럼 내가 어제 잡아 놓은 토끼 있는데 줄까? 지금 털만 벗겨 놨는데.

친구2: 아, 그래? 음… 아냐. 힘들게 잡아 놓은 토끼를 그냥 받을 수는 없지.

친구1: 아냐, 어제 할 일이 없어 심심해서 잡아 놓은 거야. 사실 우리 집에는 토끼고기 먹는 사람도 없어서 그냥 버릴 판이야. 가져가.

■ 지루함의 본질

우리는 평소 두려움이란 감정을 느끼는 것을 몹시 싫어하지만 사실 두려움은 생명체만이 느낄 수 있는 일종의 특권이다. 돌이나 물 그리고 로봇과 같은 것들은 살아 있질 않으니 두려움을 느낄 수 없다. 우리는 살고 싶기에 두려움을 느끼고 이후 그 두려움은 내 안에서 다양하게 변화되어 우리가 느끼게 되는 모든 감정 확대되어간다.

하지만 우리가 늘 두려움 속에서만 있는 것은 아니다. 아주 가끔은 운 좋게 두려움이 거의 느껴지지 않는 아주 안전한 상태에 놓일 수 있다. 대부분은 집에서 그렇지만 집 밖에 나가는 순간부터 두려움은 점점 커진다. 빠르게 달리는 차도 두렵고, 사람도 두렵고, 물건을 살 때는 잘못 선택해서 손해를 볼까 두렵고, 회사에서는 일이나 사람에게 실수할까 봐 두렵고, 주문한 택배가 제때 안 올까 봐 두렵다. 이런 순간마다 우리는 불안, 짜증, 외로움과 같은 부정적 감정들을 느끼게 되는데, 그런 감정들이 느껴지는 원인이 바로 두려움의 증가이다. 그러니까 느끼고 있는 두려움이 커지는 순간에 우린 다양한 형태의 부정적 감정을 느낄 수밖에 없다.

반대로 어떤 문제들이 해결되어 이미 가지고 있던 두려움들이 줄어들 때가 있다. 위험한 밖에서 집에 돌아왔을 때나, 회사에서 해 놓은 일이 제대로 되었음을 확인한 순간이나, 택배가 제대로 도착한 순간이다. 이때마다 두려움이 줄어들면서 부정적 감정들의 반대인 긍정적 감정들이 생겨난다. 하지만 이때 느끼는 감정들은 단순히 가졌던 두려움이 줄어든 것이라서 크지는 않다. 그래서 안도감, 평온함 정도 수준의 감정을 경험한다.

이와는 달리 적극적으로 두려움을 줄일 때가 있다. 친구들을 만나 '네가 빠지니 술자리가 재미없다'는 말을 들어 자신의 존재감을 확인 받았을 경우, 회사에서 '이번 건 잘 처리했어', 라는 말을 통해 인정을 받을 때, 남몰래 좋아하던 사람에게 어느 날 '누구 씨는 참 좋은 사람 같아. 한번쯤 사귀어 보고 싶을 정도로', 라는 말을 들었을 때마다 우린 큰 기쁨을 느끼며 행복해진다. 그런 순간들이 바로 내가 가진 두려움이 크게 줄어든 순간이다. 하지만 이 말이 그다지 와 닿지는 않는다. 도대체 기뻐서 행복해진 것과 두려움이 무슨 상관일까? 아무리 생각해도 둘은 완전히 반대편의 감정이다.

한 가지 상황을 가정해 보자. 토요일에 당신은 집에 혼자 있다. 밖의 날씨는 몹시 덥지만 집 안에는 에어컨이 돌고 있고, 냉장고에는 시원한 수박과 아이스크림이 있다. 방금 밥을 먹어서 배가 부르고 샤워를 하고 났더니 여름치고는 정말로 상쾌한 느낌이다. 지금부터는 당신이 좋아했던 드라마의 시즌2를 볼 계획이다. 생각만 해도 기분이 좋아진다.

갑자기 문자 연락이 왔다. 친구들이 모인다고 한다. 너도 나오라고 한다. 그런데 모이는 장소가 최소 한 시간은 가야 할 거리이다. 고민이 된다. 덥고 습한 날씨를 뚫고 지하철을 탈 일도 걱정이지만, 지금 너무나 좋은 상태로 드라마를 볼 수 있는 행복을 포기하기도 힘들다. 사람들은 이때 보통 어떤 선택을 할까? 개인적인 성향에 따라 다르겠지만 아마도 대다수의 사람들이 적당한 핑계를 대고 나가지 않을 것 같다.

그렇다면 상황을 바꿔 보자. 비슷한 상황이지만 몇 가지 조건이 다르다. 일단 에어컨이 없다. 냉장고에 수박과 아이스크림도 없다. 밥은 먹었지만 그로 인해 땀이 났다. 그래서 방금 샤워를 하고 나왔음에도 불구하고 습해서 여전히 땀이 난다. 그리고 무엇보다도 지금 당장 할 일이 없다. 아니, 하고 싶은 일이 없다. 그래서 그냥 멍하게 있다. 그 순간 친구에게서 나오라는 문자로 연락이 왔다. 자, 이젠 어떤 선택을 하겠는가?

아마도 대부분 나갈 것이다. 가는 동안 벌어질 일들, 그러니까 더운 날씨에 걸어야 하고, 비싸지는 않지만 지하철 요금도 내야 하고, 친구들을 만나게 되면 어떤 식으로든 돈을 쓰게 되고, 가서 기분 좋은 일도 있지만 상황에 따라 상처를 받을 수도 있고, 별로 좋아하지 않는 노래방에 끌려갈 수도 있지만 그럼에도 나갈 것이다.

도대체 왜 나가게 될까? 일단 더위도 더위일 것이다. 하지만 우리가 나가게 되는 가장 큰 이유는 집에 혼자 있을 때 "심심하기" 때문이다. **그리고 그 심심함이 반복되면 결국 자신의 삶 자체가 "지루해지기" 때문이다.**

만약 유럽 6개월 여행을 떠나는 것과 집 안에서 홀로 6개월을 뒹굴거리는 행복이 완전히 동일하다면 어떤 것을 하는 것이 더 나을까? 대부분은 당연히 여행이 더 낫다고 생각할 것이다. 하지만 조금만 생각해 봐도 여행은 많은 돈을 많이 써야 하고, 어떤 면에서는 낯선 곳이라서 매우 위험하기도 하고, 재수가 없으면 돈과 시간만 써서 오히려 기분이 더 나빠질 기억이 될 위험도 있다. 그럼에도 보통 사람들이 여행을 선택하는 이유는 그런 단점들을 훌쩍 뛰어넘는 행복을 기대할 수 있기에 떠나는 것이다. 그런데 만약 집에서 혼자서 노는 것을 통해서도 그만큼의 행복을 충분히 얻을 수 있다면 그때도 여행을 떠나게 될까?

사람들은 대부분 자신이 여행을 떠나고 싶어서 떠난다고 믿는다. 하지만 진실은 따로 있다. 집에 계속 있으면 심심해지고 결국 지루해지며 마지막엔 자신의 삶이 "우울해지고" 말기 때문이다. 여행뿐만이 아니라 모든 종류의 '하고 싶은 일'이 그렇다. 하고 싶은 일을 하지 않아 우울함이 반복되면 우울증에 걸리고 무엇을 해도 의욕이 생기지 않는, 복구 불가능한 의욕상실증 환자가 되고 만다. 그러니 그렇게 되기 전에 덥고, 힘들고, 고생스럽고, 돈도 많이 들고, 위험한 밖으로 나가는 것이다. 단지 나가지 않아도 이미 충분히 행복한 사람은 나갈 필요는 못 느낀다. 이 세상엔 그럴 수 있는 사람이 거의 없다는 점만이 문제일 뿐이다. 그래서 다들 나간다.

이런 식으로 심심함의 누적으로 인해 촉발된 지루함은 우리를 위험한 밖으로 나가게 만드는 본질적 원인이다. 하지만 **우리는 언제나 '하고 싶어서' 나간다고 믿는다.** 그러니 지루함만 느끼지 않을 수 있다면 아무 것도 안 해도 되거나 이미 한 것을 반복해도 된다. 쉬는 날 하루 종일 혼자 있어도 되고, 본 영화를 또 보고 또 보고 해도 되고, 같은 사람을 만나 한 얘기를 또 하고 또 해도 된다. 연인이 아무리 오래되어도 늘 처음 만났을 때처럼 행복하고 수십 년을 함께 해도 권태 따위는 느끼지 않을 수도 있다. 어제 먹은 음식을 오늘 또 먹어도 되고, 일 년 내내 먹어도 된다. 어제 한 일을 오늘 똑같이 반복하고, 내일 또 반복할 예정이라고 해도 전혀 기분이 나빠지지가 않는다. 한번 깬 게임을 또 깨도 똑같이 즐겁고, 이미 가 본 여행지를 또 가도 여전히 처음처럼 기분이 좋을 것이다.

그런데 그게 안 된다. 그 어떤 것도 첫 경험의 순간을 따라올 수는 없으며, 반복될수록 점점 자극의 강도는 약해져서 오히려 안 하는 것이 나아질 때가 오게 된다. 그렇기에 연인은 헤어지고, 음식은 매번 바뀌고, 새로운 영화를 보러 가고, 최대한 가 보지 않은 여행지로 떠나게 된다. 지루함만 없다면 결코 일어나지 않을 일이다.

철학자들 중에서 지루함에 대한 본질을 가장 깊게 사유한 사람은 바로 파스칼(Blaise Pascal)이다. 그는 토끼 사냥을 떠나는 사냥꾼에게 이미 잡힌 토끼를 주는 행동을 하면 그가 화를 낼 것이란 예를 들면서, 토끼 사냥을 떠나는 사냥꾼은 그가 믿고 있는 것처럼 토끼 사냥 그 자체가 아님을 일깨워 줬다. 심지어 염세주의 철학자 쇼펜하우어(Arthur Schopenhauer)는 아예 "삶은 고통 아니면 권태"라고 선언하면서 삶의 부정적인 면을 크게 강조했다. 또한 작가 알베르토 모라비아(Alberto Moravia)는 자신의 소설 《권태》에서 "인간은 원래 권태에 토끼몰이를 당하는 짐승"이란 표현을 통해 우리 인간에게 있어서 지루함이 얼마나 치명적인 감정인지를 토로했다.

서로 표현 방식은 달랐지만 그들이 하는 말은 동일하다. 우리들은 모두 파스칼의 말처럼 **토끼를 잡기 위해서 토끼사냥을 떠나는 것이 아**

니라 그저 그 과정 속에서 삶의 지루함을 없애려는 것이다. 만약 누군가 정말로 먹고 살기 위해 토끼고기가 필요했다면 다른 사람이 미리 잡아 놓은 토끼고기를 줬을 때 엄청난 기쁨과 고마움을 느껴야 했다. 하지만 그렇지 않다. 낚시를 하러 떠나는 사람에게 시장에서 물고기를 사다가 주면 과연 고마워할까? 아니다. 정말로 어이없다는 표정으로 우리를 바라볼 것이다. 여행을 떠나든, 토끼 사냥을 하든, 낚시를 떠나든, 친구들을 만나러 나가든, 영화를 보든, 세계일주 여행을 하든, 에베레스트 산을 오르든 그것이 얼마나 그럴 듯해 보이는지에 상관없이 그저 매 순간 우리를 쫓아오는 지루함을 해결하기 위해서 하고 있다. 그래서 다행이 그 지루함을 줄일 때마다 우리는 재미, 즐거움, 성취감과 같은 다양한 긍정적인 감정들을 느낄 수 있다.

우리는 두려움이 줄어들 땐 안도나 기쁨과 같은 좋은 감정들을 경험하고, 별 다른 걱정이 없어져서 지루해지게 되었을 때는 그것을 줄이면서 재미나 즐거움을 느끼게 된다. 그런데 이 과정에서 참 이상한 점이 하나 있다. 우리가 지루함을 느끼는 것까지는 이해가 가지만 도대체 왜 우리는 지루함을 느껴야 하는 것일까? 왜 두려움이 없는 평온한 상태에서 그냥 가만히 있질 못할까? 그럴 수 있다면 정말로 삶이 쉬워질 텐데 말이다. 그로 인해 '인간의 모든 고통은 혼자 방에 머물 줄 모르는 것에서 온다', 라고 했던 파스칼의 말이 더욱 깊숙이 다가온다. 우린 도대체 왜 지루함을 견디지 못하고 낯선 곳으로 여행을 떠나고 위험하게도 에베레스트 산에 오르는 것일까?

■ 지워진 시간

우리는 왜 딱히 해야 할 일이 없을 때 그냥 집에 가만히 있지 못할까? 힘들게 씻고, 화장을 하고, 밖에 나가고, 이동하고, 누군가를 만나고, 뭔가를 보거나 사기 위해 돈도 쓰고, 에너지도 다 써서 텅 빈 지갑과 지친 몸을 이끌고 집에 돌아와 샤워를 한 후 누워서 리모컨으로 보다 만 드라마를 켜면서 '집이 최고다!', 라고 말하는 것일까?

정말로 이성적이고 논리적으로만 생각해 보면 생명체라면 먹이를 구하기 위해서 움직일 때 말고는 가만히 누워서 숨만 쉬고 있는 것이 최고의 선택이어야 한다. 그런 존재가 그리 멀리 있지도 않다. 우리가 매일 보는 고양이들이 그렇게 살고 있다. 만약 우리가 고양이처럼 하루 종일 잘 수 있다면 힘들게 번 돈을 쓰지도, 돌아다니느라 몸이 힘들어지지도, 나가기 위해 해야 씻거나 화장을 하는 등의 수많은 귀찮은 일을 하지 않아도 된다. 그럼에도 불구하고 왜 가만히 있질 못하고 집에서조차 TV를 보거나 친구들과 채팅을 하거나 게임을 하거나 웹툰을 보게 되는 것일까? 그런 행동들은 밖으로 나가는 것보다는 싸게 먹히지만, 결국 어떤 식으로든 힘들게 번 돈과 귀한 에너지를 쓰는 것은 분명하다.

그 답을 찾기 위해서는 많은 설명 과정이 있어야겠지만, 최종적으로 단순하게 그 답을 하자면, **우리 인간이 지루함을 느끼는 본질적인 이유는 너무 "똑똑해서" 그렇다.** 그러니 우리가 고양이처럼 살 수 없는 이유도 바로 고양이보다 우리가 너무 머리가 좋아서 그런 것이다. 더군다나 우리는 그 좋은 머리를 과거로부터 아주 오랫동안 쌓인 지식을 습득하는 데 쓸 수 있다. 그러니 우리와 고양이 사이의 본질적인 지능 차이는 아주 심하게 나질 않더라도 결론적으로는 엄청난 차이가 나게 된다.

혹시나 개나 고양이 혹은 침팬지나 돌고래와 같이 꽤나 머리가 좋은 동물들이 자신이 언젠가는 "죽게 된다는" 사실을 알고 있을까? 아니, 처음부터 죽음이란 개념 자체를 이해하고 있을까? 뭐, 우리가 그들의 말을 할 줄 모르니 확인할 방법은 없다. 대략 유추를 하면, 아마도 확실히 아는 것은 아니지만 어렴풋이 무의식적으로 알고 있을 듯하다. 하지만 그들은 아무리 머리가 똑똑해도 우리 인간만큼 명확히 알 수는 없을 것이다. 우리는 머리가 좋아서도 알지만 이미 인간이라면 모두 죽는다는, 아니 모든 생명체는 결국 죽는다는 사실을 너무도 잘 알고 있다.

지루함에 대한 이야기를 하다가 왜 갑자기 죽음에 대한 이야기를 하는지 궁금할 수도 있지만, 지루함이 생겨나는 진짜 이유가 바로 "언젠가 자신이 죽는다는 사실을 너무나도 잘 알기에" 생겨나고 있기 때문이다. 우리는 매 순간 우리가 어느 순간에 늙어서, 그러니까 신체기관이 쇠퇴하고 머리도 나빠지고, 결국 건강이 상해서 죽게 된다는 사실을 잘 알고 있기 때문에 끝없이 두려움을 느끼게 된다. 뿐만 아니라 지금 충분히 돈을 모아 두지 않거나 남들과의 경쟁에서 밀리지 않을 만큼 충분한 능력을 갖춰 놓지 않는다면 그 또한 미래의 생존에 나쁜 영향을 끼친다는 사실도 아주 잘 알고 있다. 그러니 우린 지금 이 순간 뭔가 의미 있는 노력을 해야 한다.

나는 가만히 있고 싶어도 매일 늙어가고 있고, 옆에서는 남들이 매일 노력해서 더 많은 돈을 벌고 더 나은 능력을 갖추려고 하고 있으니 아무것도 하지 않고 있지 않으면 홀로 죽음이라는 늪에 아주 천천히 빠져들고 상태로 인식된다. 이것은 당장 빠져 죽는 것은 아니기에 당장 처리해야 할 문제는 아니지만 은근하면서도 결코 사라지지 않는 두려움이다.

물론 그 두려움을 매 순간 느끼는 것은 아니지만 가끔 느껴질 때마다 우린 꽤나 불안해진다. 하지만 그렇다고 해서 그 자체가 명백한 것도 아니다. 그저 미래에 일어날 일이니 단지 가능성만 커진 것이다. 이런 식으로 **여분의 시간이 주어졌을 때 내가 죽음을 향하게 가고 있는데 정작 나는 아무 것도 하고 있지 않다는 생각이 들면서 경험하게 되는 불안한 감정이 바로 『지루함』의 본질이다.** 그래서 딱히 걱정이 없이 집 안에 누워 있을 때 처음엔 편하지만 점점 시간이 지날수록 "아무것도 하지 않고 있는 상태"가 불안하게 느껴진다. 즉, 지루해지는 것이다. 그렇게 되면 우리는 뭔가를 해야 한다. 게임을 하거나 TV를 보거나 친구를 만나거나 여행을 떠나야 한다.

그런데 좀 이상하다. 지루함을 없애기 위해서 여행을 하거나 친구를 만나는 것까지는 그나마 내 미래에 도움이 될 듯 하니 이해가 가지만 게임을 하거나 쇼핑을 하거나 TV를 보는 것이 내 미래에 어떤 도움이 되길래 죽음으로부터 멀어지게 된다고 느끼게 될까? 하지만 이 의문은 근본적으로 "미래"가 가진 특성에 대해서 잘못된 이해에서 비롯된 것이다.

미래의 사전적 의미는 아직 다가오지 않은 시간을 의미한다. 하지만

미래의 본질적 의미는 바로 『불확실성』이다. 지금으로써는 어찌 될지 모른다는 뜻이다. 지금 현재 여분으로 주어진 시간이 있다고 했을 때 언젠가 다가올 죽음을 대비해야 하지만 그 결과가 실제로 어찌 될지 모른다, 이것이 바로 미래가 가진 해결 불가능한 패러독스이다.

그럼에도 우리는 매일 최대한 노력은 한다. 다들 각자의 나이만큼 쌓인 경험과 지식을 최대한 활용해 최선의 결과를 만들어 내고자 하지만 늘 바라던 미래가 오지는 않는다. 오히려 반대의 결과가 나올 때도 있다. 건강을 위해 운동을 하다가 크게 다칠 수도 있고, 더 많은 경험을 쌓기 위해서 해외여행을 떠났다가 죽을 수도 있다.

어떤 것들이 미래의 나에게 더 도움이 될지 판단하는 것은 오직 개인의 계산영역이다. 각자 타고난 성격, 능력, 사는 동안 쌓인 경험, 지식, 어떨 땐 주변 분위기에 따라 결정되는 것이다. 그래서 똑같이 불안한 미래를 대비하지만 서로 전혀 다른 선택을 하고 그 결과도 천차만별이다. 그 중에서 많은 시간, 노력, 돈을 투자했다가 실패하게 되면 그때 감당해야 할 불안함은 엄청나다. 실패한 여행, 운동하다 다치는 것, 친구를 만났다가 기분만 상하는 일이 되면 오히려 가만히 있을 때보다 감당해야 할 지루함은 오히려 더 커져버리고 만다.

어떻게 하는 것이 좋을까? 실패할 수 있지만 그래도 계속 시도를 해야 할까? 물론 아마도 그것이 가장 좋은 태도일 것이다. 하지만 그러기엔 우린 약하다. 특히 타고난 능력이 부족해서 노력 대비 보상의 기대치가 낮은 사람들일 경우 더욱더 힘들다. 그래서 지루함을 느낄 만한 시간이 날 때마다 많은 사람들이 대안을 선택한다. 사실 이 대안도 인간이 머리가 좋기 때문에 생각해 낸 대안이다.

아주 단순한 해결책인데, **처음부터 지루함이란 감정이 시간의 여유가 생겨서 느끼게 된 감정이니 처음부터 그 시간 자체를 없애 버리는 방법을 쓰는 것이다.** 쉽게 말하면 시간을 때우는 것이다. 조금만 생각해 봐도 이것은 얼마나 영리한 해결책인가? 하지만 문제는 이런 방식은 사람들이 자꾸 옥상에 올라가 자살을 하니 못 올라가게 옥상 문을 잠그는 방법과 비슷하다. 근본적 원인은 그냥 두고 떨어진다는 행동 자체를 막는다고 해서 해결이 될까? 결국 일어날 일은 일어난다.

흔히 TV를 보거나, 게임을 하거나, 다른 사람의 SNS에 들락거리는 행동들이 시간을 때우는 대표적인 것들로 알려져 있다. 사실 젊은 사람들이 TV보다는 게임에 빠지는 이유 중 하나가 바로 게임은 일방적으로 보기만 해야 하는 TV와는 달리 비록 그 자체가 가상의 것이라고 해도 노력한 만큼 적절한 보상이 있기에 그렇다. 수십 년 전 과거엔 돈도 별로 없고 기술 발전 자체도 너무 수준이 낮아서 겨우 TV를 보는 것만이 유일한 선택지였던 것뿐이다. 하지만 21세기인 지금은 게임, 유튜브, 웹툰, SNS 등등 **"사실은 딱히 얻는 것은 없지만 뭔가를 얻는 느낌을 주는 시간을 때우는 기술"**이 정말로 많이 발전해 있다. 아니, 정확히 말하면 사람들의 그런 욕구를 잘 채워 주는 기술들이 선택 받아 살아남은 것이다.

하지만 이런 식의 시간을 지워 버리는 방식은 결국 문제를 일으킨다. 왜냐하면 그것들조차도 점점 익숙해지다가 결국엔 지겨움의 대상이 되어 버리기 때문이다. 물론 사람들에게는 더 다양한 게임, 더 다양한 채널, 더 다양한 웹툰 플랫폼, 더 다양한 SNS를 선택할 기회가 주어진다. 하지만 아무리 선택의 폭이 넓어져도 결국 한계가 있다. 그 후 딱히 대안도 없다.

이제 사람들은 어떻게 해야 할까? 그냥 다른 일을 할까? 분명히 적당한 대안이 있다면 그럴 것이다. 하지만 이제 거의 다 해 봐서 딱히 더 하고 싶은 것이 없다면 어떻게 할까? 벌떡 일어나 당장은 힘들지만 미래의 나를 위해 뭔가 투자를 할까? 뭐, 소수의 사람들은 그런 변화를 하려고 노력할 것이다. 하지만 이미 그런 "시간 지우기" 방식에 익숙해진 사람들은 그냥 지루함 속에서 어떤 식으로든 추가적인 자극을 찾아내려고 애쓰게 된다. 문제는 그 추가적인 자극은 결코 공짜로 얻을 수 없다는 점이다.

■ 행복한 감정이 필요해

우리의 삶은 매일 매 순간 바뀌긴 하지만 분명히 어떤 패턴을 가지고 있다. **두려움의 상태, 두려움이 해결된 상태, 지루함의 상태, 지루함이 해결된 상태**, 이렇게 총 네 가지가 기본적으로 주어지고 해결 여부에 따라 몇 가지 중간 상태가 추가된다.

두려움이 제대로 해결되지 못할 경우 수많은 부정적 감정들이 생겨난다. 공포, 불안함, 분노, 억울함, 신경질, 짜증, 실망감, 좌절, 중압감, 슬픔, 외로움 등을 느끼게 된다. 하지만 다행히 잘 해결되었다면 안도감, 평온함, 충만함, 기쁨 등을 느낄 수 있다. 암일 수도 있다는 진단을 받고 난 후 진짜 암이었다면 공포와 같은 부정적 감정들을, 암이 아니었다면 기쁨과 같은 긍정적 감정들을 느끼게 되는 것이다.

지루함이 제대로 해결되지 못할 경우엔 우울함, 권태 등을 느끼게 되는데 반대로 해결되었다면 즐거움, 재미, 흥미, 자부심, 호기심, 흥분 등의 수많은 긍정적 감정들을 경험할 수 있다. 좀 지루한 일상이 반복될 경우 우울함과 같은 부정적 감정들을, 여행을 떠나는 듯의 새로운 경험의 기회가 생기면 많은 기대와 흥분과 같은 긍정적 감정들을 느끼게 되는 것이다. 두려움이든 지루함이든 해결한 경험이 많으면 많을수록 자신이 행복하다고 느끼고, 해결하지 못한 상태가 지속될수록 자신이 불행하다고 느끼게 된다.

삶이 여전히 힘들긴 하지만 다행히 대부분의 사람들은 과거와 달리 두려움보다는 지루함을 더 자주 느끼는 편이다. 사실 지금부터 100년만 해도 이 땅엔 먹을 것이 부족해 굶어 죽는 사람들이 넘쳐났었다. 그러니 그때는 지루함의 시대가 아니라 두려움의 시대였다. 하지만 지금 시대엔 먹을 것이 없어서 두려움을 느끼는 사람들은 아주 소수에 불과하다. 대부분의 사람들은 그런 원론적인 수준의 두려움은 거의 느끼지 않는다. 그렇게 두려움이 사라진 자리만큼 지루함이 확실히 자리를 잡고 있다. 그래서 우리의 행복은 주로 지루함을 얼마나 없앨 수 있느냐 여부에 달려 있다.

문제는 지루함을 해결하는 방식 자체의 한계 때문에, 특히 그냥 시간을 때우는 방식으로 지루함을 해결해 왔기 때문에 근본적인 원인이 해결되지 않았다. 최초에 지루함 자체가 "지금 시간이 남았으니 미래를 위해 뭔가 도움이 되는 일을 해야 해"라는 목적으로 생겨난 감정이었는데, 그것을 무시하고 계속 그냥 시간을 없애 버리는 식의 대응을 해 왔기 때문에 그런 결과로 이어지는 것은 어쩔 수 없다. 그런 식의 대응은 반복적으로 될수록 점점 효과가 떨어지고 이제는 그것조차도 지루해지기 시작한다. 이것을 처리하기 위해서 우리가 선택하는 것은 바로 "추가적인 자극"이다. **그것은 바로 행위 그 자체가 아니라 행위를 통해 얻을 수 있는 주변의 반응이다.**

낚시를 떠나면 얼마나 비싼 낚싯대를 샀는지, 캠핑을 가면 얼마나 좋은 장비를 구입했는지, 쇼핑을 하면 얼마나 비싼 브랜드 제품을 샀는지 여부가 필요하다. 쉽게 말해서 단순히 물고기를 낚거나, 숲속에서 하룻밤 캠핑을 하거나, 새 가방을 사는 일로는 이제 작은 자극밖에 못 느낀다. 그러니 반드시 타인의 부러움이나 질투심 어린 눈길이라는 새로운 자극을 더해 줘야만 한다.

문제는 **그런 자극을 얻는 방법이 편할수록, 속도가 빠를수록, 강도가 높을수록 그것에 대해 지불해야 하는 비용이 기하급수적으로 높아진다는 점이다.** 또한 자극의 효과가 빠르게 나타나는 만큼 빠르게 사라지게 되고, 심할 경우 나보다 더 나은 제품을 가진 사람을 만나는 순간 반대로 부러움이나 질투심을 얻는 게 아니라 오히려 자신이 느껴야 할 처지가 되고 만다. 그 일을 겪지 않으려면 남들보다 더 많은 돈을 써야 한다. 하지만 그때 나와 똑같은 생각을 가진 다른 사람들은 그냥 가만히 있을까?

결국 서로 점점 더 많은 돈을 필요로 하게 된다. 이 순간 한번 잘 생각해 보라. 그 돈이 정말로 나에게 필요한 것이었을까? 내가 그렇게 좋은 장비를 써야 할까? 내가 그렇게 비싼 가방을 사야 할까? 내가 그렇게 고급 호텔에 묵어야 할까? 하지만 끝없이 찾아오는 지루함은 우리를 점점 더 깊은 늪으로 빠뜨리고 만다.

물론 모두가 그렇게 반응하는 것은 아니다. 돈의 한계를 느낀 사람들은 더 이상 부러움과 질투심을 느끼기 싫기에 그냥 싸게 시간을 때우는 방식으로 돌아온다. 다행이 그럴 방법은 많다. 집에 오면 많은 OTT 채널과 웹툰 그리고 게임과 인터넷 커뮤니티와 SNS가 존재하고 있다. 우리는 이제 돈이 없으면 집에서 시간을 때우며 언젠가 돈을 많이 벌 수 있는 날을 꿈꾸거나, 이미 돈이 많으면 계속 뭔가를 사서 타인의 부러움과 질투심을 즐기는 쪽으로 나뉘어졌다. 이 둘은 언뜻 보기엔 서로 달라 보이지만 돈이라는 공통 분모를 가지고 있고, 그렇기에 현대 사회에서 돈은 정말로 많이 필요하다. 사실상 지루함으로 인해 무한대의 돈이 요구된다.

두려움과 지루함을 줄여서 행복해져야 하는데 그러려면 많은 돈이 든다. 하지만 돈을 벌기는 쉽지 않다. 그러다 보니 이젠 돈이 없는 것 자체가 또 하나의 커다란 두려움이 되고 말았다. 돈이 없는 것이 두려우니 딱히 별 일도 없는데 누군가 많은 돈을 벌었다는 소리를 들으면 심장이 벌렁거린다. 남들보다 돈이 없다는 사실이 내 삶이 행복할 수 없다는 증거가 되고 말았다. **그런 흐름 속에서 돈이 없다는 것은 불행한 삶과 동일한 표현이 되었다.**

딱히 암에 걸린 것도 아니고, 직장에서 잘린 것도 아니고, 사랑하는 사람과 이별한 것도 아닌데, 어제까지도 없었고, 아마도 내일도 없을 돈 때문에 오늘 갑자기 친구가 큰돈을 벌었다는 말을 듣고는 아무 것도 하지 않은 채 그냥 불행해지고 만다. 우리가 자신에게 찾아온 두려움과 지루함, 특히 이 둘 중에서는 지루함을 제대로 처리하지 못해서 여전히 끝없는 불안함을 느끼고 있기에 생겨나는 현상이다. 그것이 제대로 처리되는 사람일수록, 그러니까 제대로 행복해진 사람일수록 살아가는 데 필요한 돈은 어느 정도 선에서 마무리가 된다.

그렇다면 이런 시간을 때우는 방식이 아닌 지루함이 원하는 대로 "미래의 나를 위한 제대로 된" 노력을 하고 살면 문제가 해결될까? 물론 원칙적으로는 그렇다. 오늘 한 권의 책을 더 읽고, 내일 한번의 여행을 더 떠나고, 모레 자격증 하나를 더 따면 된다. 어떤 식으로든 어제보다는 나은 나를 만들었다는 기분만 느낄 수 있다면 지루함이란 감정은 오히려 더 나은 나를 만들기 위한 아주 긍정적 에너지로 작용할 수 있다.

하지만 안타깝게도 여기에는 또 다른 문제점이 있다. 더 나은 미래를 위한 내가 되는 것은 문제가 없지만 도대체 **"어제보다 나은 나"에 대한 기준점은 어떻게 정해야 하는 것일까?** 어제보다 지식이 늘었으면 되는 것일까? 어제보다 돈이 더 많아졌으면 되는 것일까? 어제보다 직급이 높아졌으면 되는 것일까? 어제보다 주소록에 사람이 늘었으면 되는 것일까? 어제보다 뭐라도 하나 할 줄 아는 것이 늘었으면 되는 것일까? 어제보다 내 SNS를 찾는 사람의 숫자가 늘었으면 되는 것일까? 물론 이 모든 것은 다 "더 나은 나"의 후보가 될 수는 있다. 문제는 정말로 자신이 나아졌다는 것을 느낄 수 있는 것일까? 도대체 나에게 "더 나은 나"의 의미는 무엇일까?

하지만 우리는 그것에 대해서 그리 심각하게 생각하지 않는다. 왜냐하면 이미 사회적으로 많은 것들이 "더 나은 나"에 대해서 정의해 뒀기 때문에 그 중 하나를 고르면 된다. 오히려 내 스스로 찾았다고 해도 다른 사람들이 그것을 잘 인정해 주지 않으면 쉽게 포기하고 만다. 나는 많은 시간을 들여 뜨개질을 해 주변 사람들에게 선물을 줄 때 "더 나은 나"가 된다고 느끼는데 선물을 받은 사람들이 '도대체 요즘 시대에 무슨 뜨개질 목도리냐?', 라는 태도를 보이게 되면 더 이상 그것을 할 수 없다. 대신 우리들은 사회적으로 이미 인정되는 것들을 하려고 한다. 책을 읽고, 여행을 떠나고, 악기를 배우고, 그림을 그리고, 글을 쓰고, 사진을 찍으려고 애쓴다. 그때부터는 "더 나은 나"를 만들어서 내 안의 지루함이 제대로 해결되는지 여부는 뒷전으로 밀려난다.

딱히 행복해지지는 않더라도 매일 뭔가를 열심히 하면서는 지내는 것 자체가 목표가 된 것이다. 하지만 이런 삶은 행복하게 사는 것이 아니라 그냥 매일 마음 속에 떠오르는 불안감만 줄이려 하는 행동이다. 나는 적어도 남들처럼 놀고 먹지는 않았으니까, 라고 생각하면서 느끼는 감정이다. 하지만 냉정히 말하면 책을 읽는 것이나 TV를 보는 것이 뭐가 다를까? 결국 TV 속 드라마도 책에서 나온 내용을 배우들이 연기한 것인데. 더군다나 오히려 더 힘든 면도 있다. 딱히 행복하지 않은데 하기가 쉽지도 않다. 그러니 매일 자신과 싸워야 한다. 삶이 "극기"로 채워진다. 노력과 의지의 필요성이 급상승한다. 그런데도 계속 그렇게 살 수 있을까?

놀라운 일이지만 그렇게 살 수 있다. 머리가 꽤나 좋은 우리는 중요한 한 가지 개념을 만들어서 스스로를 보호하고 힘들어도 그 일을 계속 할 수 있는 열정을 만들어 낸다. 바로 자신이 하고 있는 일에 대한 "가치"이다. 사실 가치라는 의미가 바로 그것이다. **지금 하고 있는 일이 어떤 식으로든 미래에 도움이 된다는 믿음, 가능하다면 더 강한 의지와 더 힘든 노력을 통해서 얻어지는 결과, 그것이 바로 가치의 진짜 정의이다.**

■ 불안한 신념

가치라는 말은 '그것이 얼마나 생존에 큰 도움이 되느냐', 라는 화두에서 시작해서 '이것이야 말로 미래를 위해서는 훨씬 큰 도움이 될 거야', 라는 믿음과 '이런 종류의 일을 하는 데 참 힘들다', 라는 객관적 평가로 완성된다. 그러니까 일반적으로 어떤 장소를 TV를 보고 있는 것보다 직접 여행을 가서 보는 것이 훨씬 더 미래를 위해서 도움이 되고 힘도 든다. 여행에서는 TV에서는 얻을 수 없는 실제적인 경험이 쌓이고 몇 시간 동안 좁은 비행기 안에서 있어야 하는 힘든 과정도 겪어야 하기 때문이다.

확률적으로는 분명히 그런 면이 있다. 하지만 여행을 갔다가 크게 다치거나 죽었다면? 그때도 여전히 집에서 TV를 보는 것보다 여행을 가는 것이 무조건 낫다고 말할 수 있을까? 그런 면에서 보면 가치는 결국 확률적이다. 그럼에도 그 확률이 50:50은 아니니 하는 편이 낫다고 할 수 있다. 단지 100%가 아니기에 미세한 불안함은 여전히 존재한다. 또한 더해서 일단 **하나를 선택하게 되면 선택하지 못한 또 다른 가치들**

이 있다. 책을 읽게 되면 운동할 시간이 없어지고, 등산을 하면 학원에 갈 시간이 줄어든다. 이 세상은 너무도 많은 "미래에 도움이 될 것 같아 보이는" 것들이 많기 때문에 그중 몇 가지를 선택하는 일은 다른 말로 하면 그 외 수많은 가치들을 포기하는 일이 되고 만다.

이것은 일종의 불안함이다. 그러니 우리는 추가로 뭔가가 더 필요하다. 그것이 바로 타인의 지지이다. 내가 추구하는 가치를 주변에서 잘 선택했다고 말해 주는 일, 그런 과정을 통해 마음속 존재하는 불안함의 찌꺼기를 없애는 일은 매우 중요하다. 사실 정말로 스스로 원하는 해결책을 선택해 마음 속에 존재하는 두려움과 지루함이 제대로 줄었다면 이미 행복해져서 필요 없을 "타인의 인정"이 제대로 된 선택을 하지 못했기 때문에 꽤나 심각한 수준으로 필요하다.

이런 식으로 자신이 하고 있는 일을 가치화 시킨 사람들은 타인의 인정을 받기 위해서 자신의 선택을 홍보하고, 장점을 과시하며, 남들에게도 같은 선택을 하길 바라고, 심지어 남들이 추구하는 가치를 깎아내린다. 사실 이런 행동들은 역설적으로 오히려 자신이 한 선택을 통해 제대로 행복해지지 않았음을 의미할 뿐이다. 그로 인해 이 모든 노력은 결국 실패하게 된다. 그것은 가치가 가진 어쩔 수 없는 한계점이다. 왜냐하면 **모든 가치는 결국엔 주관적 판단일 수밖에 없기 때문이다.** 그 누구도 아무리 노력해도 잘 선택했다는 객관적 증거를 얻을 수는 없다.

누군가는 책은 10점, 여행은 20점, 게임은 -5점 식으로 먹인다. 다른 누군가는 운동은 100점, 여행은 0점, 게임은 -50점, 책은 5점으로 먹인다. 누군가는 게임은 70점, 여행은 -20점, 집안일은 10점으로 먹인다.

도대체 이 점수들을 어떻게 객관화시킬 수 있을까? 우리는 그저 자신과 비슷한 순서로 가치 기준점을 가진 사람들을 "친구"라고 칭하면서 함께 어울릴 뿐이다.

더군다나 이런 식으로 가치의 순위를 정하게 되면 단순히 "아, 내 가치가 다른 사람들보다 좋구나" 하면서 끝날까? 절대로 아니다. 내 가치에 대한 우월함은 반드시 타인의 가치에 대한 열등함을 의미하며 결국 타인이 추구하는 가치에 대한 혐오감으로 이어진다. 또한 자신이 중요하게 여기는 가치를 자신보다 훨씬 더 높은 수준에 이른 사람을 보면 즉시 추종을 하기 시작한다. 그렇게 자신보다 못한 사람을 보면 조언을 가장한 훈수를 두고 자신보다 잘난 사람을 보면 그 사람이 하는 말을 단 한마디도 놓치지 않으려고 녹음을 한다.

책을 읽어라, 역사를 알아라, 운동을 해라, 여행을 떠나라, 게임은 하지 마라, TV는 바보상자이다, 사람은 많이 사귀는 것이 좋다, 등등의 **조언을 가장한 참견질의 대가인 꼰대들이 나타난다.** 주변 사람들에게만 하는 것이 아니라, 각종 강연에서나, 책을 쓰거나, 유튜브 영상을 찍어서 말한다. 사실 이런 말들을 하는 사람들은 딱 두 가지 종류이다. 현재 행복하지 않아서 자신의 가치를 홍보하지 않고는 도저히 견딜 수 없는 사람이거나, 이런 가치조차 찾지 못해서 두려움과 지루함 속에 살아가는 사람들에게 자신의 가치를 홍보해 돈을 버는 목적을 가진 사람이다. 그리고 이들이 결국 상대를 꼰대로 양성한다. 처음부터 스스로 해결책을 찾아야 할 사람들이 돈을 벌기 위해서 자신의 가치를 홍보를 하는 사람들의 말을 따랐으니 결국엔 당연히 제대로 된 해결책이 될 리가 없다. 이렇게 세상은 이미 꼰대가 되어 꼰대를 만들어 내는 사람과 지금 꼰대가 되어가는 사람, 두 종류로 채워진다.

꼰대에 대한 정의는 다양할 수 있지만, 사실 꼰대가 되는 원인은 하나뿐이다. 자신이 믿고 선택한 가치를 통해 제대로 두려움과 지루함을 해결하지 못해 행복해지지 못한 사람들이 어쩔 수 없이 자신이 선택한 가치를 한없이 위로 끌어 올리고 다른 사람들이 추구하는 가치를 한없이 밑으로 깔아 내리는 대안을 추구하는 것이다. 그런 과정에서 상대가 묻지도 않는 조언들이 끝없이 입 밖으로 튀어 나간다.

그렇다고 해서 우리들은 그런 꼰대들과 뭐가 다를까? 우리도 비슷하게 생각은 하지만 꼰대라는 비난을 받지 않으려고 입 밖으로 꺼내지 않고 있을 뿐이다. 각자의 머릿속에는 내가 선택한 해결책이 남보다 더 낫다고 생각이 늘 떠돌고 있다. 사실 그렇지 않다면 왜 힘들게 돈, 시간, 노력을 투자하고 있겠는가?

우리는 지루하지 않았다면 떠나지 않았을 여행을, 여행이야 말로 진정한 삶의 가치라고 믿는다. 우리는 지루해서 책을 읽는 것이 아니라, 책을 읽는 것이야 말로 삶에서 정말로 필요한 것이라고 믿는다. 우리는 지루해서 글을 쓰는 것이 아니라, 글을 쓰는 것이야 말로 나라는 존재를 파악하기 위해서 정말로 중요한 일이라고 믿는다. 반대로 비싼 카메라나 가방을 사는 사람을 보면 무슨 돈 낭비인지, 아이돌 스타에게 덕질을 하는 모습을 보면 그게 무슨 쓸데없는 짓인지, 쉬는 날 하루 종일 집에서 TV만 보는 사람을 보면 한심한 삶이라고 생각한다. 그렇게 살지 말고 좀 더 나은 것을 하면서 삶을 살아야 한다고 생각한다. 삶은 소중하다고 말한다.

하지만 우리들 각자가 지금 무엇인가를 하고 있다면, **그것은 바로 자신이 그것을 할 수 있을 만큼 제법 괜찮은 조건을 가지고 태어났고, 그것을 했을 때 미래에 도움이 된다고 사람들 사이에서 인정되는 편이고, 제대로 해냈을 땐 꽤나 큰 보상을 얻을 수 있기 때문이다.** 그리고 무엇보다도 가장 중요한 조건은 바로 지루함이다. 만약 지루하지 않았다면 그 어떤 가치를 추구하더라도 하지 않았을 것이다.

이 말은 아무리 사람들 사이에서 인정을 받더라도 진실은 어떤 가치도 없다는 뜻으로 이해될 수도 있다. 단순히 생각해 보면 된다. 우리가 매일 하고 있는 호흡과 식사 그리고 충분한 수면, 가치 있기로 따지자면 이것들만큼 가치 있는 것이 있을까? 하지만 그 누구도 호흡을 하는 것이 가치 있다고 주장하지 않는다. 이미 누구나 다하고 있기 때문이다.

지루함의 본질을 제대로 이해할 수 있게 되면 **우리가 뭔가를 하고 싶거나 해야 한다고 느껴질 때 그것들이 딱히 어떤 의미나 가치가 있어서가 아니라 그저 지루함을 처리해야 하기 때문임을 알게 된다.** 이 말은 우리가 꼭 글을 쓰지 않고도, 책을 읽거나 강연을 보지 않아도, 여행을 떠나지 않아도, 힘든 도전을 하지 않아도, 남들이 손가락을 치켜세우는 일을 하지 않아도 된다는 뜻이다. 내 앞에 무한대의 선택의 폭이 있다. 그러니 그것들 중에서 무엇이든 내가 흥미 있고 잘하는 것을 찾아서 열심히 해서 내 안의 지루함만 달래주면 된다. 뜨개질을 해도 되고, 등산을 해도 되고, 만화책을 봐도 되고, 드라마를 챙겨 봐도 되고, 우표를 모아도 된다.

또한 **우리는 타인이 추구하는 다양한 가치에 대해서 훨씬 더 열린 마음으로 바라볼 수 있게 된다.** 덕분에 남들이 추구하는 가치들에 대해서 이런 저런 판단을 한 후 혐오하거나 동경하는 마음이 생겨나지 않는다. 사람들이 하고 있는 도대체 이해 가지 않는 수많은 행위들을 그들도 우리처럼 똑같이 지루함을 해결하고 있는 것이다, 라는 관점으로 바라볼 수 있다. 그들은 그저 내가 선택한 지루함의 해결 방식과는 다를 뿐이다. 결코 옳거나 틀린 것이 아니다.

지금 내 옆에서 열심히 게임을 하는 친구나, 열심히 영어공부를 하고 있는 동생이나, 자전거를 열심히 타고 있는 선배나, 동네 초등학교 운동장을 열심히 돌고 있는 엄마나, 요가를 하기 위해 굳은 몸을 억지로 구부리고 있는 누나나, 제빵기술을 배워 보겠다고 사방에 밀가루를 날리고 있는 언니나, 소파와 한 몸이 된 채 TV 리모컨을 쉼 없이 누르고 있는 아빠나 모두 다 자신만의 지루함 해결책에 빠져 있는 중이다. 그런 그들의 모습이 내 마음엔 들지 않을지 모르지만, 다들 각자 지루함이라는 끈질긴 적에게 대항하기 위해 나름대로 혼신의 힘을 다해 싸우고 있는 것이다. 그러니 운 없이 잘 안 되고 있는 사람을 보면 혐오가 아닌 응원과 연민을, 운 좋게 잘되고 있는 사람을 보면 추종이 아닌 흐뭇함을 가지고 바라보면 된다. 진짜로 나도 힘들고, 너도 힘들다.

■ 내가 하고 싶은 것은

《죽음의 수용소에서》를 쓴 빅터 플랭크(Viktor Emil Frankl)는 이 시대를 권태의 시대, 그러니까 지루함의 시대라고 정의했다. 그는 여가 시간이 더 많아지는 미래로 갈수록 더 많은 사람들이 지루함 속에 빠져들게 되는데, 이때 지루함을 해결하는 방법을 스스로 결정을 하질 못하게 되면 결국 존재적 공허함을 경험할 수밖에 없게 된다고 설명한다.

이 말은 결국 우리가 "하고 싶은 일"을 제대로 찾지 못하게 되면 존재적 공허함을 느낄 수밖에 없다는 설명이다. 그런데 이상하다. 다들 이미 자기가 하고 싶은 일을 하고 있는데, 왜 이런 말도 안 되는 가정을 했을까? 억지로 여행 가고, 억지로 영화 보고, 억지로 책을 읽는 사람은 없다. 다들 자기가 하고 싶어서 하고 있다. 그런데도 왜 그런 말을 했을까?

하고 싶어서 한 것은 맞다. 하지만 정말로 하고 싶어서 한 것은 아니어서 그렇다. 라캉(Jacques Lacan)의 표현처럼 사람들 대부분은 타자의 욕망을 욕망하고 있는 것이기 때문이다. 그렇다면 우리가 각자 가지고 있는 하고 싶은 일은 도대체 어디에서 온 것일까?

유명한 맛집에 가고, 베스트셀러가 된 책을 읽고, 연예인이 걸치고 나온 옷과 장신구를 따라서 하고 있다. 기업이 '당신의 품격을 높여 줍니다', 라고 광고하는 차를 타고, 친구가 좋다고 말한 장소로 여행을 가고, 회사 동료가 갔다 왔다는 놀이공원에 간다. 이런 식으로 **우리의 선택엔 늘 다른 이들의 선택이 선행되고 있다.** 그리고 그 다른 이의 선택엔 또 다른 이들의 선택이 선행되었을 것이다. 도대체 그 시작점이 어디일까? 거기엔 우리의 상상 이상보다 훨씬 더 많은 기업의 광고나 남몰래 협찬을 받은 블로거, 유튜버들이 존재하고 있다. 물론 그 중에서 정말로 좋았던 곳도 있었을 것이다. 하지만 사실 많은 것들이 그저 "괜찮은" 수준이다. 그렇게 많은 돈과 시간을 쓸 필요까지는 없었다.

처음부터 내가 좋아하는 것이 아니라 남들이 좋아하는 것을 선택했기에 그렇다. 유행을 따르는 삶을 사는 것이다. **유행을 따르는 순간부터 그것은 하고 싶은 일이 아니라 해야 할 일로 바뀐다.** 남들이 여행을 가니 나도 여행을 가야 하고, 남들이 읽으니 나도 읽어야 할 것 같다. 남들이 먹으면 나도 먹어야 할 것 같고, 남들이 사니 나도 사야 할 것 같다. 그렇게 『인생에 있어서 꼭 해야 할 일 100가지』가 만들어진다. 누가 만든지도 모를 위시 리스트가 떠돌아 다닌다.

초식동물들이 포식자로부터 도망칠 때는 한 방향으로 뛴다. 만약 다른 방향으로 뛰었다가는 잡아먹히기 십상이다. 이것이 바로 유행의 정체이다. **우리가 지금도 여전히 사회적 유행을 따르는 이유가 바로 눈에 띄면 죽었던 과거의 습성 때문이다.** 하지만 이것은 과거 두려움의 시대의 생존 방법이었다.

지금은 두려움이 아닌 지루함의 시대이다. 그래서 **남들과 같은 방향이 아닌 다른 방향으로 뛰는 개성의 시대이다.** 얼마나 주변과 같아지느냐가 아니라 얼마나 눈에 띄냐가 훨씬 더 중요하다. 그럼에도 불구하고 많은 사람들은 여전히 유행을 따르는 삶을 살아가고 있다. 스스로 삶을 결정하는 것이 아니라 남들이 가는 방향을 따라서 살고 있는 것이다. 지금은 지루함의 시대를 살아야 하는데 여전히 두려움의 시대를 살아가고 있다.

내가 남들과 다르면 개성이 있다고 느끼는 것이 아니라 유행에 뒤처진다고 느낀다. 내가 틀렸을지도 모른다고 느끼며 불안해한다. 그것이 느껴지면 재빨리 남들과 같은 모습이 되길 바란다. 그 과정 속에서 다른 이들이 옳다고 주장하는 가치를 자신의 것으로 만들어 버린다. 결국 그런 식으로 타자의 욕망이 내 것이 되고 만다. 그렇게 나이를 먹어 가기 때문에 점점 더 존재적 공허함 속에 놓일 수밖에 없다.

이제는 이 흐름에서 한걸음 벗어나 보자. 유행이 아닌 개성을, 두려움이 아닌 지루함을 해결하면서 살아 보자. 자신이 느끼고 있는 지루함을 해결하기 위해서 자신에게 가장 필요한 것이 무엇인지 깊게 생각해 보자. **그것은 돈이 부족해서, 시간이 없어서, 열정이 부족해서 찾지 못하거나 하고 있지 못한 것이 아니다.** 그저 당장 급한 마음에 차분히 바라볼 시간이 없는 것이다. 물론 제법 많은 시간이 필요하겠지만, 그리고 생각보다 찾기 힘들겠지만, 자신에게 딱 맞는 정답은 분명히 존재한다. 우리 모두가 그렇다.

우리들 자신이 지루함 속에 살아간다는 것을 이해한다는 것은 평소 내 생각과 행동을 이해한다는 뜻도 되지만 나와는 너무도 다른 타인의 삶을 이해하는 것에도 아주 큰 도움이 된다. 사실 **우리는 그동안 타인에게서 느껴지는 "다름"에 따른 결 어긋남을 "틀림"에 의한 혐오로 자주 해석해왔다.** 그래서 만약 이것만 조금만 멈출 수 있어도 우리가 타인과 어울림에 있어서 참 많은 것들이 바뀔 수 있다. 그리고 이제 마지막 퍼즐 조각이 남았다. 이제 그것을 찾아 나서자.

3부

우리 안의 〈너와 나〉

6.
따뜻한 이기주의자

아내: 새로 이사 온 옆집 여자 좀 이상한 것 같아.

남편: 왜? 무슨 일이 있어?

아내: 아니, 내가 인사도 할 겸 일주일 전쯤에 집에 있던 떡을 접시에 담아서 줬거든.

남편: 그런데?

아내: 그런데 며칠 전에 낮에 누가 초인종을 누르길래 나가봤더니, 옆집 여자가 뭔가를 가져왔더라고. 내가 준 떡 맛있게 잘 먹었다면서.

남편: 뭘 가져왔는데?

아내: 내가 줬던 떡이랑 똑같은 떡을 가져왔더라고.

남편: 근데 뭐가 이상해?

아내: 아니, 내가 그 떡을 준 이유가 우리 집에서 아무도 그 떡을 먹지 않아서 준거거든.

남편: 그런데?

■ 새로운 선택의 길

'당신은 왜 이렇게 이기적이야?' 지금 방금 누군가로부터 이런 말을 들었다고 생각해 보자. 그 말을 들은 순간 우리의 기분은 어떨까? 아마도 기분이 좀 나쁠 것이다. 평소 '난 원래 나를 위해서만 사는 사람이야', 라고 입버릇처럼 말하고 다니던 사람조차도 그렇다. 스스로 빨간 머리라고 말하고 다니던 빨간 머리 앤도 자신을 빨간 머리라고 하면 불같이 화를 냈다. 원래 **스스로를 이기적인 사람이라고 "여기는 것"과 다른 사람들로부터 그런 "평가를 받는 것"은 전혀 다른 일이다.**

그나저나 우리는 왜 자신이 타인들로부터 이기적인 존재라는 평가를 받게 되면 기분이 나빠지는 것일까? 기계적으로 이기적인 것은 나쁜 것이란 판단 때문일까? 아니면 실제로는 이기적이지만 그것을 남들에게 들키고 싶지 않은 마음 때문일까? 그것도 아니라면 자신이 이타적인 사람이라는, 주변 사람들에게 좋은 평가를 받고 싶은 욕구 때문일까?

이것에 대해 알아가는 과정 중에서 우리는 관계 속에서 일어나게 되는 아주 커다란 갈등 요소의 근거가 되는 '나는 선하고 너는 악하다', 라는 기준점에 대한 조금은 다른 시선을 가질 수 있다. 그리고 이것은 그 동안 오래된 버릇처럼 해왔던 나를 바라보는 시점과 타인을 평가하는 관점에 대한 근본적인 변화를 일으킬 수 있다. 그래서 결국 살아가는 동안 맺게 되는 수많은 관계에서 겪을 수밖에 없는 많은 부정적 감정으로부터 우리 자신을 조금이나마 지켜줄 것이다.

　우리는 흔히 사람들의 행동을 크게 두 가지로 나누는 편이다. 하나는 이기적이라고 평가하고 다른 하나는 이타적이라고 평가한다. 일반적으로 이기적은 것은 욕을 먹는 편이고 이타적인 것은 칭찬을 듣는다. 매우 자연스럽고 당연한 결과이다. 단지 우리가 지금껏 알고 있듯이 이기적인 것은 악한 것이고 이타적인 것은 선한 것이란 믿음은 사실 커다란 착각에 불과하다는 점만 제외하고 말이다. **여기에 숨겨진 진실은, 남들이 이타적일수록 나에게 이득이 되니 당연히 칭찬을 하고, 남들이 이기적일수록 내가 손해를 보게 되니까 욕을 할 수밖에 없다는 점이다.**

　이런 관점에서 보면 우리가 평소 알던 것과 달리 이기적이거나 이타적인 것은 전혀 객관성을 가지고 있지 못하다. 이기적인 것과 이타적인 것을 나누는 기준점은 상대방의 행위 그 자체가 아니라 정확히 내가 처한 입장에 의해서 결정되고 있다. 똑같은 행동도 나한테 이득이면 이타적, 나한테 손해면 이기적이 되고 만다.

　친구가 쓰던 물건을 필요가 없다는 이유로 나에게 줬을 때, 그것이 내가 꼭 갖고 싶었던 것이라면 그 친구는 정말로 "나를 생각해 주는" 이타적인 사람이 된다. 하지만 반대로 나 역시도 그 물건이 필요가 없을 경우라면, 아니 좀 더 심각하게 쓸모 없음을 넘어서 버려야 할 쓰레기에 불과했다면 결국 상대는 "나한테 쓰레기를 버린" 아주 이기적인 나쁜 사람이 되고 만다.

결국 우리는 너의 의도와 상관없이 네가 하는 짓이 우연히 나에게도 좋을 때 그것을 이타적인 것이라고 정의하고, 반대로 우연히 나에게 좋지 않을 때 그것을 이기적이라고 정의한다. **이 표현의 중심은 "나에게 좋은 것"이지, 결코 "너의 의도" 와는 아무런 관련이 없다는 점이다.** 네가 설령 나에게 버렸더라도 그것이 나에게 이득이 된다면 감사하다고 말할 필요는 없어도 상대방을 이기적이라고 손가락질 하지 않는다. 하지만 반대로 상대가 아무리 나를 위해서 했어도 나를 오히려 더 힘들게 한다면 자신도 모르게 '너는 참 나를 몰라도 너무 모르는구나…', 라는 생각과 함께 상대방의 둔함에 대해 한숨만 나오게 된다.

그럼에도 불구하고 우리는 매일『나에게 이득이 되는 것』을 남도 좋아할 것이라고 여기는 착각 속에 살아간다. 그렇기에 상대방에게 "내가 좋아하는 것"을 해 주려고 애쓰고 나서 스스로를 이타적 존재라고 여긴다. 그리고 반대로『나에게 손해가 되는 것』을 남도 싫어할 것이라고 생각하고는 "상대가 원하는 것이라도" 결코 하지 않으려 애쓰며 스스로를 상대방을 잘 배려해 주는 사람이라고 상상한다.

원래 이득과 손해의 판단은 생각보다 사람들마다 꽤나 많이 차이가 난다. 그러다 보니 **우리는 아주 가끔 "나와 잘 맞는" 사람을 만나게 되고 대부분의 경우 나와 "잘 맞지 않는" 사람이라고 느껴지는 사람들을 접하게 된다.** 당연하다. 실제로 원래 맞는다, 안 맞는다는 느낌 자체가 바로 이득과 손해에 대한 판단점이 얼마나 유사한지 여부로 결정되고 있다. 내가 손해를 입을 때 너도 그렇고, 내가 이득을 얻는다고 느낄 때 너도 그렇다면 갈등이 생길 리가 없다. 많은 부부가 성격 차이로 힘들다고 하는데, 이때 흔히 벌어지는 갈등의 원인이 바로 이득과 손해의 관점이 서로 크게 달라서이다. 부부뿐만이 아니라 거의 대부분의 인간 관계에서 이 문제가 반복해서 나타난다.

누군가는 관계가 틀어지는 것이 싫어서 돈을 먼저 쓰고, 또 다른 누군가는 돈을 쓰는 것이 싫어서 관계를 끊기도 한다. 누군가는 신용을 잃는 것이 싫어서 약속을 정확하게 지키고, 또 다른 누군가는 바쁘게 움직이는 것이 싫어서 자주 늦는다. 누군가는 기회를 잃는 것이 싫어서 끝없이 정보를 찾아다니고, 또 다른 누군가는 머리가 복잡해지는 것이 싫어서 가능하면 정보로부터 멀어지려고 한다. 누군가는 외로운 것이 싫어서 끝없이 사람들과 연락을 하고, 또 다른 누군가는 사람들 사이에 있으면 느낄 수밖에 없는 상처가 싫어서 최대한 연락을 안 하고 살기도 한다.

이렇게나 서로 다른데도 불구하고 사람들은 모두 "자신만의 고유한 계산법"을 기준으로 타인의 이득과 손해를 평가한다. 같은 행동을 봤더라도 **내가 보기에 아까우면 상대가 손해를 보면서 그것을 하고 있다고 판단하고, 내가 보기에 아깝지 않으면 상대가 이득을 얻고 있다고 평가한다.** 그러다 보니 내가 보기엔 너무도 명백한 손해로 여겨지는 것을 선택하는 누군가를 보면 그 사람이 온전히 "이타적일 수" 있다고 착각하게 된다. 나는 닭다리를 좋아하는데 누군가 그것을 나에게 양보해 주면 상대를 참 이타적이라고 여기는 것이다. 그 사람은 그저 닭고기를 별로 안 좋아하는 사람일 수 있는데 말이다. 물론 이런 오해는 사소하다. 하지만 어떤 오해들은 우리들의 삶 속에서 생각보다 자주, 그리고 크게 영향력을 끼칠 때가 많다.

많은 사람들을 서로 만나면서 나는 가능하면 "너를 생각해서" 이타적으로 사는데, 너는 틈만 나면 "너만을 위해서" 이기적으로 굴고 있다, 라고 생각하게 되면 어쩔 수 없이 기분이 나빠지고, 갈등하고, 싸울 수밖에 없지 않겠나? **내 머릿속에서 나는 착한 사람이 되고, 너는 나쁜 사람이 된다.** 그러니 평소엔 사소한 갈등만 생겨도 그런 이기적인 행동을 한 나쁜 친구를 비난한다. 그런데 그러던 어느 날 다른 친구가 '너는 왜 그렇게 너만 생각하니?', 라고 하면 너무 깊게 찔리고 만다. 평소에 욕을 했던 것만큼 찔린다. 자신이 갑자기 평소에 그렇게 욕을 해 오던 비난의 대상과 동급이 되었다. 순간적으로 두려움이 몰려온다.

내가 이기적이라고? 그때는 어쩔 수 없었잖아. 하지만 나는 이기적인 존재를 매우 싫어해. 그렇다면 당연히 사람들도 그런 행동을 한 나를 싫어할 거야. 어떻게 하지? 더욱더 노력해서 그들에게 내가 이타적인 존재처럼 보여줘야 할까? 지금도 이미 많이 힘든데 어떻게 더 이타적으로 보일 수 있을까? 답이 없어…. 힘들다. 아, 저기 사람은 원래 이기적인 존재라고 쓰인 책이 있네? 저 책을 읽어 보자. 그래, 내가 이기적인 것이 뭐가 잘못이야? 하지만….

비록 착각이라고 해도 사람이 이타적일 수 있다고 믿는 것은 원래 나쁜 일은 아니다. 오히려 그런 믿음이 우리를 조금 더 따뜻하게 해 줄 수 있을지도 모른다. 하지만 그것에 대해 믿으면 믿을수록 그리고 내가 이타적일 수 있다고 믿거나, 타인이 더 이타적이어야 한다고 생각할수록 우리는 점점 실망하고, 분노하고, 억울하고, 복수하고 싶은 생각에 사로잡힐 가능성도 커진다. 그냥 처음부터 **우리 자신을 "이기적" 존재로 정의하면 생겨나지 않을 불편한 감정들이 "이타적"이라고 믿고 싶어서 생겨나고 있다.**

물론 이 말은 이해가 되면서도 꽤나 큰 반발감도 느껴질 것이다. 인간을 온전히 이기적 존재로만 정의하는 것은 생각보다 기분이 나쁜 일이다. 그리고 역사적으로 보면 실제로 극단적인 이타심을 발휘한 실제예들이 있어왔다. 나는 못하지만 위대한 분들이 행한 대단한 자기희생 같은 것 있잖아, 그것은 어떻게 설명할 건데? 다른 사람을 위한 목숨을 내놓거나 아이를 위한 엄마의 모성애 같은 것들을 어떻게 감당하려고 그런 말을 함부로 하고 있는 거야? 라는 등의 반론도 충분히 할 수 있다. 기왕 말이 얘기 나온 김에 좀 더 깊이 들어가 보자.

■ 목숨보다 소중한 것

지옥과 같은 강제수용소에 갇힌 상태에서도 다른 사람을 위해서 자신의 목숨을 내놓은 신부가 있다. 2차 세계대전 당시 악명 높았던 아우슈비츠에 감금되어 있던 막시밀리언 콜베(Sanctus Maximilianus Maria Kolbe) 신부에 관한 이야기이다.

그곳은 언제나 식량이 절대적으로 부족했던 상황이었지만, 평소에도 자신의 먹을 것을 주변 사람들에게 양보하던 콜베 신부는 수용소에서 탈출을 시도한 사람들에 대한 경고로 열 명의 수감자에게 아사형, 그러니까 굶어 죽이는 처벌을 내린 나치를 향해 자신이 그들 중 한 명을 대신해 처벌을 받겠다고 청원했다. 그 청원은 받아들여졌고, 그는 그렇게 누군가를 대신해 자신의 삶을 마감했다. 그의 그런 숭고한 희생은 훗날 알려져서 교황청에 의해서 성인으로 추대가 된다.

어떤 여자가 오랜 노력 끝에 아이를 가진다. 그런데 그 아이를 가지게 됨으로써 산모는 몹쓸 병에 걸린다. 더군다나 그녀를 진료한 의사들은 치료를 위해서는 어쩔 수 없이 아이를 포기해야만 한다고 한다. 하지만 산모는 단 한 점의 망설임도 없이 그 제안을 거부한다. 내가 살기 위해서 아이를 포기할 수는 없다고 한다. 열 달 동안, 산모는 천천히 죽어가고 엄마의 생명의 힘을 빨아들인 아이는 결국 건강하게 태어난다.

그녀의 선택을 충분히 존중하지만, 인간적인 안타까움 마음으로 그 모든 과정을 지켜봤던 의사들은 아이가 온전히 태어나서 울음을 터뜨리는 순간에 모든 생명활동을 멈춘 엄마에게서 천천히 호흡기를 뗀다. 그 순간만큼은 자신들이 평소 어떤 존재였는지에 상관없이 모두 "모성애"라는 지고지순한 사랑의 힘이 가진 깊은 울림을 느끼게 된다.

구소련의 체르노빌 원전 사고 당시, 붕괴된 노심으로 인해 발생된 고온의 용암과 그 밑에 있는 대규모 물이 만날 경우 엄청난 규모로 폭발할 위험이 있었다. 당시에 사고를 담당했던 전문가들은 그런 일이 일어나면 인류 종말에 가까운 재앙이 일어날 것이라고 예상했다.

결국 누군가는 들어가 수작업으로 물을 빼야 했다. 하지만 강한 방사능이 가득한 그곳에 가는 것 자체가 자살 행위였다. 그런데 그런 위험을 알고도 세 명이 자원을 한다. 그들은 각각 알렉세이 아나넨코, 발레리 베스파로프, 보리스 바라노프이란 이름을 가졌으며, 자신들의 목숨을 걸고 그 일을 해냈다. 그냥 하는 말이 아니라 정말로 그들의 그런 희생이 없었다면 인류사적인 위기를 맞이했을 것이다. 당시엔 정보가 부족하고 각자 관심도 별로 없어서 잘 몰랐지만 체르노빌 원전 사고는 전 지구적인 최악의 사건 중 하나였다.

이런 사례들을 보면 우리 인간에게는 분명히 이타적인 면이 있는 것이 맞다. 하지만 이런 사례를 보고도 여전히 처음 던진 질문은 유효하다. 우리 인간은 정말로 이타적일 수 있을까? 콜베 신부, 아이의 엄마, 세 명의 지원자들과 같은 사람들은 정말로 "이타적"으로 행동한 것일까?

조금 다른 관점에서 보자. 이들은 모두 다른 사람을 위해서 우리 인간이 가장 소중하게 여기는 자신의 목숨을 포기한 사람들이다. 그런데 한 가지 질문이 떠오른다. 과연 우리 인간에게 있어서 자신의 목숨이 가장 소중한 것일까? 정말로 목숨은 그 무엇과도 바꿀 수 없는 것일까?

언뜻 들으면 말도 안 되는 소리 같지만, 좀 더 깊게 생각해 보면 고민해 볼 만한 질문이다. 그렇지 않다는 다수의 실제 예가 존재하기 때문이다. 멀리 있지도 않다. 신문에 매일 나오고 있는 스스로 목숨을 끊는 사람들, 그러니까 자살을 하는 사람들이 바로 그 증거다. 만약 인간에게 있어서 목숨이 가장 중요하다면 자살하는 사람이 결코 나와서는 안 된다. 그들은 자신의 목숨보다 더 중요한 것이 있었기 때문에 자살을 한 것이다. 그것을 얻지 못하니 절망에 빠져 상대적으로 덜 중요한 자신의 목숨을 포기했다는 뜻이다. 원래 눈앞에 닥친 시련은 우리를 포기하게 만들지 않는다. 오히려 극복에 대한 강한 의지를 불러일으켜 단련시킨다. 하지만 미래에 대한 끝없는 절망은 우리를 지치게 만들고 결국엔 삶을 포기하게 만들고 만다.

앞에서 설명했듯 이기적이냐, 이타적이냐를 구분하는 기준점은 바로 이득과 손해에 관한 경계 지점이 될 수밖에 없다. 그런데 무엇이 이득이고 무엇이 손해일까? 이 시점에서 아주 커다란 착각 하나가 생겨나게 된다. 우리들 대부분은 이득과 손해를 오직 물질적인 관점에서만 판별하려고 하는, 아주 깊이 박힌 습성에 사로잡혀 있기에 그렇다. **우리는 누구나 물질적으로 뭔가를 얻었다면 이득이라고 생각하고, 물질적으로 뭔가 잃었다면 손해라고 여기는 오래된 버릇을 가지고 있다.**

원래 인간의 육체는 물질적인 것들 중에서 가장 소중한 것이다. 그러니 다른 사람들을 위해서 자신의 목숨을 희생하는 것은 가장 최악의 물질적 손해가 된다. 결국 그런 행동은 당연히 최고의 이타적 행위라고 평가할 수 있는 것이다. 하지만 우리는 그런 가장 소중한 물질을 스스로 포기하기도 한다. 분명히 무엇인가 목숨보다 더 소중한 것이 있다는 뜻이다. 그것을 위해서라면 자신의 목숨을 포기할 만큼 훨씬 더 중요한 것이 분명히 존재한다. 우리는 목숨과 같은 물질이 아니라 또 다른 어떤 중요한 것으로 이득과 손해를 구분한다. 그것이 과연 무엇일까?

멀리 찾을 것 없다. **바로 "행복"이다.** 우리에게 이득과 손해의 가장 확실한 기준점은 바로 자신이 얼마나 행복할 수 있느냐 여부이다. 그래서 너무 힘들면 죽고 싶은 것이다. 지금 힘든데 이 힘듦이 미래에도 사라지지 않을 것 같으면 그 불안함을 감당하기가 너무 힘들다. 그런 너무도 불행한 삶은 오히려 사는 것보다도 못하다. 자살하는 사람들이 자살을 하는 이유이며, 말기 암에 걸려 고통스러운 사람들이 존엄사를 바라는 이유이다.

비록 인간에 한해서 통용되는 표현이지만, 행복은 목숨보다 훨씬 중요하다. 그러니 우리 인간이 이타적일 수 있는지 여부를 확인하기 위한 기준은 목숨이 아닌 행복이 되어야 한다. 그렇다면 행복이란 도대체 무엇일까?

■ 투자대비 성과

인간이라면 누구나 행복을 원한다. 그냥 원하는 수준이 아니라 정말로 미칠 듯이 원한다. 단지 삶의 커다란 무게로 인해 "더 불행한 것"을 막기 위해서 "덜 불행한 일"을 하다 보니 자신이 행복을 원한다는 사실을 가끔 까먹기는 한다. 하지만 덜 불행한 일을 하는 것도 분명히 행복이다.

쇼핑을 하고, 여행을 하고, 책을 읽고, 영화를 보고, 맛난 것을 먹고, 친구를 만나고, 놀이공원에 가고, 술을 마시고, 데이트를 하는 것도 행복이지만, 보험금을 내고, 차 수리를 하고, 일을 하고, 친척들과 만나고, 청소를 하고, 운동을 하는 것도 결국 행복이라는 뜻이다. 그리고 이런 모든 행복에 관련된 행위들은 우리가 가진 돈, 시간, 에너지라는 소중하고도 한정적인 자산을 소모시킨다. 그러니 하나라도 허투루 쓰면 기대하던 행복은커녕 오히려 불행해지고 만다.

쇼핑을 하면 마음에 드는 제품이 생기고, 여행을 하면 추억이 생긴다. 영화를 보면 재미와 감동을 얻고, 맛난 것을 먹으면 기분 좋은 포만감을 얻을 수 있다. 친구를 만나면 친밀함과 즐거움이 생겨나고, 놀이공원에 가면 신나는 재미를 얻을 수 있으며, 술을 마시면 기분 좋음을 얻고, 데이트를 하면 선물, 추억, 감동, 포만감, 사랑, 재미, 기분 좋음을 모두 얻는다. 모두 행복한 일이다. 그러니 행복에 관해서는 데이트가 최고다. 차 수리, 청소, 운동 등은 하는 중에는 힘들지만 하고 나면 속이 시원하고 기분도 상쾌해진다.

그렇다면 행복이란 원래 이렇게나 다양한 것들의 집합을 의미하는 것일까? 마음에 드는 제품, 돌이켜 생각하면 기분이 좋아지는 기억, 다시 봐도 쓰나미처럼 밀려오는 감동, 입가에 남은 달콤한 맛, 속이 시원한 것이 행복인 것일까? 뭐, 그럴 수도 있겠다. 하지만 이런 모든 것들은 하나의 명백한 공통점을 가지고 있다.

그것은 바로 『만족감』이다. 제품을 샀는데 마음에 들지 않으면 행복은커녕 짜증이 난다. 여행을 갔다가 친구와 싸웠다면 추억은커녕 그곳에서 찍은 사진조차 쳐다보기 싫다. 영화를 봤는데 너무 재미가 없으면 욕을 하면서 중간에 나오게 된다. 햄버거를 맛나게 잘 먹고 있다가 반으로 잘린 바퀴벌레의 시체와, 아무리 찾아도 그 나머지 반쪽을 발견할 수 없었을 때 끔찍해서 토하게 된다. 차 수리를 했는데 바가지를 썼거나, 운동을 하다가 다치게 되면 기분이 많이 나빠진다. 반대로 그것이 무엇이든 상관없이 충분한 만족감을 얻었다면 그것이 바로 행복이다. 그 만족감이 크면 클수록 더 큰 행복을 경험할 수 있다. 그렇다면 이런 만족감은 도대체 어떻게 결정이 될까?

만족감은 아주 단순하게 계산해서, 그것을 얻기 위해서 투자된 돈, 시간, 에너지(노력)의 총량과 그것을 통해 얻은 결과물의 대비를 통해 이뤄진다. 투자 대비 결과가 적을수록 만족감은 줄고, 투자 대비 결과가 풍족하면 만족감은 커진다.

결국 행복은 돈이나 시간과 같은 한정된 자산을 쓰거나, 쇼핑을 하는 행동 그 자체를 통해 생겨난 것이 아니라 그것들을 통해 얻은 것들이 얼마만큼 만족스러우냐에 따른 감정의 총합이다. 당연하다. 우리가 행복하다는 말을 할 때는 '기분이 좋다', '기쁘다', '즐겁다', '재미있다', '흥분된다', '평온하다' 등등의 감정을 느끼는 상태를 표현하지, '돈을 백만 원 썼다, 세 시간 걸렸다, 여행을 하고 있는 중이다' 등으로 표현하지는 않는다. 단지, 상대방의 표정을 보거나 누군가 어떤 일을 하고 있다면 경험상 그 사람이 행복할 것이다, 라고 내 입장에서 판단을 한다. 그런데 결국 이런 어설픈 판단이 상대가 이타적일 수 있다는 착각을 일으키고 만다.

우리는 누군가가 돈을 많이 벌었거나, 돈이 이미 많거나, 인기가 많거나, 좋은 직장을 가졌거나, 예쁜 외모를 가진 사람들을 보면, 그들이 "행복할 것이란" 예상을 한다. 하지만 냉정히 말하면 돈, 인기, 직장, 외모 그 자체가 행복이 될 수는 없다. 오히려 그런 것들이 불행의 원인이 되는 경우도 있을 정도이다.

그렇다. 어떤 조건을 가지고 있거나, 어떤 행동을 하는 것이 행복 그 자체는 아니다. 오직 그것이 만족이라는 보상으로 되돌아올 때 행복을 느낄 수 있다. 이렇듯 행복은 처음부터 끝까지 감정이며, 거의 대부분이 정신적 활동으로 얻어진다. 그러니 우리가 정말로 행복해지려면 믿고 있었던 것과는 달리 물질적 이득이 아닌 반드시 정신적 만족을 얻어야 한다.

하지만 그로 인해서 커다란 문제가 생겨나고 만다. 우리가 누군가의 행동에 있어서 이득과 손해를 결정할 때는 그 사람이 얼마만큼의 정신적 만족을 얻고 있는지 알 방법이 없다는 점이다. 그러니까 우리는 타인의 행복에 대해서 추측만 할 뿐 결코 제대로 알 수 없다. 그런 감정들은 온전히 주관적이라서 그저 내 입장에서 상대방의 말이나 반응을 보고는 대충 유추하는 것만 가능하다. 반대로 물리적인 것들, 그러니까 **그 사람이 투자하고 있는 시간, 돈, 에너지와 같은 한정된 자원들은 얼마만큼 투자하고 있는지 꽤나 자세히 알 수 있다.**

누군가가 최신형 스마트폰을 샀다고 했을 때 가격이 얼마인지는 명확히 알 수 있지만, 그 사람이 그 제품에 대해서 얼마큼 만족하고 있는지 여부는 정확히 알 수 없다는 뜻이다. 단지 상대방의 표정을 보고 유추하거나 그저 **내가 좋은 만큼 상대도 좋아할 것이란 막연한 예상만 한다.** 이런 식으로 누군가 유럽 여행을 하고 있다고 하면 '좋겠다', 라고 여기고, 청소를 하고 있다고 하면 '안됐다', 라고 여긴다. 하지만 정작 당사자는 시댁 식구와 함께 여행 중일 수도 있고, 새 집을 구해서 너무도 기분이 좋게 청소를 하고 있을 수도 있다.

이런 상황인데도 불구하고 우리는 외부적으로 드러나는 상대방의 상태를 보고는 '돈이 아깝다, 시간이 아깝다, 그 노력이 아깝다', 라는 등의 평가를 내리는 일이 너무도 자연스럽다. 내가 그 사람이 아니기 때문에 상대가 어떤 감정들을 느끼는지 알 수는 없으면서도 내가 보기에 영 별로인 것 같다면 상대가 '불행할 것이다', 라고 결론 내고 만다. 심지어 그 사람이 '나는 충분히 행복해요', 라는 말을 해도 그 말을 잘 믿지 않으려고 한다. 만약 자신이 같은 자원을 투자했다면 절대로 느끼지 못할 만족감이기 때문에 사람이 그렇게나 많은 돈, 시간, 에너지를 쓸데없이 낭비했으니 행복할 리가 없다고 여기는 것이다.

어떤 사람이 매주 요양원에 가서 자신의 돈을 써서 봉사활동을 한다는 얘기를 들으면, 그 순간에 그 사람이 얻을 수 있는 정신적 만족감은 전혀 고려되지 않는다. 대신 그 사람이 주말마다 자신의 소중한 시간과 돈 그리고 에너지를 써서 남을 위해 뭔가를 하고 있다는 사실로만 인식이 된다. 그러니 **그런 행동이 남을 위해서 자신의 소중한 자산의 손해를 무릅쓰는, 대단히 "이타적 행위"로 보일 수밖에 없다.**

정말로 그럴까? 아니다. 그 사람은 내 시선이나 혹은 그저 사회 통념상 손해라고 여겨지는 일을 하고 있는 것뿐이다. 하지만 실제로는 정작 본인은 충분히 만족스럽다. 더군다나 그런 삶을 살게 되면 다른 사람들에게 평판도 좋아지니까 남을 돕는 일이 충분히 행복하다면 오히려 안 할 이유가 없다. 그래서 우리가 지금 그런 행동을 하지 않는 이유는 단 하나뿐이다. 우리는 그 사람만큼 만족감을 얻을 수 없기 때문이다. 내 계산식은 그 사람과 다르다. 평범한 우리는 영화를 보고, 여행을 떠나는데 돈과 시간을 쓰면 만족감을 얻는다. 또 다른 누군가는 그것이 여자 팬티를 모으는 것과 같이 변태적인 것일 수도 있다.

누군가 우리에게 돈을 주면 매우 행복해질 것이다. 돈을 통해서 어떤 것을 사 먹을 수도 있고, 어떤 것을 사서 쓸 수도 있고, 가고 싶었던 여행도 갈 수 있으니까. 하지만 이미 돈이 충분히 많은 상태에서도 그럴까? 그때도 그렇게 행복할 수 있을까? 당연히 아니다. 물질적인 이득은 오직 그 물질이 부족할 때만 한정적으로 행복으로 변환된다. 그것이 물질이 가진 명백한 한계이다. 이미 너무 많이 먹어서 배가 터질 지경인데 누군가 칼국수 한 그릇 더 먹어야 한다고 가져오면 그것이 고통이며 불행이 되고 만다.

이렇듯 **행복의 본질 자체가 온전히 정신적인 영역인데 우리는 너무도 오랫동안 물질적 이득을 추구한 탓에, 물질적 이득과 손해 여부만 가지고 이타적인지 이기적인지를 결정하려고 한다.** 그것도 자기 자신은 늘 정신적 만족을 추구하면서 다른 사람들에게는 물질적 이득만을 적용한다. 이것은 아주 잘못되고 오래된 착각인데도 너무 오랫동안 그렇게 살아와서 어떠한 문제의식조차 느끼지 못한다. 하지만 그렇다고 해서 그것이 진실이 될 수는 없다.

■ 주차비는 아깝다

우리가 가장 원하는 것은 "행복"이며, 그것이 우리가 생각하고, 행동하고, 그 결과를 판단하는 모든 기준점이 된다는 사실을 제대로 이해하게 되면, 기존과는 다른 관점에서 세상을 바라볼 수가 있다. 그것을 깨닫는 순간 나를 둘러싼 세계가 재해석된다. 그리고 당연히 이타적인 사람들에 대한 이해도 바뀐다. 누군가를 위해 희생을 했다는 말을 재해석하면, 자신의 정신적인 이득을 얻기 위해서 힘듦, 고생, 수고 등의 물질적인 손해를 감수했다는 뜻이다.

우연히 수용소에서 만난, 사실상 전혀 모르는 사람을 대신해 자신의 소중한 목숨까지 내놓은 신부라고 해도 결국엔 얻은 것이 있다. 정신적 만족이다. 그 만족은 바로 누군가의 고통을 외면하지 않을 수 있는 커다란 사랑과, 설령 그 끝이 죽음이라고 해도 자신이 평소에 믿고 의지했던 신의 뜻에 따를 수 있었다는 평화로움일 것이다. 단지 우리와 같은 보통 사람들은 그런 상황에서 그런 정신적 만족을 얻기가 힘들다. 우리들 대부분은 아마도 그런 감옥에서라면 감자 한 조각이 우리를 훨씬 더 만족시킬 것이다.

자신과 아이 중 둘 중 하나만을 살릴 수 있었을 때 아이를 선택하는 산모는 자신의 목숨보다 소중한 아이를 살릴 수 있을 때가 덜 불행하다. 더 큰 불행과 상대적으로 작은 불행 중 후자를 선택하는 것이다. 하지만 우리는 그저 그녀가 목숨을 포기하는 불행을 선택했다는 사실만 바라보면서 엄마가 자식을 위해 "희생"했다고만 여긴다. 만약 그녀가 아이 대신 자신의 목숨을 지키기로 결정했다면 살 수는 있었겠지만, 평생 동안 그 아이에 대한 생각을 떨치지 못하고 죽음이 다가올수록 오히려 점점 더 자신이 아이를 포기한 것에 대해서 후회를 하게 될지도 모른다.

폭발을 막기 위해서 위험한 방사능으로 가득 찬 공장 안으로 들어간 세 명의 영웅은 적어도 자신은 비겁하지 않았으며, 자신이 맡은 책임을 다했다는 홀가분함과 대의를 위해 희생을 했다는 만족감을 얻을 수 있다. 혹은 자신의 가족이 주변에 있었다면 그들의 가족과 친구의 삶을 지킬 수 있었다는 다행스러움도 느낄 수 있었을 것이다.

이런 식으로 "이타적이란" 착각엔 언제나 물질적 가치에 의한 과도한 평가가 자리 잡고 있다. 그것에 관해서 우리가 가장 흔히 경험하게 되는 현상 하나가 바로 어떤 제품을 살 때 지불해야 하는 가격을 바라보는 눈이다.

사람들은 많이들 "가성비"를 따진다. 가성비는 가격 대비 성능을 뜻하는 줄임말인데, 그러다 보니 가격이 매우 중요한 결정요소로 여겨진다. 하지만 가성비 역시도 만족감이 그것의 본질이다. 어느 수준의 성능을 지닌 제품을 어떤 가격을 지불했느냐에 따라서 만족도가 달라지며, 그 만족도에 따라 가성비가 좋은지 나쁜지가 결정되고 있는 것이다. 그렇기에 각자의 만족감 정도에 따라서 어떤 제품의 가격이 어느 정도가 합리적일지 판단하는 지점은 천차만별이게 된다. 이른 봄에 나온 사만 원짜리 하우스 수박을 보고 어떤 사람은 적당하다고 느끼고, 다른 사람은 누가 저 가격에 먹냐며 혀를 찬다. 한 대에 백만 원이 훌쩍 넘는 스마트폰은 누군가는 엄청나게 비싼 제품이 되고, 누군가는 일 년마다 바꿔 줘야 하는 흔한 제품이 된다.

물론 거기엔 현재 가지고 있는 돈이 얼마나 많으냐 여부가 중요하게 작용한다. 하지만 그것은 비슷한 수준의 만족감을 느낄 때나 중요하지, 만족도 그 자체가 다르면 거의 영향을 끼치지 못한다. 우리의 생각보다 어떤 제품을 싸다 비싸다 느끼는 것은 제품의 가격이나 내가 가진 재산으로 결정되지 않는다. 그것들은 그저 내가 얼마만큼 만족할 수 있느냐 여부로 결정이 된다. 그래서 평소 돈에 벌벌 떠는 사람도 아이를 위해 한 달에 수백만 원의 학원비를 쓸 수 있는 것이고, 돈이 엄청 많은 부자도 조금이라도 더 싼 주유소에서 기름을 넣으려고 하는 것이다.

많은 사람들이 공통적으로 돈을 쓸 때 참 아까운 것들이 있다. 실수로 내지 못한 세금에 붙은 연체료, 주차비, 우산 등이 그 대표적인 예이다. 집에 우산이 가득한데, 갑자기 비가 와서 우산을 사려면 돈이 그리 아깝다. 안 써도 되는 돈을 써야 하기에 그렇다. **돈 자체가 아까운 것이 아니라 그야말로 쓸데없이 돈을 써야 하기 때문이다.** 그런 상황에서는 내가 얼마나 부자인지 여부는 그리 중요하지 않다. 그 누구나 그것이 "안 써도 되는 돈"이라고 여겨지는 순간에는 그것이 무척 아까운 것뿐이다. **여기에서 진짜로 중요한 것은 바로 그 "쓸데없음"이라고 느끼는 기준점이다.** 그 기준점이 내 소비는 이미 감정으로 느껴지기에 괜찮은데 타인의 소비를 평가할 때 매우 큰 문제를 일으킨다. 거기에서 수많은 착각, 오해, 갈등, 비난 등이 일어난다. 그러다가 내가 전혀 만족할 수 없는 제품을 아주 비싼 가격으로 사는 사람을 보면 그야말로 '돈 지랄하네', 라는 말이 절로 나오게 된다.

이 세상엔 수천만 원을 하는 오디오 스피커를 샀다는 사람, 하나에 수백만 원을 하는 카메라 렌즈를 여러 개 샀다는 사람, 그저 타고 다닐 뿐인 자전거를 천만 원 주고 샀다는 사람, 가방일 뿐인데 명품이란 이유로 수천만 원 지불한 사람 등등, 보통 사람들의 생각엔 도대체 이해가 안 가는 소비를 하는 사람들이 존재한다. 물론 한편으로는 자기 돈이니 돈만 많다면 그럴 수 있다는 생각이 들긴 하지만, 그래도 너무 쓸데없이 돈을 쓴다는 느낌을 완전히 벗어날 수는 없다. 하지만 냉정히 따져 보자. 우리는 도대체 그런 소비를 하는 사람들의 마음속에서 이뤄지는 정신적 만족에 대해서 얼만큼 알고 있을까?

그럼에도 그것이 마음에 들지 않는 사람들은 '그 돈이면 아프리카에

배 곯는 사람들을 수천 명 먹일 수 있겠네', 라고 말하고 있다. 왜 그런 말들을 할까? 정말로 아프리카에 이름도 모르는 누군가가 곯고 있는 것에 관심이 있어서 그럴까? 아니다. 비난하고 싶은데 딱히 비난을 할 근거가 없어서 그렇다. 평소에 아프리카에 사는 사람들에게 아무런 관심도 없었으면서 그렇게 말한다. 그렇게 말해야 사람들이 자신의 비난에 동의해 주기 때문이다.

이 시점에서 한가지 따져 보자. 우리는 그런 소비를 하는 사람과 달리 언제나 아무런 낭비가 없는 소비를 하고 있는 것일까? 내가 즐겨 먹는 5천 원짜리 국밥을 보고 그런 음식을 왜 돈 주고 먹냐며, 자신은 돈을 줘도 안 먹겠다고 질겁하는 사람들을 보면 무슨 말을 할 수 있을까? 그나마 한 끼에 5천 원이면 정말로 싼 것 아니냐는 항변을 할 수는 있을지 모르겠다. 또한 얼마나 맛이 있는지 아냐고, 당신도 먹어 보면 알 것이라고 설득하려고 할지도 모르겠다. 하지만 상대가 자신은 오만 원을 받아도 먹지 않겠다고 말한다면 그때는 뭐라고 할 것인가? 그것이 수천만 원짜리 스피커에 대한 비난과 뭐가 다를까?

이 세상엔 돈지랄은 없다. 물론 당사자가 순간적인 충동으로 돈을 잘못 쓰면 스스로에 대해 그런 후회는 할 수 있다. 하지만 타인이 쓴 돈에 대해서는 - 스스로 인정하지 않는 한 - 돈지랄은 존재할 수 없는 것이다. **그 사람은 내가 아니다. 그 사람 역시도 나하고는 다르다.** 그럼에도 우리는 끝없이 자신을 기준으로 상대를 본다. 그리고 그 결과를 가지고 이득과 손해를 계산한다. 그것들을 기준으로 이기적이냐 이타적이냐를 결정한다. 그리고 한 가지 기준점이 더 존재한다.

■ 지금이냐 나중이냐, 그것이 문제로다

당신은 지금 기분이 들떠있다. 몇 달간 기다려오던 여행을 떠나기 직전이다. 친한 친구들과 해외여행을 가기로 한 것이다. 비록 4박 5일간의 짧은 일정이지만, 평소 늘 가고 싶었던 프라하는 아닌 가까운 동남아지만, 친구들과 여행을 떠나 본적이 너무도 오래전이라서 그 기대감으로 인해 한껏 흥분되어 있다.

친구들과 그동안 못다 한 얘기도 하고, 스파도 하고, 마사지도 받을 것이다. 뜨거운 태양 아래에서 선탠도 해 보고 바다에서 해볼 수 있는 각종 즐거운 놀이들도 잔뜩 할 계획이다. 그동안 아이들은 남편이 봐주기로 했다. 그동안 20년 봉사했으니 이번 한 번만 그렇게 해 달라고 했다. 남편은 입이 튀어나왔지만 새로 나온 게임기를 사준다는 약속에 고개를 끄덕였다. 아! 즐거운 인생이여~

그런데 여행을 떠나기 며칠 전 절친에게서 연락이 왔다. 이번 여행은 함께 하지 않는 친구였다. 이 친구는 당신과는 달리 사정상 아직 결혼을 하지 못했고 여전히 엄마랑 단 둘이 살고 있다. 그런데 엄마가 쓰러지셨단다. 전화 속 친구는 침착한 평소 성격과는 달리 너무 놀라고 당황해서 말도 제대로 하지 못하고 흐느끼기만 했다. 이 세상에 유일한 가족, 그런 사람이 지금 생사의 기로에 서 있는 것이다.

그 친구에게는 지금 인생의 그 어떤 순간보다 당신이 필요했다. 하지만 당신은 곧 여행을 떠나야 한다. 꼭 가고 싶은 여행이기도 하고, 정말로 오랜만에 가는 여행이기도 했다. 그럼에도 그냥 떠나려니 마음 한 구석이 묵직하다. 친구의 불행을 여행 때문에 외면하는 것은 쉽지가 않다. 아무리 가고 싶었다고 해도.

하룻밤을 꼬박 새워 고민하고는 같이 여행을 떠나기로 했던 친구들에게 이번엔 함께 가지 못할 것 같다고 사정을 구했다. 친구들은 몹시 아쉬워하지만 그래도 다행히 이해해 주고 이번엔 자기들끼리 다녀올 테니 다음에 꼭 함께 가자고 신신당부했다. 참 좋은 친구들이다.

여행을 취소하고 나니 갑자기 마음이 바빠진다. 어차피 아이들은 남편이 돌봐 주기로 했으니 이번엔 힘든 친구를 위해 모든 시간을 쓰기로 마음을 먹었다. 일단 친구가 좋아하는 음식을 열심히 만들어 바리바리 싼 후 병원으로 갔다. 당신이 올 것이라고 전혀 예상하지 못했던 친구는 깜짝 놀란다. 정말로 고마워하면서 자신 때문에 여행을 취소한 것에 대해서 무척 미안해한다.

당신은 씩 웃으며 괜찮다고 한다. 물론 속마음은 당연히 아쉽긴 하다. 그래도 결정하고 나니, 그리고 병원에 와서 고마워하는 친구의 모습을 보고 있으니 새삼스럽게 이렇게 하기로 한 것이 잘했다는 생각이 든다.

처음엔 울기만 하던 친구 얼굴에 조금씩 웃음이 되살아났다. 다행히 친구 어머니도 위험한 고비를 넘기고 점점 좋아지고 있다. 며칠이 지난 후 친구는 당신에게 말했다. 정말로 고맙다고, 그리고 너의 그 따뜻한 마음을 평생 잊지 않을 것이라고 말한다. 당신은 너도 그랬을 것이라며, 별 것 아니라고 손사래를 치지만 당신 역시도 마음 깊은 한구석에 뜨거운 무엇인가가 올라왔다. 동남아 여행 중 들어갔을 뜨거운 스파보다도 더한 따뜻함이다. 둘은 서로를 깊게 안아 준다.

이 이야기는 아마도 이타적인 행동의 정답과도 같은 예가 될 것이다. 당신은 즐거운 여행을 포기하고 친구를 위해서 이타적으로 행동했다. 그래서 결국 친구에게 큰 도움을 주었고 당신도 친구에게 도움이 되었기에 기분이 좋았다. 친구를 도울 수 있었기에 "정신적으로 만족한" 것이다.

그런데 당신은 왜 정신적으로 만족하게 되었을까? 당연히 그래야 하는 것이지만, 문득 그것이 궁금해진다. **도대체 어려운 처지의 친구를 돕게 되면 왜 정신적으로 만족을 하게 될까?** 모든 만족이 이득을 얻는 것을 기반으로 하고 있으니, 그런 종류의 정신적인 만족은 어떤 이득을 얻고 있는 상황인 것일까? 이 질문의 답을 찾으려면 이득은 크게 두 가지 시점에서 생겨난다는 점을 잘 이해해야 한다.

하나는 단기적 시점의 이득이다. 그것은 당장 눈앞에 있는 아이스크림을 먹는 것이며, 친구들과 여행을 떠나는 일이다. **다른 하나는 장기적 시점의 이득이다.** 당장 아이스크림을 먹고 싶어도 미래의 멋진 몸매를 위해서 참는 것이며, 엄마가 쓰러져서 힘든 친구를 돕기 위해서 병원에 가는 일이다.

우리가 하는 어떤 행동이 장단기적으로 모두 행복에 도움이 된다면 가장 좋겠지만, 생각보다 그런 일은 거의 없다. 대부분의 경우 **단기적 행복은 장기적인 불행이 되기 쉽고, 대부분의 장기적 행복은 단기적으로는 불행하기 마련이다.** 오늘 하루 잘 놀면 행복하지만 그것이 쌓이면 결국 성적이 나빠져서 이후 삶 자체가 불행해질 수 있다. 오늘 내는 보험료는 돈이 아깝지만 미래에 어느 날 몸이 많이 아프거나 집에 불이 나게 된다면 그때는 얼마나 다행스러운 일이 될까?

　당신은 단기적 이득인 여행을 취소함으로써 친구의 마음을 얻은, 장기적으로 이득을 얻을 기회를 얻었다. 아마도 그 친구는 당신의 도움을 평생 잊지 않을 것이다. 그래서 훗날 당신이 힘들 때 당신에게 큰 도움을 줄 수도 있다. 한 번으로 끝나는 것도 아니고 여러 번 도움을 받을지도 모른다. 어떤 면에서는 진정한 이득이다. 그러니 가능하다면 단기적 이득을 추구하는 것보다 장기적 관점에서 이득을 추구하는 편이 좋다. 하지만 장기적 이득에는 치명적인 단점이 하나 있다. 그것은 바로 그 이득은 결코 확실하지 않다는 점이다.

　당신이 여행까지 취소하면서 도움을 준 친구가, 나중에 당신이 힘들 때 정말로 당신을 도울까? 오늘 아이스크림을 먹지 않았다가 일주일 후에 죽게 되면 무슨 소용일까? 미래는 어떻게 될지 모르기 때문에 장기적 이득을 추구하는 것은 늘 현명한 것은 아니게 된다. 그러니 어떤 경우엔 오히려 단기적 이득이 훨씬 더 나을 수도 있다. 그러다 보니 보통 많은 사람들이 그냥 계획대로 여행을 떠난다. 지금 친구를 위해 여행을 취소한다고 해서 그 친구도 나중에 자신을 위해 그렇게 해 줄 보장 같은 것은 없으며, 여행을 취소하게 되면 같이 가기로 했던 또 다른 친구들에 대한 배신도 된다. 더군다나 취소한다고 해서 이미 들어간 비용을 되돌려 받기도 쉽지 않다. 그러니 그냥 떠나는 편이 더 낫다.

■ 『네』가 살아야 『내』가 산다

　우리들은 선택의 순간들마다 미리 감정적으로 결정이 된다. 물론 우리는 그때마다 이성적으로 선택했다고 믿고 싶어 하지만, 사실 이성은 이미 감정적으로 선택된 것들을 해석하는 역할만 한다. 달리기가 건강에 좋아서 선택했다고 하지만 사실 달리는 것이 기분이 좋거나, 어디에서 건강에 좋다는 말을 들어서 귀가 솔깃했기 때문이다. 이미 끌린 것이다.

그런데 우리들 대부분은 이성이 감정의 선택을 해석하는 순간 **사람마다 '무엇이 더 이득인가?' 에 대해서 기준점이 다르다는 점과, 같은 사람이라고 해도 '지금 당장의 이득과 미래의 이득 중 어떤 것을 선택할 것인가'에 따른 상황적 차이가 있다는 점을 그다지 고려하지 못한다.** 그러다 보니 내 돈을 거지에게 줬다면 그것은 나에겐 손해이지만 거지에겐 이득이니 이타적인 행동으로 판단하고, 내가 거지의 돈을 뺏었다면 나에겐 이득이고 거지에겐 손해이니 이기적인 행동으로 판단한다.

불쌍한 이를 돕는 것이 나에게 더 이득이었기에 거지에게 돈을 줬다는 것과, 거지의 돈으로라도 맛난 음식을 사 먹는 것이 더 이득이었기에 돈을 뺏었다는 진실을 고려하지 않는 것이다. 거지에게 돈을 줬다면 돈은 잃었지만 남을 도왔다는 만족감을 얻었고, 거지의 돈을 뺏었다면 돈은 얻었지만 미래에 체포되어 감옥에 가게 되거나 혹은 그런 모습을 아는 사람이 봤다면 평판이 크게 하락할 위험에 노출된 것이다.

미국의 사회생물학 교수인 로버트 트리버스(Robert Trivers)는 '네가 내 등을 긁어 주면 다음에 나도 네 등을 긁어 주마', 라는 문구를 통해 우리가 알고 있던 이타주의의 개념과는 조금 다른, 상호 이득의 교환을 기반으로 한『호혜적 이타주의』라는 용어를 새롭게 제시했다. 이것은 한쪽만 일방적으로 손해 보고 끝나는, 우리가 알고 있던 의미의 이타주의와 구분하기 위한 용어이다. 하지만 이런 분류는 처음부터 할 필요가 없다. 왜냐하면 모든 이타주의는 결국엔 이득을 주고받는 상호적 이타주의일 수밖에 없기 때문이다. 단지 이득에 관한 관점과 이득이 실제로 일어나는 시점의 차이일 뿐이다.

사람들은 그 어떤 경우에도 손해를 거부한다. 단지 여기에서 손해는 오직 만족감에만 관련되어 있다. 다들 돈을 잃은 것이 손해라고 하지만 진짜 손해는 돈을 잃은 것이 아니다. 기분이 좋다면 돈쯤은 얼마든지 손해 볼 수 있는 것이 바로 우리들이다. 친구들에게 술을 사거나, 지나가던 처음 보는 거지에게조차 호주머니를 뒤져서 돈을 주는 것은 분명히 돈을 잃는 것이지만 기분이 좋아질 수 있기 때문에 얼마든지 감당한다.

그럼에도 불구하고 많은 사람들이 여전히 인간은 이기적이기도 하지만, 깊은 내면엔 서로를 보살피고 공감해 주는 순수하고 선한 본성이 있다고 믿고 싶어 한다. 그래서 누군가 길에서 아이를 낳을 것 같은 상황이 되면 다들 나서서 도우며, 그 산모가 아이를 순산하면 마치 자신이 아이를 낳은 것처럼 행복해한다. 하지만 정말로 이런 행동들이 순수한 것일까? 아니다. 누가 봐도 이타적으로 보이는 행동조차도 결국엔 나를 위해서 이뤄진다.

그런 일들은 **네가 살아야 내가 살 수 있는, 『동업자 정신』이 우리의 유전자에 깊게 새겨져 있기에 일어나는 현상이다.** 이것은 수백만 년을 이어 온 공동체 생활을 통해 체득한 정말로 중요한 생존본능 중 하나이다. 우리는 하나보다는 둘이, 둘보다는 셋이 있을 때 조금이라도 더 안전해지며 생존 가능성도 매우 높게 상승한다.

《이기적 유전자》를 쓴 리처드 도킨스(Clinton Richard Dawkins)는 책을 통해 문화적 유전자, 즉 밈(meme)이란 용어를 소개했다. 그는 인간의 유전자가 자신을 복제시키는 본능을 가졌듯 한 지역을 지배하고 있는 문화도 마치 유전자처럼 그 자신을 복제하려는 본능을 가졌다고 설명했다. 물론 이것이 주류 학계에서 완전히 인정받은 학설은 아니지만 여기에서 주의 깊게 봐야 할 것은 바로 문화가 가장 복제하고 싶어 하는 것이 과연 무엇일까에 대한 것이다.

사실 거의 대부분의 나라엔 외국인에 대한 거부감이 존재하는데 우리나라 역시도 마찬가지다. 그리고 보통은 그 원인을 나와 다른 외모나 어눌한 언어의 문제로 인식한다. 하지만 잘 따져 보자. 정말로 외모나 어색한 한국말 때문에 그들에 대한 거부감을 느끼는 것일까? 아니다. 우리가 그들에게 반발감을 느끼는 것은 그저 **상식의 차이, 당연함의 차이, 손익계산식의 차이, 종교의 차이이다.** 그리고 이것들을 하나로 통합하면 바로 문화의 차이가 된다.

그래서 한국말은 어눌하고 외모도 우리와 너무도 다르게 생겼지만 뜨끈한 국밥을 좋아하고, 설날 세배를 하고, 좋은 일이 있다는 이유로 한턱 쏠 수 있고, 한국 노래를 흥얼거리는 외국인이 있다면 우리는 외모나 한국어의 서투름 쯤은 아무 것도 아닌 듯 그를 금세 한국인처럼 대할 수 있다. 상대에 대한 문화적 신뢰가 생기는 것이다. 좀 더 명확히 표현하면, 내가 너에게 뭔가를 해 줬을 때 다른 한국인들처럼 미래에 대한 어떤 이득을 기대할 수 있게 된 것이다. 결국 최종적으로 대한민국이란 공동체의 일원으로서 받아들여지는 것이다. **결국 우리는 외국인을 볼 때 외모와 같은 신체 유전자의 차이보다 오히려 문화 유전자의 차이에 더 큰 거부감을 느끼고 있는 것이다.** 그래서 이것만 얼추 맞는 느낌이 나면 상대방을 언제든 함께 하는 것이 훨씬 더 유리한 사람, 즉 동업자로 인식할 수 있다.

단지 지금은 그러기엔 사람이 너무 많다. 세상은 훨씬 더 안전해졌고 가지고 싶은 것은 더 늘어났다. 내 등을 지켜 줄 사람은 덜 필요해졌고 나와 같은 것들 두고 경쟁하는 사람은 늘어난 것이다. 그러니 지금 내 옆에 있는 사람은 있어야 유리한 동업자가 아니라 없는 것이 나은 경쟁자로 느껴질 때가 대부분이다. 하지만 지금이라도 치명적인 전염병이 세상을 지배하거나 영화 속 장면들처럼 좀비들로 가득 찬 정말로 소수의 사람들만 살아남은 환경이라면 금세 예전의 동업자로 돌아갈 것이다. 그때가 오면 우리는 문득 깨닫는다. 네가 살아 있어야 나도 살 수 있음을 말이다.

우리 사회가 아이를 소중하게 지키려는 것도 마찬가지 이유이다. 만약 아이가 단 한 명도 없는 사회라면, 도대체 지금을 살아가는 우리가 왜 계속 살아가야 할까? 물론 사는 것 자체는 할 수 있다. 하지만 결국 다 죽고 아무도 남지 않을 세상에서 내가 힘들 때 왜 계속 살아가야 할까? 이것이 바로 우리가 사회적으로 아이들을 보호해야 하는 진짜 이유이다. 거기엔 내 아이이거나 남의 아이를 따질 필요가 없다. **언젠가**

죽고 사라질 현 세대를 이어서 미래를 이어 나갈 존재의 필요성은 상상도 못할 정도로 중요하다. 단지 우리는 매일 흔하게 아이들을 보기 때문에, 어떨 땐 너무 많아서 짜증을 느끼기 때문에 그것에 대한 생각을 단 한 번도 못했을 뿐이다.

이런 식으로 타인의 존재는 현재의 내 생존에 도움이 되며, 내가 겪고 있는 역경으로부터 포기하지 않고 '힘든데 도대체 왜 계속 살아야 하지?' 하는 머릿속 의문을 없애 줄 수 있기 때문에 특별히 정신적으로 문제가 생기지 않은 사람들 대부분은 본능적으로 남을 도우려고 한다. 하지만 그 한계점은 명확하다. **그 본능은 누군가가 내 삶에 도움이 되거나 최소한 방해는 하지 않을 때까지만 유효하기 때문이다.** 반대로 다른 사람으로 인해서 목숨이 위험한 상황에 놓이면 그 즉시 제거되어야 할 대상이 된다. 심지어 그 대상이 아이라도 그렇다.

네가 내 삶에 방해가 된다고 판단되는 순간 갈등이 생겨나고, 그 갈등이 다수 대 다수로 번지는 순간 전쟁까지도 일어나게 된다. 내 이득을 얻기 위해서나 혹은 지키기 위해서 누군가를 죽여서라도 없애려고 하는 것, 이것이 바로 전쟁의 본질인 것이다. 물론 전쟁터조차도 가능하다면 아이는 죽이려고 하지 않는다. 그렇지만 그 아이가 폭탄을 몸에 두르고 자살 공격을 감행한다면 그 얘기는 달라진다. 슬프지만, 그때는 내가 살기 위해서라도 아이도 죽여야 할 수밖에 없다.

하지만 우리는 가끔 전혀 모르는 거지에게 돈을 적선하기도 한다. 아무리 같은 공동체 속에 있다고 쳐도 그 거지가 미래의 우리에게 뭔가 이득이 될 가능성은 사실상 전혀 없는데도 말이다. 그러면 혹시 이런 행동은 온전히 이타적이 행동이 되지는 않을까? 뭐, 그렇게 생각할 수도 있다. 하지만 한 가지 상황을 생각해 보면 금세 이해가 간다.

며칠은 굶은 듯해 보이고 추운 날씨에 거리의 찬 바닥에 앉아 있으니 불쌍해 보여서 당신은 손에 만 원짜리를 들고 거지에게 그것을 주기 위해서 다가가고 있다. 그런데 갑자기 그 거지가 일어나더니 당신 손에 든 만 원짜리를 잽싸게 낚아채서 달아나 버렸다. 이런 상황에 놓이게 되면 당신은 어떤 기분이 들까? 어떤 경로를 통했든 결국 불쌍한 거지를 도왔으니 여전히 기분이 좋을까? 아니면 도둑놈에게 도둑질을 당한 기분이 들까? 아마 당신이 아주 선한 사람이라면, 어떤 경로를 통해서든 불쌍한 거지에게 만 원을 건넸으니 괜찮다고 생각할 수 있다. 하지만 당신이 거지에게 직접 돈을 주고 그의 고마워하는 눈빛을 보았을 때만큼 기분이 좋을 수는 없다. 더군다나 우리들 대부분은 그렇게까지 착하진 못하다. 그래서 경찰에 거지를 도둑으로 신고할지도 모른다.

《레미제라블》에 나오는 장발장이 은식기를 훔쳐 달아난 후 경찰에게 잡혀 왔을 때 신부는 자신이 준 것이라고 하면서 은촛대까지 추가로 내어 준다. 이 일을 계기로 장발장은 개과천선을 하게 되어 소설은 아름답게 이어지지만, 만약 이때 장발장이 '이 교회 목사는 정말 호구구나', 라는 생각을 하면서 그 교회를 반복적으로 도둑질했다면, 신부는 도대체 언제까지 은촛대를 내어 줄 수 있을까? 언젠가는 '제발 그만 좀 해 미친놈아!', 라고 소리치면서 들고 있던 은촛대로 장발장을 때렸을지도 모른다.

■ 선과 악은 없다

우리는 대체적으로 이기적인 사람은 나쁜 사람, 이타적인 사람은 좋은 사람이라는 식의, 이분법적인 선과 악이라는 관점에서 그것을 바라보는 것에 익숙하다. 그리고 실제로 과거로부터 사람의 본성이 과연 이기적인지 아니면 이타적인지에 대한 많은 설전도 있어왔다. 그것이 바로 그 유명한 성선설과 선악설의 오래된 충돌이다.

법가사상으로 유명한 중국의 철학자 순자는 인간의 본성은 원래 나쁜 존재이니 법으로 강하게 다스려야 한다며 성악설을 주장했고, 공자의 뒤를 이은 맹자는 유가 사상에 따라서 인간의 본성은 원래 선하기 때문에 언제라도 교화시킬 수 있다며 성선설을 주장했다.

서양에서도 영국의 정치 철학자 토머스 홉스(Thomas Hobbes)는, 『만인에 의한 만인의 투쟁』이라는 표현을 통해 인간사회 자체를 이기적 본성의 끝없는 충돌 현장이라고 정의했다. 반면에 인간은 본래 선한 존재라고 주장한 자연주의 철학자 루소(Jean-Jacques Rousseau)도 있었다. 그는 인간의 본성은 선한데 사회라는 조직에 묶여서 사악하게 변하게 된다고 주장했다. 처음 들으면 이상한 말 같지만 생각해 보면 나름대로 일리는 있다. 도둑들이 교도소에 가면 교화되어 나오는 경우보다는 오히려 어떻게 하면 빈집을 더 잘 털 수 있는가를 배우고 나오니까 말이다. 그렇다면 인간의 본성은 이기적이며 악한 것일까? 아니면 이타적이며 선한 것일까? 과연 어떤 설명이 진실일까?

오래전 과거엔 그런 질문들이 나름대로 의미가 있었겠지만, 지금껏 진행된 사람의 본성에 대한 다양한 관점의 연구결과에 의하면 이런 질문은 그냥 무의미하다. 왜냐하면 사람은 처음부터 나쁘지도 않고 좋지도 않기 때문이다. 이것을 성악 성선설이라고 한다.

우리가 그런 존재인 이유는 단순하다. 우리는 그저 잘 살고 싶어 할 뿐이다. 그래서 잘 살기 위해서 최대한 자신에게 이득이 되는 일을 선택하고 행동한다. 그런데 그 일이 우연히 옆에 있던 사람들에게나 속한 공동체에 도움이 되면 우리는 그것을 『선』으로 규정하고 반대로 그것이 우연히 주변에 손해를 끼치면 『악』으로 평가된다.

내가 아픈 친구를 위해 인맥을 총동원해 유명한 의사의 수술을 빨리 받을 수 있게 해 준 것은 그 친구 입장에서는 분명히 이타적이고 선한 행동이라고도 할 수 있지만, 그 사실을 알게 된 같은 수술을 받아야 하는 다른 환자들도 거기에 온전히 동의를 할까? 아닐 것이다. 그 의사에게 수술을 받으려고 일 년을 넘게 기다려왔던 환자 한 명은 당신을 "악마"라고 부를 수도 있다.

영화 《이웃사람》 한 장면처럼 조폭이 누군가를 때리면 악한 것이지만 사실 맞고 있는 존재가 연쇄 살인범이었고, 당시 아무 잘못도 없는 누군가를 죽이려고 했던 순간이라면 그것은 선한 것이 된다. 길거리 거지에게 돈을 주면서 동정을 베푸는 일이나 길고양이에게 밥을 주는 행동은 언뜻 선한 일로 보여질 수도 있지만, 자꾸 거지나 고양이가 모여들어서 더럽고 냄새가 나는 문제로 인해 골치가 아픈 주변 사람들에겐 절로 욕이 나오는 악한 일이 될 수도 있다.

이런 식으로 서로의 입장에 따라 선악이 판단되는 상황들은 우리가 속한 사회 속에서 매 순간 수 없이 많이 발생하기 있기 때문에 자신의 입장을 근거로 선하고 이타적이거나 악하고 이기적으로 평가하는 것은 있을 수는 있는 일이지만 그렇다고 해서 그것이 옳을 수는 없다. 우리는 그저 늘 내 이득과 손해의 입장에 따라 상대적인 판단만 할 수 있을 뿐이다.

그러다 보니 착한 남자랑 사는 여자가 그리 속이 터지는 것이다. 원래 **착하다는 것은 남들에게 이득이 되는 행동을 자주 하는 사람이란 뜻이다.** 다르게 표현하면 타인의 눈에는 손해를 자주 보는 사람이다. 하지만 그렇다고 해서 남자 본인이 손해를 보고 있는 것은 아니다. 오히려 남자는 그런 행동이 자신에게 이득이라고 느낀다. 사람들과 부딪히거나 관계가 틀어지는 것이 제일 견디기 힘든 일이기 때문에 그냥 차라리 돈과 같은 다른 것들을 손해를 보고 마는 것이다. 여기까지는 별 문제가 없지만 옆에서 덩달아 그 손해를 같이 감당하고 있어야 하는 여자에게는 그렇지 않다.

여자 입장에서 보면 남들에게 베푸는 남자는 끝없이 돈만 날려 먹는 호구로만 보인다. 그러다 보니 끝없이 잔소리를 하지만 남자 입장에서 보면 분명히 자신은 자신에게 이득이 되는 행동을 하는데 여자가 왜 저렇게 발작을 하는지 이해가 되지 않을 뿐이다. 저렇게 인정없이 살다 보면 언젠가 큰일을 겪게 될 것이라고 말은 못하고 속으로 생각만 한다.

사람은 그 어떤 순간에서도 완전히 자신의 손해를 감수하고 타인을 위해서 뭔가를 할 수는 없다는 사실에 오랜 시간을 고민해 왔던 철학자 칸트(Immanuel Kant)는 결국 선에 대해서 다음과 같이 정의하게 된다.

여기에서 순수 이성은 인간의 경험과 감정 등을 배재한 선천적 인식 능력을 뜻하고, 실천 이성은 오직 도덕을 보편타당하게 해 주는 도덕적 이성을 뜻한다. 언뜻 들어서는 잘 이해가 되지 않는 칸트의 이 말을 아주 단순히 일차원적으로 표현하면, 모든 감정을 배제하고 오직 이성적으로만 옳고 그름을 판단하여 행할 때만 진정한 선이 될 수 있다는 뜻이다. 누군가를 도와야 한다면 그것이 나에게 손해냐 이득이냐를 따지지 말고, 돕고 나서 얻을 수 있는 정신적 만족도 기대하지도 말며, 온전히 내 행동이 옳으냐 그르냐 여부만 이성적 관점에서 논리적으로만 판단해 도울 때만 유일하게 선으로 규정될 수 있다는 뜻이다.

사실 이 표현은 처음부터 말이 안 된다. 인간에게서 있어서 감정을 배제하면 도대체 뭐가 남겠는가? 진정한 선은 행할 수 있을지 모르지만 그런 존재는 더 이상 인간으로 분류할 수 없다. 설령 그럴 수 있는 존재가 있더라도 우리는 그 사람을 더 이상 인간으로 보지 않게 된다. 완벽히 이성적으로 논리적인 존재, 그것이야말로 로봇이나 인공지능에 대한 정의가 아닐까? 우리는 평소 우리와 똑같은 외모나 지적 능력을 가진 로봇을 보더라도 오직 감정이 없다는 이유로 인해서 철저하게 인간과 다른 존재라고 분류한다. 우리는 늘 최대한 이성적으로 결정하려고 노력하긴 하지만 인간은 원래 그 자체가 감정이며, 감정만이 유일한 인간의 증거임을 잊어서는 안 된다. 결국 칸트가 정의한 진정한 선은 결국 이론에서만 존재할 수 있는 선이 되고 만다.

타인을 위해 숭고한 희생을 했던 콜베 신부나 아이 엄마 그리고 체르노빌의 세 명의 영웅들 역시 그런 행동들을 이성적으로 판단해서 한 것이 아니다. 그들의 마음속에 일어난 수많은 감정들 중에서 자신의 목숨을 포기할 수 있을 정도로 강렬한 감정들, 그러니까 누군가에 대한 자비심이나 안타까움 혹은 아이의 죽음이나 인류의 멸망과 같은, 자신의 생명을 잃는 것보다도 더 큰 두려움으로 인해 그런 선택을 할 수 있었던 것이다. 결코 처음부터 그런 행동들이 옳다고 믿어서 그렇게 한 것이 아니란 뜻이다. 설령 옳다고 믿어서 행동했다고 해도, 자신이 옳은 행동을 했다는 "만족감"이라는 감정적 보상이 없었다면 결코 그런 식으로 행동하지 않았을 것이다.

우리의 착각과 달리 우리 머릿속 안에서 매일 모든 선택의 상황에서 최종 판단을 결정하고 있는 판사는 이성이 아닌 감정이다. 이성은 상황에 따라서 검사의 역할이나 변호사의 역할은 할 수 있을지 몰라도 결국 재판을 주관하고 있는 판사를 이겨낼 수 없다. **판사의 역할은 오직 감정만이 가능하다.**

■ 비난보다는 손절이다

지금껏 이야기를 통해 사람은 원래 이기적이며, 선과 악과 같은 도덕적 판단기준조차도 사실 각자의 입장에 따라서 상대적일 뿐이란 점에 대해서 충분히 이해를 했다. 그러니 꼭 《이기적 유전자》와 같은 책을 읽지 않아도 우리 인간이 원래 이기적 존재라는 점은 누구나 인정할 수 있다. 그런데 이 시점에서 한 가지 의문이 떠오른다.

좋은 질문이다. 이 세상이 이타주의자들이 많은, 마음이 따뜻한 곳이라고 믿는 것이 행복한 삶을 사는 것에는 훨씬 더 도움이 될 것은 확실하다. 그런데도 왜 자꾸 사람들은 원래 이기적인 존재일 뿐이라고 당신을 설득하려고 했던 것일까? 그 이유는 역설적이게도, 믿고 있는 것과는 달리 내가, 네가, 우리가 원래 이기적인 존재인 것을 알면 알수록 우리가 조금 더 행복해질 가능성이 높아지기 때문이다. 반대로 우리가 이타적인 존재일 수 있다고 믿으면 믿을수록 그것은 우리를 행복하게 해 주기보다 오히려 더 불행하게 만들고 만다.

우리가 스스로를 이타적일 수 있다고 믿을수록, 그리고 **내 행동이 내가 아닌 너를 위해서 하고 있다고 믿을수록, 그 믿음이 깨질 때 받아야 하는 "실망"의 크기는 한없이 커질 수밖에 없다.** 그로 인해서 타인과 관계를 맺는 일이 무척 힘들게 된다. 반면에 나를 위해서 했든지, 너를 위해서 했든지, 너와 나를 모두 위해서 했든지 상관없이, 그 모든 행동의 목적이 나의 이득을 위한 것임을 인식하게 되면, 보상에 대한 기대치가 줄어들게 되면서 자연스럽게 실망할 일이 줄어든다.

내가 한 일이 너를 위해서 한 일이라고 믿게 되면 그것은 어쩔 수 없이 너를 위한 희생으로 인식이 된다. **그 희생은 훗날 보상을 받아야 한다는 "당연함"의 권리로 변화된다.** 그 일이 힘들었던 것만큼 보상에 대한 정당성은 더욱더 강해진다. 하지만 어떤 이유로 인해서 보상을 받지 못하게 되면 어떤 일이 일어날까?

고시 공부하고 있는 연인을 성공시키기 위해 5년간 뒷바라지를 한 사람에게, 시험에 합격한 후 집안의 반대로 너와 헤어질 수밖에 없다고 하면, 그것을 어떻게 견뎌 내겠는가? 미칠 듯이 화가 나고, 할 수만 있다면 상대를 죽여 버리고 싶을 것이다. 더군다나 불행은 거기에서 끝나지 않는다. 그런 식으로 외부적으로 표출되는 부정적 감정들 말고도 자신의 내부를 향하는 부정적 감정들도 생겨난다. 과거 자신이 상대에게 해 준 행동에 대한 후회와 사람 볼 줄 몰랐던 어리석은 자신에 대한 실망은 이후 커다란 자책감으로 번져 밤잠을 설치게 만든다. 사실 이 문제가 훨씬 더 심각할 수 있다. 그래서 결국 정신적으로 큰 문제가 생기거나 심각한 우울증으로 인해 스스로 목숨을 끊게 될지도 모른다.

이와는 달리 남을 도운 행동조차도 오직 나를 위해서 했다는 사실을 알고 있다면, 혹시라도 **그것에 대한 보상이 되돌아올 때 『당연함』 대신 『감사함』이란 감정을 느낄 수 있게 된다.** 처음부터 나 좋자고 한 일인데, 그것에 대한 보상이 오는 것은 당연히 선물로 여겨지는 것이다. 혹시나 돌아오지 않는다고 해도 그것은 사소한 서운함이나 실망이 될 수는 있지만, 더 이상 확장되지 않고 그쯤에서 멈춘다. 이런 현상은 주식을 살 때와 비슷하다. 처음부터 자신이 산 주식이 오를 수도 있고 떨어질 수도 있다는 것을 알고 산 사람과, 어디선가 주어들은 정보를 통해 반드시 크게 오를 것이라고 믿고 산 사람의 차이이다.

일반적으로 주식은 오르고 떨어지기를 반복한다. 그러니 오르면 좋은 것이고 떨어지면 기분이 나쁠 수 있지만, 손절이라는 과정을 통해서 손해를 감수한 후 더 공부를 해서 다른 우량 주식을 사면 된다. 하지만 어디선가 반드시 오를 것이라는 정보를 얻게 되면 무조건 오를 것만을 기대하기 때문에 오르면 당연한 것이 되고, 반대로 떨어지게 되면 큰 배신감을 느끼게 된다. 심지어 횡보를 하더라도 오르는 것을 당연하게 여겼기 때문에 오르고 있는 다른 주식들 보면서 상대적 박탈감을 느끼게 된다. 그 순간 떨어지고 있는 또 다른 주식들은 눈에 들어오지 않는다. 이렇게 생겨난 배신감은 분노와 억울함 그리고 그런 선택을 했던 과거 자신에 대한 후회와 자책감으로 이어지게 된다. 그야말로 과거로 돌아가서 그 주식을 산 자신을 마구 패고 싶은 충동에 휩싸인다.

인간관계 속에서 우리가 타인에게 베푸는 수많은 선의는 주식을 사는 것과 같다. 그것들은 마치 주식이 오르고, 횡보하고, 떨어지듯, 더 크게 돌아올 수도 있고, 준 만큼 돌아올 수도 있으며, 아예 돌아오지 않을 수도 있다. 그럼에도 불구하고 우리는 순수하게 너를 위해서 했다고 믿으며 반드시 되돌아와야 한다고 생각한다. 하지만 주식이 투자이듯, 그런 선의의 행동조차도 결국 일종의 투자임을 스스로 인식해야 한다.

미래는 알 수 없기에, 모든 투자는 반드시 손해의 위험을 품고 있다.

그런 상황에서 왜 내가 한 투자만이 꼭 성공할 것이라고 믿으며 살아갈까? 내가 아무리 좋은 의도로 했다고 해도 상대가 그것에 대해 보답을 하는 것은 오직 그 사람의 계산법에 달렸다. 그 사람이 나라는 주식을 살지 말지를 결정하는 것은 오직 그 사람의 머릿속에서 이뤄지는 판단이란 뜻이다. 그러니 만약 그 사람이 나를 배신했다면 그것은 그저 그 사람은 내가 떨어질 것이라고 예측했기에 사지 않은 것일 뿐이다.

상대는 처음부터 내가 잘못 고른 주식이다. **그러니 그 상대는 비난의 대상이 아니라 "손절"의 대상이 되어야 한다.** 상대는 나와 다른 계산식을 가진 결이 다른 존재였을 뿐이다. 상대는 악한 것이 아니라 나와는 원래부터 잘 맞지 않은 사람이었던 것이다. 그럼에도 억울함에 사로잡힌 우리는 선과 악의 관점에서, 옳고 그름의 관점에서, 상식과 비상식의 관점에서 상대에 대한 비난을 멈추지 않는다. 또한 비슷하게 잘못 선택했다는 이유로 과거의 자신도 비난한다. 주식 가격이 떨어졌는데 팔 생각은 안 하고 끝없이 주식 욕을 하거나 과거 그 주식을 산 자신의 손을 잘라 버리고 싶다고 후회를 한다. 하지만 진짜 해결책은 아예 잊고 살거나, 빨리 손절을 하고 주식 판을 떠나거나, 새로운 주식을 찾아서 사는 것이다. 이 세상엔 우량주라고 부를 만한 괜찮은 사람들이 꽤나 있다.

이토록 확실한 해결 방법이 있는데도 불구하고 억울한 마음에 사로잡힌 우리는 상대방을 끝없이 나쁜 것, 악한 것, 옳지 않은 것, 비상식적인 것, 은혜를 모르는 것, 사람 같지 않은 것이라며 비난하는데 자신의 시간을 다 쓴다. **그리고 나서 얻는 것은 "기분 나쁨"이다.** 처음부터 모든 것은 나를 위해서 한 것임을 잊었기에 얻을 수밖에 없는 부작용이다. 사실 이런 배신감을 느끼는 현상이 아이러니하게도 우리가 처음부터 상대를 위해서가 아니라 나를 위해서 했다는 가장 확실한 증거가 된다. **정말로 너를 위해서만 했다면 도대체 왜 배신감 같은 감정을 느껴야 할까?**

내가 하는 모든 행동은 오직 나만을 위해서 한다는 것을 정확히 인지하는 것은 또 다른 장점이 있다. 불필요하게 "과도한 투자"를 하지 않게 된다는 점이다. 원래 어떤 주식이 오른다고 반드시 믿게 되면 재산을 다 털고 빚까지 내서 투자를 하게 된다. 그런데 그런 상태에서 주식이 떨어지면 어떤 일이 일어날까? 당연히 엄청난 손실을 입게 된다. 하지만 주식이 언제든 떨어질 수 있다는 사실을 정확히 인지하고 있다면 처음부터 그렇게 무리한 투자를 안 한다. 언제나 나는 오직 나를 위해서만 행동하고 있다는 사실을 잊지 않는다면 괜히 남들에게 무리해서 잘해 주려고 하지 않게 된다. 돈을 꿔주더라도 돌려받지 못해도 별 상관이 없을 만큼만 꿔 주고, 친절함이나 배려도 그저 내 기분만 좋기 위해서만 베푼다.

우리는 딱히 나쁘거나 착하거나, 이기적이거나 이타적인 존재가 아니다. **우리는 그저 지금 현재 자신이 처한 상황에 따라서 가장 자신에게 유리한 행동을 할 뿐이다.** 먹고 살만하면 남에게 먹을 것을 나눠 주는 것이 낫고, 먹고 살기 힘들면 남에게 단 하나도 베풀지 못하고 혹시나 뺏길까 봐 눈에 쌍심지를 켜고 지켜야 하는 것이 낫다. 너무 배가 고파서 굶어 죽게 생겼다면, 아무 것도 하지 않고 그냥 굶어 죽든가 아니면 남의 것을 훔치거나 뺏는 선택을 할 수도 있다.

거기다 더해서 우리는 사람마다 먹고 살만함의 기준점은 다 달라 도대체 얼마나 가져야 남에게 베풀지, 도대체 얼마나 없어야 남의 것을 뺏을지 전혀 알 수 없음에도 불구하고 그저 남에게 베풀면 선한 사람이라고 하고, 남에게 뺏길까 봐 전전긍긍하면 사람이 너무 팍팍하거나 욕심이 많다고 하고, 남의 것을 훔치면 도둑이라고 하고, 남의 것을 뺏으면 강도라고 한다. 누군가는 조 단위의 돈이 있어도 남에게 베풀 마음이 안 들고, 누군가는 한 끼 먹을 식사만 있어도 낯선 방문객에게 정성스러운 밥상을 차려 줄 수 있음을 그간 경험으로 충분히 알 수 있음에도 그런다.

우린 늘 자신의 "먹고살 만함"을 기준으로 타인을 판단해서 착하다, 악하다, 이기적이다, 이타적이다 여부를 판단하고 있다. 그리고 나서는 자신은 가능하면 선하고 착한 사람이란 평가를 받으려고 애쓴다. 착함에 끝없이 집착하고, 자신만의 기준으로 타인들의 생각과 행동을 비난하면서 살아간다. 심지어 그럼으로 인해서 자신이 불행해져도 결코 스스로 멈출 수가 없다. 우리는 도대체 왜 그렇게 바보 같은 생각과 행동을 반복하게 되는 것일까?

■ 내 양심의 출처

만약 시간여행을 하여 중세시대 가서 노예를 채찍질하는 귀족에서, '왜 사람을 때려요? 비인간적이잖아요. 사람은 다 평등해야 해요!', 라며 화를 내고 따졌을 때 그 귀족이 '아, 그렇구나. 노예도 사람인데 그렇게 취급해서 미안하다', 라며 정중하게 사과를 할까? 아니다. 상대는 오히려 당신을 미친 사람 취급할 것이다. 귀족은 노예는 처음부터 사람이 아니라 그저 사유재산이며, 그렇기에 내 마음대로 때리거나 심지어 죽여도 된다고, 어처구니 없을 정도로 당당히 주장할 것이다. 그리고 더욱 놀라운 사실은 주변 다른 모든 귀족들과 심지어 맞고 있던 노예조차도 그 말에 고개를 끄덕이면서 오히려 당신을 머리가 어떻게 된 미치광이로 판단해 정신병원에 넣어 버릴 것이다.

이런 과거와 현재 사이의 균열은 꽤나 그 종류가 많다. 과거 유럽에서는 씻는 것이 건강을 해친다는 믿음이 널리 퍼져서 사는 동안 최대한 씻지 않고 살았으며, 프랑스의 유명한 왕 루이14세는 이가 건강을 해친다고 믿고는 아무런 문제가 없던 생니를 모두 뽑았다고 전해진다. 지금 관점에서 보면 그런 과거의 믿음이 어처구니 없지만, 막상 이 시점에 믿어지는 UFO나 귀신과 같은 것들에 대해 우리의 한참 후손들은 또 어떤 말을 할까? 그들도 과거의 조상인 우리를 보고 프랑스 왕의 이를 뽑은 일처럼 어리석다고 말하고 있을까?

우리나라에서는 30년 전만 해도 누군가 개를 집 안에서 키운다고 하면 더러운 개를, 그것도 개는 원래 먹으려고 키우는데, 그런 하찮은 존재를 집에서 같은 이불을 덮고 자냐며 어처구니 없다는 듯 비난했었다. 하지만 겨우 30년 사이에 그런 사회 인식은 완전히 뒤집어졌고 지금은 어디 가서 개를 먹을 것 취급하는 말을 했다가는 야만인 소리를 듣게 된다. 이런 식으로 사회에서 믿어지는 수많은 상식들은 시대에 따라 문화에 따라 아주 많이 다른 모습으로 변화된다.

그렇다면 우린 그런 생각이 든다. 지금 현 시점에서 내가 당연한 상식이라고 믿고 있는 수많은 가치들의 유효기간은 얼마나 남았을까? 사회 정의, 공정함, 가족 사랑과 같은 가치들이 시간이 한참 지난 미래에도 여전히 유효할까? 당장은 여전히 유효할 것 같긴 하다. 우리가 죽음이란 결론에서 벗어나지 못하는 한 말이다. 하지만 아주 먼 미래에 인간이 그 육체의 한계를 넘어서 영생을 할 수 있게 되었을 때도 타인을 위한 희생이나 서로가 서로를 챙겨 주는 보살핌이나 신에 대한 믿음이나 가족의 소중함 등이 남아 있을까? **아무도 다치지도 죽지도 않는 세상에서 누가 과연 타인에 대해 관심을 갖겠는가?**

다행이 아직은 그런 세상이 아니지만 점점 그런 세상을 향해 가고 있다. 단지 그렇게 되면서 우리는 이제 점점 각자가 가진 이기적 성향을 견뎌 내기가 힘들어지고 있다. 과거엔 함께 해야만 살아남을 수 있었기 때문에 힘들어도 버텼지만 이젠 점점 그럴 필요가 없어지고 있다. 그러니 타인의 이기적 성향을, 특히 자신과 잘 맞지 않는 성향은 참기 힘듦을 넘어서 불쾌함과 혐오의 대상이 되어가고 있다. 그럼에도 아직까지는 다른 사람들과 함께 살아가야 한다. 그것을 포기할 때 잃는 것이 너무 많다.

원래 사람들이 함께 살게 되면 장점이 너무도 많지만 반면에 나쁜 점도 꽤나 많이 생겨나게 된다. 그 중에서 제일 심각한 것은 바로 범죄라고 할 수 있다. 사람들은 머리가 좋기 때문에 돈을 꼭 열심히 일해서 벌지 않아도 된다는 것을 잘 알고 있다. 그래서 사람이 모이게 되면 도둑질, 사기, 강도, 살인과 같은 수많은 범죄들이 자연스럽게 일어난다. 그런데 이런 범죄를 그냥 방치하면 어떻게 될까? 각종 범죄로 인한 피해자가 급증하고, 피해자는 열심히 돈을 벌어놔 봐야 도둑놈이 다 훔쳐가니 열심히 일할 의욕이 나질 않는다. 결국 범죄가 늘수록 사람들은 불안해져서 오히려 무리를 떠나 버린다. 그렇게 무리가 와해되어 버리고 만다.

그러니 범죄를 막는 일은 사회 전체적으로 아주 중요한 문제가 될 수밖에 없다. 특히 권력층에게는 매우 시급히 해결해야 할 현안이었다. 그 문제로 고심을 하던 그들은 두 가지 괜찮은 해결책을 생각해 냈다. **하나는 강력한 법집행을 통해 강압적으로 처벌하는 방식이고, 다른 하나는 미리 사람들을 교화시켜서 처음부터 범죄를 일으키지 않도록 유도하는 방법이었다.** 중국의 중요 사상을 보면, 성악설을 기반으로 한 한비자의 법가 사상이 법집행을 지지하는 입장이었고, 성선설을 기반으로 한 공자나 맹자의 유가 사상이 교화를 시키는 방법을 지지했다.

사실 이 두 가지 입장 중에서는 사람을 교화시킨다는 뜬구름 잡는 얘기보다 법집행의 방식이 당장은 확실한 효과가 있어 보인다. 경찰들이 많아지고, 그 다수의 경찰들이 열심히 범죄자를 잡으면 되기 때문이다. 하지만 이 방식은 명백한 한계가 있다. 범죄를 막는 것이 아니라, 범죄가 일어난 후 수습을 하는 것이기 때문이다. 더군다나 경찰은 범죄자를 잡는 용도로만 유용할 뿐, 사실상 생산성은 전혀 없는 인력이다. 그러니 경찰이 늘수록 사회적 비용만 크게 증가해 시민들은 더 많은 세금을 낼 수밖에 없게 된다. 결국 두 번째 방법도 함께 적용되어야 한다. 그것이 바로 사람을 교화시켜서 범죄를 저지르지 않게 하는 것,

좀 더 발전하면 서로가 서로를 챙겨주고 돕는 것, 그러니까 통틀어서 『양심』이라고 부르는 우리 마음속의 도덕심을 자리잡게 해 주는 일이다. 이것이 바로 우리가 학교에 다닐 때 도덕이나 윤리라는 이름의 과목을 배운 이유이다.

그런데 이 방법은 법집행에 비하면 상대적으로 오래 걸리고 난이도도 높다. 사람의 머릿속을 바꾸는 일이기 때문이다. 그래서 사회는 우리가 아주 어릴 때부터 그것에 관한 교육을 하기 시작했다. 그 덕분에 정직, 정의, 용기, 도움, 배려, 사랑, 평등, 공정, 봉사, 번영 등과 같은 가치들이 우리가 세상을 제대로 인식도 하기 전에 머릿속에 주입되었다. 그것들은 인간의 본질이며 과거 그것을 지키기 위해서는 자신을 희생한 사람들을 위인이나 영웅이라고 칭한다. 그로 인해 많은 사람사람 어릴 때 꿈이 바로 영웅이 되는 것이 된다.

사실 이런 류의 교육은 집이나 학교에서만 이뤄지는 것이 아니다. 어려서부터 본 만화에서, 성인이 되어 본 영화에서, 한때 빠졌던 소설에서, 매일 발행되는 신문기사에서 등등 우리가 매일 접하는 수많은 것들로부터 이뤄진다. 과거엔 착하게 살아야 행복하다는 결론을 말하고 있는 신데렐라나 백설공주, 콩쥐팥쥐, 흥부와 놀부가 있고, 요즘엔 정의를 추구하는 삶의 중요함을 말하고 있는 슈퍼맨이나 아이언맨과 같은 영웅들 이야기가 회자되고 있다.

그런 과정 속에서 우리는 우리 자신도 모르는 사이에 정의와 정직, 공정, 평등, 사랑, 용기, 배려, 희생 등의 가치들을 끝없이 머릿속에 재입력한다. **그러다 보니 이제는 주입된 믿음과 다르게 영화 속에서 결**

국 악당이 이기는 이야기를 보면 매우 불편한 감정을 느끼게 되고, 스스로도 조금이라도 양심의 가책이 될 만한 일을 하게 되면 밤에 그 일이 떠올라 잠을 설치는 사람이 되어 버리고 말았다.** 그것은 마치 어린 시절부터 배변 훈련을 받아서 이젠 화장실이 아니면 불안해서 볼 일을 보지 못하는 것과 비슷하지만 우리는 그것이 당연한 것이라고 결코 믿어 의심치 않는다. 그저 몸을 씻지 않는 것이 건강에 좋다는, 그런 특정 시대에만 통용될 수 있는 가치인데도 그렇다.

■ 따뜻한 이기주의자

사회가 주입한 "양심"이 가능하면 우리를 착하게 살게끔 만드는 것은 분명하다. 사회가 인간다운 삶을 살 수 있다고 가르쳐준 가치들을 지키도록 만든다. 그래서 범죄를 예방하고 가능하면 남을 돕도록 해준다. 정말로 필요하고 좋은 것이다. 하지만 그렇게나 좋은 양심이지만 분명한 단점이 존재한다. 아무리 가르쳐도 도대체 교화되지 않는 사람들로 인해 도덕 교육은 너무 심하게 강조되었고 그로 인해서 멀쩡한 사람들은 이제 양심의 역할이 너무도 강해져서 스스로를 불행의 늪에 빠트리면서까지 사회적으로 주입 받은 가치들을 지키려고 한다.

자기 자식이란 이유로 책임지지 말아야 할 것까지 책임지려는 부모, 효도라는 가치에 내몰려서 자신의 삶까지 갉아 먹히는 자식, 남들에게 친절해야 한다는 강박관념에 사로잡혀 화조차 못 내고 모든 문제를 자신의 모자람으로 여기는 사람들, 욕먹지 않으려고 끝없이 타인의 눈치를 보면서 거기에 맞춰 사는 사람들 등등, 삶 자체가 불행을 구렁텅이로 빠져드는 경우도 꽤나 자주 많다. 더군다나 그런 불행들은 그쯤에서 끝나질 않는다. 자신이 불행한 만큼이나 화가 나기 때문에, 필사적으로 지키고 살아가고 있는 불행한 자신과는 달리 그것들을 제대로 지키지 않지만 행복하게 사는 타인을 볼 때마다 너무도 화가 치솟는다. 그래서 이상한 일이지만 요즘 세상은 **양심적으로 살면 살수록 삶이 불행해지고 그로 인해 타인에 대한 적개심만 커지게 된다.**

이런 양심의 부정적인 면을 해결하기 위해서는 무엇보다도 세상을 알기도 전에 이미 주입된 양심이란 존재가 과연 왜 생겨났는지를 제대로 이해해야 한다. 양심은 사람들이 서로 어울려 살게 해 주는 유용한 도구이지 결코 "절대적인 선"이 아니다. 교통 질서는 지켜야 하지만 심장이 멈춘 환자를 태운 앰뷸런스를 타고 갈 때까지 지켜서는 안 된다. 사람을 죽이지 말아야 하는 것은 가능하면 지켜야 하지만 내 자식을 죽이려는 강도를 그냥 둬서는 안 된다. 우린 원래 그런 존재들이 아니다. 잘 한번 생각해 보라, **우리 인간의 본질이 양심이라면 도대체 왜 도덕 교육들을 그렇게나 오랫동안 해왔겠는가?**

사람은 자신이 원하는 것을 해야 행복하다. 그저 남들과 함께 살아야 하기 때문에 "가능하면" 양심에 따라 도덕적으로 살아야 할 필요가 있다. 사회가 원하는 대로 이타적으로 사는 것은 좋지만 너무 이타적으로 살려고 하다가 자신까지 불행해져서는 안 된다. 물론 남에게 큰 피해를 주거나 범죄 행위를 해서는 안 될 것이다. 하지만 딱 거기까지만 지키면 된다. 그럼에도 **우리는 양심 교육에 너무도 오랫동안 노출된 까닭에 최대한 양심적 인간이 되고 싶다는 강렬한 욕구에 사로잡힌**

채 살아가게 된다. 사실 그러니까 양심적인 삶도 일종의 나의 행복을 위한 행동, 그러니까 이기심의 일종인데 남에게 도움이 된다는 이유로 이타심이라고 따로 구분을 한 후 마치 이기심이 아닌 척한다. 돈을 번다는 동일한 목적을 가졌지만 의사가 환자를 치료하는 것은 생명을 살리는 일인 이타적인 것이 되고, 강도가 강도질을 하는 것은 생명을 죽이는 일이기에 이기적인 것으로 구분하는 것이다. 더군다나 우리가 이기적인 행동한다고 해서 늘 그 결과가 나쁜 것도 아니다.

하나의 케이크를 잘라 두 아이에게 나눠 줄 때 가장 불만이 없게 만드는 방법은 엄마가 최대한 공정하게 잘라 주는 것이 아니다. 한 아이에게는 자르게 하고, 다른 아이에게는 먼저 선택할 권리를 주면 된다. 그렇게 되면 자르는 아이는 최대한 동일한 크기로 자르려 할 것이고, 고르는 아이는 최대한 큰 것을 고르려 할 것이다. 이런 결과에 대해서 만족하지 못할 수는 있지만 불만을 가질 수도 없다. 하지만 엄마가 잘라 주게 되면 둘 중 하나에게는 반드시 원망을 듣게 된다.

자신의 행동이 양심적이고 남을 위한 이타심에 의해 이뤄졌다고 믿는 것은 아무런 상관없다. 오히려 더 많은 사람들이 그렇게 믿고 행동할수록 이 사회는 더욱 더 나아질 것이다. 하지만 스스로 이타적이라고 믿을수록 반대로 늘어 가는 것은 바로 타인에 대한 "기대치"이다. 내가 이타적이었으니 너도 당연히 이타적이어야 한다는 믿음이 늘어간다. 그러다 보니 조금만이라도 그 기대치에 미치지 못하면 상대방에게 화가 나고 실망하게 된다. 심한 경우 피해의식과 복수심까지 생길 수도 있다.

　행복하면 모를까 지금 그리 행복하지 못하다면 내가 양심적이라고 믿고 사는 일을, 내가 이타적인 인간이라고 믿는 일은 이제 그만둬야 할 시점이다. **그저 남을 돕고 나면 기분이 좋아질 가능성이 높기 때문에 오직 내 기분을 위해서 남을 돕는 편이 나은 것이다.** 그렇게 남에게 친절하게 대하고 도움을 주고 나서도 그저 내 기분이 좋기 위해서 한 이기적인 행동이기 때문에 딱히 그것을 잘했다고 할 필요도 없고 대가를 바랄 필요도 없다. 우린 그렇게 따뜻한 이기주의자가 되어서 나 자신의 행복만을 위해 살아갈 수 있다. 우린 더 이상 나와 다른 계산식을 가진 타인을 그렇게 미워하거나 혐오할 필요가 없다. 사실상 각자만의 이득을 추구한다는 나와 그들 간의 차이는 존재하지 않는다. 다만 서로 계산식이 조금 혹은 많이 다른 것이다.

7.
너, 나 그리고 우리

과학자: 지구 온난화를 막아 내야 합니다. 지구를 지켜야 합니다. 그러기 위해서 반드시 탄소중립을 실현해야 합니다.

질문자: 그렇군요. 그런데 지구온난화가 진행되면 지구가 망하나요?

과학자: 당연하지요. 지구의 평균 기온이 1.5도 이상 오르면 그때부터는 더 이상 회복 불가능하게 됩니다. 남극과 그린란드 얼음이 다 녹아서 해수면이 수십 미터 이상 상승하게 될 것입니다.

질문자: 그게 지구가 망한 것인가요?

과학자: 당연하죠. 세계의 대다수 해안가 지역이 물에 잠길 것입니다. 한국도 예외가 아닙니다. 한반도 동쪽 높은 지대를 제외하고는 다 물에 잠길 것이 분명합니다.

질문자: 아, 그러니까 그게 지구가 망한 것이냐고요.

과학자: 아니, 이 사람이 그렇게 설명을 해 줘도 못 알아듣네. 이런

■ 사회 속의 나

귀여우면서도 시크하다. 부드럽고 우아하다. 하지만 가끔은 도저히 이해할 수 없는 행동들을 하기 때문에 "냥아치"라고 부르기도 한다. 거칠지만 격정적이다. 한결같으며 충성스럽다. 가끔은 신발을 물어뜯어 놓아서 혼나기도 하지만, 귀엽기 때문에 "멍뭉이"라고 부르기도 한다.

강아지나 고양이를 보고 있으면 시간 가는 줄 모른다. 귀엽기도 한데 꽤나 똑똑하기도 하다. 오래 키우다 보면 얘가 동물인지 사람인지 구분이 잘 가지 않을 정도로 눈치가 빠삭하다. 그래서 어처구니가 없거나 얄밉게 굴 때도 있다. 그 모습이 어떨 땐 인간의 아이와도 겹쳐진다. 하지만 강아지와 고양이가 결국 인간이 될 수는 없다. 귀엽게 생기고 털이 난 외모 때문이 아니다. 지능의 문제이다. 그런데 좀 이상하긴 하다. 비록 그들이 사람만큼이나 머리가 좋은 것은 아니지만, 똑똑한 개들은 아이큐가 80 정도는 된다고 한다. 그런데 동물들은 왜 인간처럼 될 수는 없을까?

단순히 머리의 좋고 나쁨만의 문제가 아닐 것이다. 아마도 **가장 큰 벽은 "언어의 문제"일 가능성이 높다.** 인간의 발성기관을 갖지 못한 고양이와 개는 최선을 다해서 소리를 내도 "야옹야옹"이나 "멍멍" 소리 정도만 낼 수 있다. 그래서 결국 인간과 의사소통이 불가능하다. 물론 전문적으로 몇 가지 소리를 특징적으로 구분하는 훈련을 시켜 어느 정도는 의사소통을 가능하게 할 수는 있다. 하지만 덧셈의 원리, 전화기의 사용법, TV에 어떻게 영상이 나오는지를 알려 주는 것은 불가능하다. 말을 배우지 못하니 무엇인가를 제대로 알려 줄 수가 없는 것이다. 그저 특정소리에 반응하는 법만 가르쳐 줄 수 있다.

사람의 아이도 어릴 때는 동물들처럼 아무 것도 모르고 그저 반응만 하지만, 커갈수록 언어를 습득하게 되고, 그 언어를 통해 얻은 지식으로 사물의 원리를 이해할 수 있게 된다. 사물의 원리들은 단순한 소리나 동작으로는 결코 설명해 줄 수 없다. 예를 들어서 한 사람에게 호루라기를 하나 주고 호루라기와 몸동작만으로 어린아이에게 돈의 개념을 설명해 줘야 한다면 과연 얼마큼의 시간과 노력이 필요할까?

이렇게 인간은 인간의 말을 할 수 있기 때문에 정말로 많은 것들을 배울 수가 있다. 이 세상에 존재하는 수많은 것들의 이유, 원리, 의미를 머리가 허용하는 한 어느 정도까지는 이해할 수 있다. 거기에 삶을 살아가는 동안 쌓인 경험이 더해지면 비로소 한 명의 사회적 존재가 되어갈 수 있는 것이다. 그런 면에서 언어는 정말로 인간을 인간답게 만드는 과정에 핵심적인 역할을 하고 있고, 그래서 철학자 비트겐슈타인(Ludwig Josef Johann Wittgenstein)은 '언어는 만물의 척도다', 라는 표현까지 쓰면서 언어의 중요성을 강조한 것이다.

사람들은 언어를 통해 한 명의 인간으로 자라나고 그런 사람들이 겹겹이 쌓여 현대문명이 이뤄졌다. 그럼에도 만약 언어가 입으로 하는

"말로만" 끝났다면 인류문명은 이렇게까지 발전하지 못했을 것이다. 거기에 문자와 그 문자를 기록할 수 있는 종이가 발명됨으로써 인간은 지식을 현세대가 아닌 후세대를 위해 남겨 줄 수 있게 된 것이다. 그런 면에서 **지식의 전승, 그것은 우리 인류문명에 있어서 가장 중요한 조건이었다.**

예전에 미국의 한 연구기관에서 선정한 "인류문명에 가장 큰 영향력을 끼친 발명품"에서 수많은 발명품들을 제치고 독일의 구텐베르크 인쇄술을 1위로 꼽은 이유가 바로 그것이다. 우리는 말을 통해 현재의 지식을 배울 수 있지만, 과거의 지식은 인쇄된 문자 혹은 유튜브와 같은 기록된 영상을 통해서만 배울 수 있다. 만약 기록이 불가능했다면, 그래서 오직 구전으로만 지식이 이어졌다면 아마도 지금 인류 문명의 수준은 여전히 석기시대를 벗어나지 못했을 것이다.

우리가 인간으로서 살 수 있는 이유는, 인간의 말을 할 수 있고, 인간의 지식을 배울 수 있으며, 인간들 사이에서 한 명의 존재로써 그 권리를 인정받기 때문이다. 같은 이유로 강아지나 고양이가 인간처럼 살 수 없는 이유는, 그들이 인간의 말을 할 수 없고, 인간의 지식을 배울 수 없으며, 인간이 아니기에 인권이 보장되지 않기 때문이다. 그렇다면 만약 우리가 처음부터 혼자 살았다 해도 강아지와 고양이와는 다른, 결국 인간의 삶을 살았을까? 일단 소설 속 주인공인 타잔이나 정글북의 주인공 모글리는 확실히 그래 보인다. 비록 동물 속에서 태어났지만 스스로 한 명의 인간으로 성장했다. 하지만 현실 속에서 그런 일이 일어날 수 있을까?

1920년대 인도에서 늑대 무리에서 키워진 두 아이, 카말라 아말라는 7살, 2살 때 인간에게 발견되어서 이후엔 인간으로서 키워졌지만 생고기를 뜯는 등 인간 문명에 적응하지 못하다가 죽고 만다. 이것과 비슷한 많은 사례 등은 여러 번 반복되었으며 결국 타잔이나 모글리는 소설 속에나 가능함을 증명했다. 결국 인간이 한 명의 인간으로써 살아가기 위해서는 인간사회에서 태어나 인간으로서 키워져야 한다는 것이 진실이다. 만약 그렇지 못하면 아무리 머리가 좋게 태어난 인간도 결국 동물처럼 살다가 죽게 될 것이다.

많은 사람들이 학생 시절 미분을 배우고, 지구가 둥글다는 것을 배우고, 인간에게는 혈액형이 있다는 것을 배우고, 우리 조상이 조선이란 나라를 세웠다는 것을 배우고, 컴퓨터 사용법을 배우고, 세계에 얼마나 많은 나라가 있는지를 배운다. **그런데 만약 오직 혼자서라면 이런 지식들을 알아낼 수 있을까?** 미분방정식을 생각해 낸 천재 뉴턴이나, 지구가 태양을 돌고 있다고 한 코페르니쿠스나, 인간의 혈액형을 발견한 라인 슈타이너나, 우리에게 한국 역사를 가르쳐 준 국사 선생님은 과연 그런 지식들을 혼자서 알아낼 수 있었을까? 그럴 수 있을 것 같지가 않다. 특히 뉴턴은 스스로 그것에 대해 자각하고 다음과 같은 말을 남겼다.

"만약 내가 멀리 보았다면, 그것은 거인들의 어깨 위에 서 있었기에 가능했다."

(If I have seen farther, it is by standing on the shoulders of Giants.)

내가 무엇인가를 알아냈다면, 그것은 이미 오랜 시간 쌓인 과거의 지식을 통해 이뤄 냈다는, 아주 겸손한 표현이다. 살아생전 오만하기로 하늘을 찔렀던 그가 한 말이기에 더욱 의미가 있어 보인다. 아이큐가 200이 넘는 사람이라고 해도 원시시대에 태어났다면 평생 동안 잘해야 좋은 돌도끼를 만들려면 어떤 돌을 골라야 할지 정도 알아내고 죽었을 것이다. 현대에 태어났더라도 늘 내전에 휩싸인 그런 환경이라서 어려서부터 책 대신 총을 손에 쥐어야 했다면, 적탄에 맞아서 죽는 그 순간까지도 자신이 천재라는 사실조차 자각하지 못한 채 죽었을지도 모른다.

결국 내가 지금의 나로서 살 수 있는 이유는 내가 그저 인간의 DNA를 타고 나서가 아니라, 내가 인간사회에, 그것도 한국이라는 꽤나 괜찮은 사회에 속해서 태어났기 때문이다. 객관적으로 나는 분명히 남들에 비해 잘난 존재일수도 있지만, **그것이 "내가" 잘난 것이 아니라 "우리이기에" 잘난 것이다.** 그런데 우리는 이 사실을 꽤나 자주 잊는다. 아니, 대부분은 처음부터 단 한 번도 생각해 본 적이 없다.

■ 당연한 것들

지금으로부터 350년 전쯤 한 수학자가 있었다. 그의 이름은 피에르 드 페르마(Pierre de Fermat)였고『페르마의 마지막 정리』라는 악명 높은 문제 하나를 남겨 두고 세상을 떠났다. 심지어 그는 문제에 대한 주석으로 '나는 경이적인 방법으로 이 이 정리를 증명했다. 그러나 이 책의 여백이 너무 좁아서 여기 옮기지는 않겠다', 라고 적어 놨다!

어이없게도 내가 그 어려운 문제를 증명했으나, 단지 종이가 부족하다는 이유로 그 과정을 기록해놓지 않았다는 뜻이다. 둘 중 하나이다. 그의 말처럼 정말로 증명을 했거나 아니면 그냥 허세를 부린 것이다. 죽은 자를 되살릴 수 없으니 지금도 그 진위는 밝힐 방법은 없다. 그 후 수많은 수학자들이 이 정리를 증명하기 위해서 시도했으나 실패했다. 실패의 경험들이 수백 년에 걸쳐 쌓여가는 만큼 그 악명도 높아 갔다. 그러다가 드디어 1994년도 영국의 수학자 앤드루 존 와일즈(Andrew Wiles)가 증명을 해냄으로써 수학계의 유명한 미제사건 하나가 사라지게 된다. 개인적인 생각으로, 아마도 그때 증명이 되지 않았다면 페르마의 마지막 정리도 2000년도에 결정된 수학계의 7대 난제 중 하나로 포함되어서 결국 8대 난제가 되지 않았을까 싶다.

이와 비슷한 상상을 하나 해 보자. 200년 전쯤 세상으로부터 커다란 배신감을 느끼고 숲 속에서 들어간 천재 과학자가 한 명 있었다. 그는 홀로 연구를 거듭한 끝에 20년 만에 인류에게는 꿈이라고도 할 수 있는 "반중력 비행장치"를 만들었다. 그것은 아무런 에너지 소모 없이 오직 지구의 중력을 역으로 이용해 허공을 날 수 있는 물건이었다.

첫 실험 비행을 하던 날 그는 정말로 새처럼 날 수 있었다. 하지만 나는 도중 균형을 삽아 수는 장치에 문제가 생겨서 결국 추락하고 말았다. 그런데 하필이면 떨어진 위치가 그의 연구소였고, 지붕을 뚫고 들어 온 그의 몸의 충돌로 인해 촛불이 쓰러졌고, 운 나쁘게 옆에 있던 종이에 불이 옮겨 붙게 되었다. 그 사고로 인해 우리가 이름도 모르는 그 과학자는 추락사했고, 그의 연구결과도 결국 모두 불타 버리고 말았다.

페르마가 증명했다고 주장한 메모나, 상상 속에서 반중력 장치를 개발한 과학자나, 아무리 대단한 의미를 가졌어도 결국 아무런 의미가 없다. 그 대단한 결과를 후대에 남기지 못했기 때문이다. 그나마 페르마는 문제 자체라도 남겼지만, 운이 나쁜 과학자는 연구결과와 자신이 연구를 했었다는 기록조차 남기지 못해서 우리가 그 존재 자체를 아예 모르고 있다. 그것은 과연 존재했다고 정의할 수 있을까? 당연히 아니다. 설령 있었다는 기록이 있더라도 우리가 그 결과를 모른다면 결국엔 존재하지 않은 것이다.

모든 지식은 후대로 전달될 때만 유일하게 그 의미가 생겨난다. 그래서 인류의 문명 발달의 근원이 바로 선대의 지식이 후대로 계승되는 과정이다. 그렇게 해서 수천 년의 시간이 누적된 결과물이 바로 오늘날의 문명인 것이다. 그로 인해 대부분의 사람들은 학교 교육을 통해 자신이 그것을 제대로 이해할 수 있느냐 여부와 상관없이 역사 속에서 쌓인 수많은 지식들을 아주 쉽게 접할 수 있다. 그런데 이해가 되는 순간부터 아주 흥미로운 현상이 시작되기 시작한다. **그것은 바로 분명히 전승된 지식이지만 내가 이해해서 습득한 순간부터 그것은 온전히 내 것이 되는 현상이다.** 내가 이해하고 습득했으니 내 것이 되는 것이다. 구구단을 마음대로 쓸 수 있으니 내 것이고, 미적분을 잘할 수 있으니 내 것이다.

수천 년에 걸쳐 셀 수도 없을 만큼 많은 사람들에 의해 층층이 쌓인 지식들이 "내가 단지 좋은 머리로 이해했다는" 이유로 내 것이 되는 것이다. 그 후 구구단과 미적분을 이용해 새로운 공식을 만들었다면 당연히 그 지식은 내 소유물이 된다. 한글에 능숙해지면 "글 쓰는 능력"은 내 것이 되고 영어에 능숙해지면 "영어회화 능력"은 내 것이 된다. 단순한 지식만 그런 것도 아니다. 인류 문명만큼이나 오랜 시간이 쌓이면서 발견되거나 발명된 색상, 방법, 악기, 도구 등도 내가 그림을 잘 그리거나, 문을 잘 만들거나, 연주를 잘하거나, 톱을 잘 쓴다는 이유로 다 내 것이 된다. 더해서 내 텃밭에 심어서 난 옥수수나 내 돈을 주고 산 제품도 그 즉시 내 것이 된다.

'배운 지식은 그렇다고 쳐도 내가 그린 그림이나 내가 키운 옥수수나 내가 산 제품이 내 것이 아니면 도대체 누구 것이란 말이죠?' 당연한 비판이다. 질문처럼 그런 것들이 내 것이 아니라면 도대체 누구 것이란 말인가? 그럼에도 우리는 그것들이 정말로 내 것인지에 대해서는 한 번쯤 생각해 봐야 할 필요는 있다. **왜냐하면 생각만큼 "무엇인가가 내 것이라고 믿는 것이" 날 행복하게 해 주지 못하기에 그렇다.**

한글은 다들 알다시피 세종대왕님이 만들었다. 그 후 수백 년의 세월 동안 백성들 사이에 쓰이다가 20세기 들어서 공식적으로 우리나라의 문자가 되었다. 우리들 대부분은 한글이란 문자를 만드는 것에 뭔가를 보탠 적도 없고, 내가 쓰는 모든 단어들이 만들어지는 과정에 딱히 수고를 더한 적도 없다. 그저 나는 학교에서, 책에서, 대화에서 한글이 사용법을 배웠다. 그런데 내가 그 한글로 글을 쓰는 순간부터 그것으로부터 파생되는 모든 것은 다 내 것이 된다.

봄에 뿌린 옥수수 씨앗을 키워내는 것은 사실 내가 아니다. 그것은 거의 태양이 해내는 일이다. 설령 실내에서 조명으로 키웠다고 해도 그 조명을 밝힐 수 있는 원천은 바로 태양 혹은 이 우주이다. 석유나 석

탄은 결국 태양에너지를 쌓아 둔 것이고 수력과 원자력은 이 우주에 이미 존재하는 에너지를 응용한 것이니까. 하지만 내가 심었고, 내가 잡초를 뽑았고, 내가 조명설비를 했으니 당연히 그 수확은 모두 내 것이 된다.

그림을 그릴 때 쓰는 물감은 수많은 화학원료의 혼합물이다. 사실 우리는 그것을 어떻게 혼합하는지 전혀 모른다. 그저 어떤 색이 나며 어떤 질감이 나는지 정도만 안다. 그래도 그림을 그리는 데는 아무런 지장이 없으며 내 능력에 따라 그림의 최종 결과물이 결정된다. 그러니 당연히 내가 그린 그림은 내 것이 분명하다. 비슷하게 내가 연주한 음악을 녹음한 것도 당연히 내 것이 된다. 돈을 주고 산 제품의 소유권은 더욱 더 명확하다. 수십 억을 주고 산 집이 내 것이 아니라면 도대체 누가 집을 사겠는가?

그럼에도 한번 생각해 보자. 그림을 그릴 때 쓰는 물감, 붓, 종이는 도대체 누가 발명했을까? 누가 그것을 내가 쓸 수 있을 만큼 싸게 만드는 법을 개발해 냈을까? 누가 스케치를 하는 법이나 색을 칠하는 법을 알아내어 나에게 가르쳐 준 것일까? 내가 연주하는 악기는 과연 누가 발명했고 누가 이렇게나 싸고 좋은 품질로 계량을 해낸 것일까? 같은 재료를 줬을 때 혼자서 그렇게 제대로 된 악기를 만들어 낼 수 있을까? 더군다나 연주하고 있는 악보는 누가 작곡한 것일까? 스스로 작곡을 했더라도 그 작곡에 쓰이는 악보를 그리는 법은 과연 누가 만든 것일까?

내가 비싼 돈을 주고 산 집이 세워진 땅은 과연 누가 제공한 것일까?

나는 그 땅의 권리를 과연 누구로부터 위임 받은 것일까? 물론 국가가 보장해 주긴 한다. 하지만 생각해 보면 도대체 처음부터 국가는 어떤 과정을 통해 국토를 소유하게 된 것일까? 지구와 계약을 한 것일까? 집을 지을 때 썼던 시멘트나 철근, 집을 짓는 동안 이용된 수많은 중장비를 운용하는데 쓰인 석유 등도 다 마찬가지다. 우리 인간들은 집을 짓는 동안 들어간 모든 자재들을 돈을 들여서 생산해 냈다는 이유로 당연히 우리들 것이라고 믿어 의심치 않는다.

물론 글을 쓰든, 그림을 그리든, 악기를 연주하든, 집을 짓든 결국 사람의 노동력이 들어갔으니 그 부분만큼은 확실히 인간의 소유권을 주장할 만하다. 하지만 처음부터 우리 몸을 움직일 에너지 자체가 어디에서 왔을까? 스스로 에너지를 생산해 낸 것일까? 아니다. 그것은 아예 물리학 법칙으로 안 된다고 규정되어 있다. 열역학 제1법칙이다. 이것은 이 우주의 모든 에너지는 단지 전환될 뿐 결코 생성되거나 소멸될 수 없다는 법칙이다. 그러니 **우리가 몸을 움직일 수 있는 에너지는 외부에서 잠시 빌려서 온 것일 뿐 결코 스스로 만들어 낸 것이 아니다.** 어려운 물리학 법칙을 빼고라도 우리는 매일 먹기 때문에 움직일 수 있음을 누가 모르겠는가?

이렇게 생각해 보면 이 세상엔 내가 온전히 스스로 만들어 낸 것이 단 하나라도 존재할까? 나를 이 세상에 존재하게 만들어 주신 분부터 내 부모님이고, 물리적으로 나를 구성하는 물질들은 이 우주에 이미 존재했던 원자들의 결합인데 말이다. 물론 이런 말들을 들으면 생각해 보면 그럴 수도 있겠지만 딱히 그것에 대해서 생각해 봐야 무슨 소용이 있겠느냐 하는 생각이 들 것이다. 그냥 나에게 그것들을 쓸 권리가 있다면 내 것이지, 뭘 그리 쓸데없는 생각을 하냐는 의문이 들 수도 있다. 짜증이 나서 당신은 가진 모든 것들이 자신의 것이 아니라고 해도 순순히 수긍할 수 있냐고 반문할 수도 있다. 결국 내가, **우리 인간이 그 많은 것들을 누릴 수 있는 것은 지구 상에서 제일 잘나고 똑똑해서 그런 것이 아니겠는가?** 그 모든 것들은 그저 승자에 대한 보상인 것이다.

그런데 만약 가까운 미래에 외계인들이 쳐들어와서 자신들이 힘이 더 강하니 이 지구는 우리가 접수하겠다고 하면 우리는 과연 뭐라고 대구를 해야 할까? '넹! 당연히 그러서야죠', 라고 할까? 그 모든 것을 떠나서 이 세상의 모든 것이 내 것이 될 수 있다고 믿고, 그것을 추구하는 삶이 과연 나를 얼만큼이나 행복하게 해 줄 수 있을까? 우리는 이쯤에서 법정스님이 남기고 가신『무소유』에 대한 화두를 다시 한번 떠올려 볼 필요가 있다.

■ 공동체 속의 나

뜬금없지만 '어떻게 하면 집에 도둑이 들어오지 않게 할 수 있을까요?' 라는 질문에 답을 한번 찾아보자. 제일 흔하게 떠오르는 생각은 바로 아주 강력한 보안장치를 하는 방법이다. 단순하게는 많은 열쇠를 달아 두는 방법이 있고, 조금 복잡하게 하면 CCTV와 같은 것들을 달아서 실시간으로 감시를 하는 방법도 있다.

두 번째로 선택되는 아이디어는 바로 강력한 사회적 안전장치를 하는 방법이다. 경찰을 많이 뽑고, 빈틈없이 CCTV를 달아 두고, 도둑이 잡혔을 경우 강력하게 처벌하면 된다. 그러면 도둑들이 무서워서 도둑질을 그만두게 될 것이다. 실제로 요즘 CCTV와 자동차 블랙박스가 워낙 많이 설치되어서 좀도둑이 많이 줄었다고 한다.

세 번째는, 원래는 존재했지만 지금은 사라졌다. 그것은 바로 자신의 집에 도둑질을 올 만한 사람들과 모두 잘 알고 지내는 방법이다. 도둑이 철면피가 아닌 다음에야 도둑질하다가 걸렸을 때 당할 수 있는 인간관계의 단절의 위험을 무릅쓰고 내 집에 도둑질을 하러 들어오지는 않을 것이다. 확실하지는 않지만 어느 정도 효과는 있다. 하지만 이 방법은 마을 단위의 삶을 살았던 조선시대에나 가능했다. 지금은 "내 집에 도둑질을 올 만한 사람들"이 이 세상 사람 전체이다. 어떻게 다 알고 지내겠는가?

네 번째는 누구도 도둑질을 하고 살지 않을 만큼 풍족한 세상을 만드는 것이다. 아주 특별한 취미생활로 도둑질을 하는 사람이 아니라면 대부분 도둑들은 먹고 살기 위해서 그런 짓을 하고 있다. 그러니 그들이 꼭 도둑질을 하지 않고 살아도 될 만큼 충분히 돈을 준다면 힘들고 귀찮아서라도 도둑질을 하지는 않을 것이다. 원래 야밤에 남의 담을 넘어서 남의 집을 터는 일은 결코 쉬운 일이 아니다. 걸렸을 때 감당해야 할 위험도 너무 크고, 심지어 따로 수당도 없는 야근 노동자이다.

이 방법들 중에서 요즘은 첫 번째랑 두 번째 방법인 집에 강력한 보안장치를 하고 강력한 처벌로써 도둑을 막는 방법이 선호되고 있다. 완벽하지는 않더라도 효과는 분명히 있다. 하지만 가장 이상적인 방법을 꼽으라면 바로 네 번째이다. 아무도 도둑질을 할 필요가 없는 사회를 만드는 것, 비현실적이긴 하지만 그래도 효과는 가장 좋을 것이다.

예전부터 "눈이 마주쳐서" 죽였거나 "너무 행복해 보여서" 죽였다고 한 아주 황당한 『묻지 마 살인사건』들이 일어났었다. 그런 얘기를 들으면 누구나 '미친놈들, 정말 세상이 말세다, 말세야', 라고 하겠지만, 사람이 너무 불행하게 되면, 그리고 그 원인을 남 탓으로 하게 되면, 정말로 밑도 끝도 없는 피해의식에 사로잡히게 된다. 결국 그 피해의식이 살인동기가 된 것이다. 그야말로 순간적으로 충동에 휩싸여서 그런 미친 짓들을 한 것이다. 집 안이 아닌 길에서 일어나는 이런 강력한 범죄들은 도대체 어떻게 막을 수 있을까? 집이 아니라서 딱히 자물쇠를 달 수도 없고, CCTV를 몸에 달고 다닐 수도 없다.

그나마 범인이 잡히면 강력한 처벌은 할 수 있다. 하지만 그때는 이미 살인 사건은 일어난 후이다. 이미 내가 칼에 찔려서 죽은 후에 살인자를 처벌해 봐야 무슨 소용이 되겠는가? 그나만 범인을 강력하게 처벌하면 억울함은 조금 풀리겠지만, 이미 나는 죽었고 내 가족은 나를 잃은 상황에는 변함이 없다. 결국 거리에서 묻지 마 살인이 일어나는 것을 막는 거의 유일한 방법은 바로 네 번째뿐이다. 다들 먹고살 만하게는 해 줘야 그런 삐뚤어진 피해의식을 가진 사람들을 최소화될 수 있다는 뜻이다. 하지만 이 방법은 사회적 비용이 많이 들기 때문에 요즘도 여전히 좀 더 강력한 경찰 행정력으로 그런 사건들을 막아 보려고 애쓰고 있다. 그럼에도 우린 심심치 않게 그런 살인사건에 대한 소식을 들을 수밖에 없다. 그러니 한 번쯤 생각해 보자. 너무 이상적이라서 쓸데없는 생각이라고 해도 결국 가장 좋은 해결책이 될 수밖에 없는 네 번째 해결책, 나의 행복한 삶과 더불어 우리의 행복한 삶에 대해서 말이다.

과거 우리 조상들은 제대로 된 담도 없이 살았기 때문에 내 집은 누구나 지나가다 들를 수 있었고, 그나마 안전한 보안장치라고 해 봐야 숟가락을 꽂아 놓은 문고리가 전부였다. 내 집이긴 하지만 우리 집이었던 것이다. 그런 형태의 삶이 우리 조상들의 안전을 책임져 줬다. 다들 서로 알고 지내고, 옆집에서 큰 소리가 나면 주변 사람들이 다 몰려왔기 때문에 범죄가 일어나기가 쉽지 않았던 것이다. 그래서 안전하긴 하지만 이런 분위기는 아주 심각한 단점 하나를 가지고 있다. 그것은 바로 사생활의 침해이다. 누구네 밥숟가락이 몇 개인지 다 알고 있을 만큼 서로 왕래가 많았던 우리의 조상들에게 있어서 사생활은 거의 없었다고 볼 수밖에 할 수 없다. 심지어 우리 조상들에겐 결혼 첫날밤에 창호지에 구멍을 내서 구경하는 풍습조차 있었다.

쩨나 곤란한 상황이다. 도둑이 드는 것과 같은 불행을 막아 주는 관점에서 보면 우리는 매우 좋지만, 개인의 남다른 성생활과 같은 행복을 추구하는 관점에서 보면 우리는 매우 불편한 것이 되고 만다. 현대 사회는 많이 인진해졌기 때문에 그리고 많이 풍족해졌기 때문에 사람들은 안전함보다는 개인의 행복의 관점에서 다른 사람들을 보게 된다. 나를 불편하게 할 만한 참견은 가능하면 최소화시키고 이후 나를 행복하게 해 주는 것만을 제공받으며 살아가는 것이다.

내가 가진 모든 것이 내 것이고, 내가 이룩한 모든 것은 내 능력이고, 나를 보호할 수 있는 것은 나뿐이고, 나와 남과의 연결고리는 가능하면 최소화시키고, 내 허락 없이는 그 누구도 내 집이나 내 마음에 들어오면 안 되고, 너는 오직 내 행복의 조건에서만 존재해야 한다. 너는 나와 함께하는 동등한 존재가 아니라, 내 행복을 위해 부르면 오고 내가 가라고 하면 가는 부수적 존재이다. 나의 행복을 위해서라면 너는 그래야 한다. 그건 이기적인 것이 아니라 공정하고 서로 편리한 것이다. 왜냐하면 너 역시도 나를 그렇게 취급해도 나는 아무런 불만이 없기 때문이다. 지금은 바야흐로 **"우리"의 시대가 아니라, "나"의 시대이다.**

■ 개인주의의 양면

　과거 불안한 시절인 우리의 시대가 저물고 나의 시대가 밝아질수록 우리들 개인 하나하나는 점점 더 행복한 삶을 추구할 수 있게 되었다. 내가 노력해서 얻은 것들은 다 내 것이기 때문에 그것을 쓰는 데 있어서 불필요한 남의 눈치를 보는 일은 줄어들었고, 남의 불필요한 참견이나 오지랖을 떠는 일들은 가볍게 무시할 수 있는 능력도 익혔다. 지금 이 순간 새삼스럽게 과거의 기분 나빴던 순간들을 떠올리면 이해는커녕 화만 더 난다. 왜 내 능력으로 정당하게 번 돈을 쓰는데 남의 눈치를 봐야 하며, 그동안 왜 내가 선택한 삶에 대해서 개뿔도 모르는 타인이, 단지 나이가 좀 더 많다는 이유로 '이렇게 살아야 제대로 사는 거지', 라면서 나에게 꼰대 짓을 하는 것을 허용했단 말인가? 이제 나는 그런 참견을 받을 존재가 아니다. 나는 더 이상 전체의 의견에 따라야 하는 존재가 아니며 그저 나는 나로서 존재할 뿐이다. 그러니 내가 살고 싶은 방식으로 살면 된다.

여기까지는 아주 좋다. 그런데 그로 인한 부작용으로 한 가지 문제가 생겼다. 내가 내 삶을 내 것이라고 믿게 될수록 나는 이제 내 삶을 홀로 책임져야 할 상황에 놓이게 된다. 내가 행복할 수 있는 일을 스스로 결정하면서 내가 불행할 수 있는 일도 혼자 감당해야 한다. **"우리"에서 벗어난 "내"가 어쩔 수 없이 감당해야 하는 불안한 현실이다.** 누군가 들으면 '그건 당연한 것 아닌가요?', 라고 말을 할 것이다. 그렇다. 이제는 그것이 너무도 당연해서 그것을 부작용이라고 부르거나 문제라고 인식하는 것 자체가 이상한 일이다.

요즘 아이들 놀이터를 가 보면 아이들은 뛰어 놀고 있고, 그들의 부모들 중 한 명이 멀리서 그 모습을 지켜보고 있는 모습이 자주 눈에 띈다. 꽤나 익숙한 광경이다. 아이들은 그 무엇보다도 소중하기 때문에 아이들의 부모들은 눈앞에서 놀고 있는 아이조차도 한시도 눈을 떼면 안 된다. 하지만 우리가 늘 그랬던 것은 아니다. 한참 전 과거에 부모들은 아이들이 하루 종일 밖에 나가 있어도 별 다른 신경을 쓰지 않았다. 사실 그때는 부모가 할 일이 많아서 그럴 만한 시간도 없었다. 그리고 그럴 수 있었던 진짜 이유는 아이들이 놀다가 우연히 마주친 동네 어른들이 그들이 모두 누구네 집 자식인지를 알고 있었다는 점이다.

아이들의 부모들이 자신들의 아이가 지금 어디에 있는지 알고 싶으면 동네 사람들 중 아무나 붙잡고 몇 번 반복해서 물어 가면 결국 한 시간쯤 전에 그들을 본 사람이 반드시 나타났다. 그래서 아이들이 그때 강가에서 고기를 잡고 있었는지, 밤을 따러 산에 올라갔는지, 누구네 집에 모여서 딱지치기를 하고 있었는지 언제든 알 수 있었다. 덕분에 아이가 밖에 나가서 하루 종일 보이질 않아도 불안하지 않았다. 하지만 지금은 자신의 아이가 10분만 눈에 보이질 않아서 부모들은 가슴이 철렁하는 커다란 불안함을 느낄 수밖에 없다. 그런 부모들의 반응이 전혀 이상하지 않은 세상 속에서 살고 있다. 그것은 내가 나인 지금의 세상에서는 당연한 것이지만, 과거 내가 우리들 중 일부였던 세상에서는 꼭 당연한 것은 아니었다. 그저 내가 나로서 살기 위해서는 어쩔 수 없이 새롭게 감당하게 된 것들일 뿐이다.

원래 내 삶을 온전히 책임진다는 것은 꽤나 매력적인 표현이다. 하지만 그 안에서 숨겨진 의미는 생각보다 많이 무겁다. 왜냐하면 우리 인간은 생각보다 불완전한 존재이기에 자신의 삶을 홀로 감당하는 일이 매우 어렵기 때문이다. 아니, 처음부터 아예 불가능하다. 사실상 혼자서는 구구단조차 생각해내지 못하는 우리가 어떻게 평생 동안 자신의 삶을 홀로 책임질 수 있겠는가? 우리가 아무리 그렇게 산다고 믿더라도 그 한계는 명확하다.

우리는 거의 인식하지 못하고 있지만, 우리들 각자가 매일 이만큼이나 살 수 있는 이유는 바로 우리 모두도 뉴턴처럼 거인의 등에 타고 있기 때문이다. 더군다나 그 거인의 등은 단지 과거로부터 전해온 지식만을 의미하는 것도 아니다. 내가 살아가고 있는 과정 속에서 만나게 되는 모든 것들이 다 사실상 거인이 된다. 그러니까 **내 삶 그 자체가 바로 인류라는 거대한 거인의 등에 타고 있는 과정이다.**

내가 매일 먹는 채소나 과일은 햇살과 물 그리고 땅이 품은 영양분, 거기에 이름 모를 그 누군가의 노동력이 더해진 결과이다. 나는 돈을 지불함으로써 그것을 먹을 권리가 생겨난다. 하지만 누군가 나에게 내가 지불하는 만큼의 돈을 주면 나는 과연 그것들을 재배할 수 있을까? 내가 매일 쓰는 스마트폰은 어떨까? 누군가 나에게 백만 원을 주면 나 홀로 그 제품을 만들어 낼 수 있을까? 하다못해 우리는 흔히 쓰는 검은 비닐봉지조차 10억을 줘도 혼자서는 만들어 낼 수 없다.

석유가 있는 위치를 발견하고, 땅을 깊게 파서 석유를 뽑아내고, 그것을 충분히 정제하고, 그 과정에서 나오는 원료를 아주 얇게 펼쳐서 비닐을 만들고, 그 봉투 모양대로 잘라야 할 것이다. 사실상 평생 동안 그것 하나만 해내려고 해도 결국 우리가 알고 있는 모양의 비닐을 만들어 내는 것은 불가능한 일이다. 하지만 우리는 50원이란 돈을 지불하면서 비닐에 대한 타당한 권리를 얻는다. 덕분에 수천 년간 쌓인 지식을 통해 만들어진 수많은 기계들과 그것을 전문적으로 다루는 노동자들의 힘을 통해 만들어진 검은 비닐은 조금만 더러워져도 아무런 아쉬움이 없이 비닐 재활용품으로 묶어서 버릴 수 있게 되었다.

‘그게 뭐가 문제죠? 그 기계들을 만든 사람들이나, 일을 한 노동자들 모두 돈을 받았잖아요. 처음부터 나를 위해서 만든 것도 아닌데 내가 왜 그것들에 대해서 생각해야 하죠?’ 맞는 말이다. 내가 그렇듯 그들도 모두 자신들의 이득을 위해 그런 제품들을 만들었다. 한여름에 땀을 뻘뻘 흘리며 무거운 짐을 나르고 있는 택배 노동자들도 결코 나를 위해서 배달을 하는 것이 아니라 오직 그 자신의 돈을 벌기 위해서 그런 힘듦을 감당하고 있다.

높은 산을 오르는 도중 만나게 되는 누군가가 만들어 놓은 작은 벤치도 근처 관할 시나 군에서 돈을 주고 사람을 시켜 자재를 하나씩 등에 지고 등산로를 따라 걸어서 올라 온 결과물들이지, 결코 산을 오르느라 지치고 힘든 나를 위해서 따로 만들어 놓은 것은 아니다. 가을이면 황금빛 들판을 물드는 벼들은 비록 사람이 심었지만 그들 자신은 그저 자신의 후손을 남기기 위해 씨앗을 맺었을 뿐이다. 그것도 아주 심하게 욕심이 많아서 일 년 만에 한 알의 씨앗에 수백 개의 새로운 씨앗들이 생겨난다.

이 세상 모든 것들이 다 그렇다. 다 각자 자신만의 목적으로 존재한다. 거기엔 나를 생각해 주는 것은 아무것도 없다. 그럼에도 **그것들은 모두 나에게 거인의 등이 되어 준다. 그들이 나에게 타라고 한 것은 아니지만, 내가 아무 말 없이 올라 타도 뭐라고 하지 않는다.**

그 거인은 성큼성큼 앞으로 걸어서 나 혼자서는 절대로 이동할 수 없는 속도로 앞으로 갈 수 있게 해 주고, 나 혼자서는 절대로 올라갈 수 없는 높은 위치에서 삶을 볼 수 있게 해 준다. 그런데 처음에만 신기할 뿐, 조금만 시간이 지나도 내가 거인의 등에 타고 있음 자체를 까맣게 잊는다. **내가 그것에 대해 잊는 순간부터 갖게 되는 것은 가진 것들에 대한 "당연함"과 갖지 못한 것들에 대한 "불만"이다. 그리고 그 순간부터 내가 잃어버리는 것들은 바로 누린 것들에 대한 "감사함"과 나와 같은 운이 없어서 갖지 못한 "상대방에 대한 이해"이다.**

■ 내가 진짜로 원하는 것

일반적으로 내가 가지고 있는 것들이, 내가 가지고 싶은 것들이 나의 권리라고 믿으면 믿을수록 그것에 대한 강한 집착과 소유욕을 느끼게 된다. 사실 많은 사람들이 욕망 자체를 나쁘다는 식으로 표현하지만, 실제적으로 욕망은 아무런 죄가 없다. 오히려 욕망이 없는 사람이 더 문제가 될 수 있다. 욕망은 삶의 에너지를 만들어 내고 우리를 열심히 살 수 있도록 해 준다. 그러니 개인의 입장에서 보면 욕망은 없는 것보다 있는 것이 훨씬 낫다.

정작 나쁜 것은 따로 있다. 그것은 욕망 자체가 아니라, 욕망에 사로잡혀서 괴물이 되거나, 어떤 욕망을 실현할 능력이 부족한 자신에 대한 실망으로 인해 점점 찌그러지는 것이다. 그나마 욕망의 괴물이 되면 그 욕망을 실현할 수나 있어서 낫다. 하지만 능력 부족으로 인한 실망으로 인해 세상에 대한 피해의식과 자괴감이 가득 찬 모습으로 변하는 것에서 어떤 좋은 점을 찾을 수 있을까? 아니, 처음부터 내가 가진 욕망이 실현되지 않을 때 왜 그런 감정들을 느껴야 하는 것일까? 냉정히 따져 보면 무엇인가를 갖고 싶었지만 어떤 이유로 인해 갖지 못하게 되면 그냥 받아들이고 사라지면 되는 것이 아닐까?

길을 가다가 아이가 맛나 보이는 빵을 먹고 싶은 장면을 보고 '나도 저 빵을 먹고 싶다'라고 느꼈을 때 결국 그 빵을 먹지 못하더라도 딱히 불편한 감정을 느끼지는 않는다. 누가 그런 일로 인해서 우울해지기까지 할까? 하지만 그 빵이 내가 방금 빵집에서 사려고 했지만 그 아이가 바로 내 앞에서 마지막으로 사간 것이라면 다른 감정이 밀려온다. 화가 날 수도 있고, 짜증이 날 수도 있다. 그 아이가 밉다. 내가 먹고 싶었던 욕망의 크기에 저 빵은 내 빵이 되었어야 한다는 생각이 더해지면서

저 아이가 내게서 맛있는 빵을 먹을 기회를 빼앗아 간 것이란 생각이 든다. 그나마 이것은 작은 일이라 시간이 지나면 금세 잊힌다. 하지만 더 큰일이면 어떨까? 취직할 기회, 더 많은 돈을 벌 기회, 더 좋은 집에 살 수 있는 기회 등을 뺏겨도 금세 잊을 수 있을까? 당연히 내면에 켜켜이 쌓이게 된다. 그리고 그런 쌓임이 반복되면 삶은 결국 우울해지고 만다.

이런 식으로 욕망을 품은 무엇인가를 내가 가지는 것이 당연한 것으로 가정하게 되면 그것을 갖지 못하는 상황은 반드시 대상에 대한 불만으로 이어진다. 그런 감정들이 오랜 시간 층층이 쌓이면 결국 세상에 대한 피해의식과 자신에 대한 실망감으로 인한 자괴감으로 번지게 되는 것이다. 그런 면에서 법정 스님의 무소유에 대한 말씀은 두 가지 면에서 생각을 해 봐야 한다. **하나는 가진 것들을 지켜야 하는 걱정과 근심이다. 또 하나는 가지지 못한 것들에 대한 불만이다.** 가져도 문제, 갖지 못해도 문제인 것이다.

이쯤에서 우리는 한 번쯤 우리가 평소에 가지고 싶어 하는 것들 중에서 정말로 반드시 가져야 하는지 여부에 대해서 한번 따져볼 필요가 있다. 지금 이 순간엔 그것을 절대적으로 반드시 가져야 한다고 믿고 있지만, 어쩌면 아닐 수도 있다. 그러니 만약 그런 것들만 없앨 수 있다면 우리는 좀 더 행복해질 수 있지 않을까? 그런데 그런 것들 중에서 아이러니하게도 **제일 심각한 문제를 일으키는 대상이 바로 행복 그 자체이다.** 행복하게 살기 위해서는 무엇인가를 불필요하게 가지려고 하는 마음을 없애려고 하는데, 그 첫 번째 문턱이 바로 "당연히 행복해야 한다고 믿는" 생각이란 뜻이다.

처음 들으면 말도 안 되는 소리라고 할 것이다. 사람이 행복하고 싶은 것은 당연한 것이니 그것을 욕망이라고 부르는 것 자체가 무척 이상한 일이고, 지금껏 수많은 사람들이 책을 통해서, 강연을 통해서 당신은 행복할 권리가 있는 사람이라고 말해줬다. 그런데 어떻게 그것이 문제가 될 수 있겠는가? 심지어 우리나라 헌법에도 국민이 행복할 권리에 대해서 정확히 명시되어 있다. 맞는 말이긴 하다. 하지만 그 말은 절반만 맞는다. 우리나라 헌법에 행복할 권리에 대해서 나오긴 하지만, 정확히 따지면 **"행복할 권리"가 아니라, "행복을 추구할 권리"이다.**

> *"모든 국민은 인간으로서의 존엄과 가치를 가지며, 행복을 추구할 권리를 가진다. 국가는 개인이 가지는 불가침의 기본적 인권을 확인하고 이를 보장할 의무를 진다"*

우리나라 헌법 10조이다. 사실 진짜로 모든 국민이 행복할 권리를 갖게 되면 국가는 금세 무너질 것이다. 어떤 국가가 국민 전체를 모두 다 행복하게 해 줄 수 있겠는가? 누군가 하나라도 불행하다고 느끼게 되는 순간 그 사람은 마치 누군가 자신의 집에 침입한 것과 같은 당연한 권리를 침해 당한 셈이 된다. 국가는 이때 어떤 해결책을 내놓을 수 있을까? 그럼에도 우리들 대부분은 행복을 추구할 권리를 행복할 권리로 이해하고 있다.

그나마 거기까지는 좋다. 행복하기 위해서 열심히 살 테니까. 그런데 만약 노력을 했다고 해도 결국 행복하지 못하게 되면 어떤 일이 일어날까? 아이의 빵을 먹고 싶었지만 먹지 못해도 별다른 감정이 들지 않는 것처럼 원래 행복하고 싶었지만 행복하지 못한 것은 그냥 행복하지 못한 것으로만 끝나야 한다. 하지만 그 빵에 대한 권리의식이 생겨난 순간부터 내가 빵이 먹지 못한 것은 억울한 것이 되고 만다. 그렇게 **내가 "행복하지 못한 것"은 어느새 "불행한 것"과 동급이 되고 말았다.**

주말에 집에 가만히 있으면 그냥 심심하거나 약간 지루한 채로 끝나야 하는데, 일요일 저녁이 되면 불현듯 '내 삶은 도대체 왜 이렇지?', 하는 생각이 들면서 우울해지고 만다. 행복하지 않은 자신과 달리 매우 행복한 삶을 사는 듯 보이는 사람들을 보면 그냥 부러움 정도로 끝나야 하는데 자신의 행복하지 못한 삶에 대한 비관과 피해의식으로 이어진다.

우리가 배가 고플 때 뭔가를 먹고 있는 사람을 보면 그저 '나도 먹고 싶다' 라는 생각만 든다. 하지만 평소에 너무 비싸서 먹을 엄두도 나질 않던 특등급 소고기 스테이크를 먹으면서 활짝 웃고 있는 사람들을 보게 되면 갑자기 속에서 뭔가가 치민다. 그 순간 많이들 착각하지만, 우리는 그들이 먹고 있는 비싼 스테이크를 먹고 싶어서 그런 기분을 느끼는 것이 아니다. 정말로 배가 고팠다면 "나도 먹고 싶어서" 입에 침만 고이고 말 것이다. **그 순간 우리는 그들의 미소로부터 유추되는, 내가 갖지 못한 행복에 "질투"가 난 것이다.** 그것은 내가 소고기를 먹고 싶어서가 아닌 오직 내가 지금 불행하기 때문에 생겨난 감정인 것이다.

우리들이 흔히 알고 있는 것과는 달리 질투심은 그 사람이 가진 비싼 가방, 고급 차, 크게 오른 주식이나 아파트, 당첨된 복권, 멋진 배우자에 대한 것이 아니다. 그것은 언제나 그들이 가진 것들로 인해 경험할 것이라도 여겨지는 행복 때문에 생겨나고 있다. 이런 곳에 사는 사람은 행복할 것이다, 저렇게 돈이 많이 번 사람은 행복할 것이다, 저런 것을 먹고 사는 사람은 행복할 것이다, 저런 곳을 여행하는 사람은 행복할 것이다, 저런 예쁜 사람과 함께 살면 행복할 것이다, 저렇게 높은 자리에 오르면 행복할 것이 분명하다, 라고 추측한다. 그들의 환한 미소를 보면서 나도 저런 좋은 집, 많은 돈, 비싼 음식, 멋진 여행, 아름다운 연인과 함께 할 수 있다면 불행한 나도 행복해질 것 같다. 그러니 나도 그것을 갖고 싶다. 그것만 가지면 행복해질 것 같다.

하지만 당연히 얻기가 쉽지가 않다. 누구나 원하기에 경쟁이 아주 치열하다. 그러다 보니 거의 평생 동안 그것들만을 얻기 위해서 살아가게 된다. 결국 처음엔 그저 내가 그들이 누린 행복이 부럽고 그래서 질투가 났음을 까맣게 잊고 좋은 집, 많은 돈, 비싼 음식, 멋진 여행지, 아름다운 연인을 갖는 것이 삶의 목표가 되어 버린다. 노력하는 과정이 매우 힘들었기에 만족할 만한 성과를 얻지 못하면 분노와 절망감에 사로잡히게 된다. 더군다나 원하는 것을 갖지 못하는 자신의 삶에 대한 모멸감까지 감당해야 한다. '이토록 힘들게 노력했는데 남들은 쉽게 얻는 것들이 나에게는 도대체 왜 주어지지 않을까?' 내가 피눈물 나게 노력했으니 행복은 반드시 주어져야 한다. 하지만 잠시 생각해 보자. 우리가 처음에 진짜로 원한 것은 무엇이었을까? 많은 돈이었을까? 아니면 나의 행복이었을까?

그래, 충분히 따질 만하다. 당신이 행복하고 싶어해도 된다. 단지 적어도 그것이 당신의 권리라고는 생각지 않는 것이 그 누구도 아닌 당신 자신을 위해 좋다. 만약 그 권리의식이 당신을 행복하게 해 준다면 오히려 더 하라고 말하겠지만 실제로는 오히려 당신을 더 불행하게 만든다. 사실 지금 당신이 불행한 이유가 바로 그것이다. 그 권리의식만 없었다면 당신은 그냥 몇 가지 불운이 겹쳤거나 행운이 따르지 않아서 잠시 행복하지 않은 사람에 머물러 있어야 했다. 그런데 지금 보면 이미 본격적으로 불행해져 있다. **원래 욕망과 권리는 아무런 연관이 없어야 한다. 무엇인가를 갖고 싶다는 생각과 왜 나는 저것을 반드시 그것을 가져야 할 권리가 하나로 묶여 있는 것일까?**

우리가 느끼는 반드시 지켜져야 할 권리라고 철석같이 믿고 있는 내 생존의 권리는 갑자기 죽을병에 걸리거나 강도가 내 머리에 총을 대고 돈 달라고 소리칠 때 어떻게 될까? 그때가 되어도 생존은 내 권리이니 나는 꼭 살아야 한다고 답할까? 아니다. 정말로 그때가 되면 제발 살려만 달라고 울부짖게 될 것이다. 살고 싶다는 욕망과 살아야 할 권리는 원래 전혀 다른 것이다. 그 귀한 생명의 권리조차도 죽음의 순간 앞에서는 금세 사라져 아무것도 아닌 것이 되는데, 우리가 왜 여전히 자신의 욕망에 대한 권리를 그토록 굳게 믿으며 살아가고 있는 것일까? 그로 인해 스스로 더 불행해지기만 하는데.

■ 함께 가는 길

우리는 가끔, 삶에서 미묘하지만 사실은 꽤나 심각한 문제들이 존재함을 느낀다. 그런 문제들은 딱히 해결책을 찾을 수 없기에 막막하고 심한 경우엔 절망스럽기까지 하다. 그래도 그냥 있을 수는 없으니 해결책이 있는지 찾아보려 애쓴다.

누군가 무심코 한 농담에 웃지 못하고 상처를 받고, 누군가 얻은 행운에 축하를 하는 마음보다 질투심이 나고, 누군가 잘난 모습을 보면 호감보다는 열등감을 느낀다. 누군가 나를 칭찬해도 마냥 좋아하지 못하고 그냥 하는 소리일 거라고 생각하고, 누군가 나에게 친절하게 대하면 의심부터 하며, 가끔 나와는 달리 순수한 감정 속에서 반응하는 사람을 보면 그 모습이 부럽기도 하고 어떻게 하면 저렇게 살 수 있을까 하는 고민도 생겨난다. 그래서 이것만 해결하면 나도 그런 삶을 살 수 있을 것 같은, 자존감을 높이는 법, 사람들과 잘 지내는 법, 상처 받지 않는 법, 대화를 잘하는 법을 알고 싶어 한다. 그러다가 좀 더 깊이 들어가서 심리학이나 철학에 대한 관심을 갖기도 한다. 그러다 보면 자신도 모르게 더 깊이 내려가서 '나는 왜 사는가?', 라는 식의 존재적 질문 앞에서 선다. 하지만 **질문이 단순해질수록 답은 오히려 더 모호해진다.**

다행스럽게도 시중에 파는 많은 책들이나 유튜브에 올라와 있는 많은 강연에서 자존감, 인간관계, 상처, 공감 등에 대해서 다양한 관점에서 설명해 준다. 그것도 꽤나 쉽고 명확하게 해 주기 때문에 이해는 쉽다. 단지 늘 그렇듯 그런 이해를 실제 현실에 옮기는 일이 그리 만만치 않다. 그나마 그런 문제들이 내 다리가 부러진 것처럼 당장 해결하지 않으면 안 되는 문제라면 모든 것을 제쳐두고 달라붙겠지만, 꼭 그런 것도 아니다. 누가 한 말에 상처를 받았다고 해도 내 월급이 줄어든 것은 아니다. 그래서 해결하면 좋겠지만, 해결하지 못한다고 해서 삶 자체에 문제가 생기지는 않는다. 단지, 그렇게 살면 행복하기 힘들 뿐이다.

다리가 부러진 문제는 아파서 견디기 힘드니 모든 일을 제쳐두고 병원에 가겠지만, 행복하지 않은 문제는 반드시 지금 당장 해결해야 할 필요는 없다. 하지만 가끔, 아니 꽤나 자주 마음속이 시끄럽다. 결국 또다시 책을 읽고 유튜브 영상을 찾아서 보게 된다. 그렇지만 이미 경험했던 과거가 또다시 반복될 뿐이다.

왜 그럴까? 그동안 그렇게 많은 것들을 알고 이해하게 되었는데 왜 그 문제들은 해결이 되지 않을까? 정말로 답답하다. 정말로 나는 이렇게 살아야 하는 운명인 것일까? 원래부터 그렇게 태어났기 때문에 절대로 바꿀 수 없는 것일까? 그건 아니다. 그런 이유가 아니다. 그런 문제들이 반복되는 이유는, **우리가 행복하지 않아서 그렇다.**

‘뭐라고? 지금 뭐라고 했니? 그걸 말이라고 하니?’ 그래, 그런 반응이 충분히 나올 만하다. 행복하지 못해서 답을 찾고 있는데, 문제가 해결되지 않는 이유가 어처구니 없게도 행복하지 않아서라니, 정말로 눈 앞에 있으면 한 대 치고 싶은 말이다. 하지만 진짜 그렇다. 자존감을 높일 수 있는 수많은 방법이 있겠지만, 충분히 행복해지면 자존감은 딱히 노력하지 않아도 자연스럽게 높아진다. 충분히 행복하면 상처도 잘 받지 않고, 질투심도 안 느껴진다. 충분히 행복하면 열등감을 느낄 일도 없고, 누가 칭찬해도 즐겁게 받아들일 수 있다. 충분히 행복하면 자연스럽게 내가 부러워했던 "맑고 순수하게 반응"하는 사람이 된다.

내가 마주한 문제들을 해결함으로써 행복해지는 것이 아니라, 일단 행복해지면 그런 문제들은 자연스럽게 해결된다는 뜻이다. 돈에 진짜로 자유로워지고 싶다면 돈을 부정할 것이 아니라 돈이 아주 많으면 된다. 짜증나는 말일 수도 있지만 정말로 그렇다면 오히려 문제해결이 단순해지는 효과는 있다. 그 수많은 개별적 문제를 해결하려고 노력하기보다 우선 행복해지면 모든 문제가 해결되니까 말이다. 하지만 그 생각엔 여전히 본질적인 문제가 남아 있다. 도대체 어떻게 해야 행복해질 수 있을까? 다행스럽게도 이 질문에 대한 답도 아주 쉽다. 사실 너무도 쉬워서 설명하기가 민망할 정도이다.

내가 가지고 있는, 내가 믿고 있는 내 삶의 정당성에 대한 믿음을 내려놓으면 된다. 좀 더 풀어서 표현하면, **내가 가지고 있는 것들이 당연히 내 것이라는 권리의식을 버리고 나에게 주어진 모든 것을 감사한 선물이라고 여길 수 있으면 된다.** 이 얼마나 쉬운 일인가? 하지만 대부분의 사람들이 그렇기를 거부한다. **하지 못하거나, 하기 힘든 것이 아니라, 하기를 스스로 거부한다.** 분명히 행복해질 수 있지만 갑자기 급 정색하는 얼굴로 거부한다. '도대체 왜 내가 그렇게 해야 하지?', 라고 화를 낸다.

당연하다. 내가 지금 불행하다면, 내가 갖지 못한 것들이 너무 많아서 그런 것인데, 그나마 가지고 있는 것들조차도 내 것이라는 정당성을 내려놓아야 한다고? 그것은 기분 나쁨을 떠나서 분노를 느끼게 된다. 설령 그러고 싶어도 잘 안 된다. 모든 사람들이 동시에 그렇게 변한다면 나도 바뀔 수 있을지도 모르지만, 다들 자기 정당성을 조금이라도 더 높이려고 경쟁하는 마당에 나 혼자 무슨 생각으로 그런 짓을 하겠는가? 모두가 서로에게 총을 겨누고 있는 상황에서 나 혼자 평화를 위한답시고 총구를 내릴 수는 없다.

그럼에도 진실은 변함이 없다. 우리가 아무리 그렇다고 믿어도 내가 가진 것들이 그 어떤 경우에도 온전히 내 것이 될 수는 없다. 내가 가진 모든 것들은, 혼자서는 평생 노력해도 검은 비닐봉지 하나조차 못 만드는 내가, 인류라는 거대한 등에 올라타서 얻은 것들이다. 그나마 내 몸뚱이 하나 정도만 내 것인데, 그것도 내가 만든 것이 아닌, 내 부모님이 만들어준 것이다. 그 부모님의 몸은 할아버지, 할머니가, 그분들은 또다시 그분들의 부모님이 만들었다. 그 누구도 홀로 만들어진 존재는 없다. 또한 그 어떤 것도 혼자 힘으로 얻은 것은 없다. **우리는 모두 그저 전체의 일부로서 태어나서 살아가다가 죽는 과정 중에 갖게 된 모든 것을 잠시 빌려 쓰다가 반납하는 것이다.** 거기에 내 것이 존재한다는 것은 애초부터 불가능한 일이다.

아무리 부정하고 싶어도 진실은 이미 명확하게 정해져 있다. 더군다나 그 진실을 받아들이면 나도 확실히 행복해진다. 하지만 그것을 거부한다. 스스로 행복할 수 있는 기회를 발로 찬다. 행복해져서 자존감이 높아지고, 상처도 안 받고, 질투심도 안 느끼고, 사람들에게 친절한 사람이 될 수 있는 길을 포기한다. 누가 포기하게 만들까? 바로 내 안에 있는 피해의식이다. 그동안 살아오면서 이미 수많은 손해를 입으며 살아왔는데 힘들게 노력해서 가진 것들을 포기하고 내려놓을 수는 없다.

행복해지기만 하면 다 해결될 문제들을, 행복해지기 위해서 꼭 쥐고는, 결국 해결하지 못해서 행복해지지 못하고 있다. 그러니 이쯤에서 심각하게 생각해 봐야 한다. 나는 정말로 내가 행복해지길 바라고 있는 것일까? 사실 내려놓는 것이 그리 어렵지도 않다. 내가 먼저 앉은 공원의 벤치에 대한 권리의식부터 시작해서, 내가 힘들게 배워서 기억하고 있는 지식들, 나의 성과들, 내가 가지고 있는 재산, 내가 가진 능력들, 내가 힘들게 농사지은 텃밭의 채소들까지 모두 다 내 것이라는 당연함 대신 내가 그것들을 가질 수 있어서 너무도 다행스러운 감사함으로 채우면 된다.

아침 출근길에 제시간에 도착한 버스, 꼭지만 돌리면 나오는 맑은 물, 일 년 내내 끊기질 않고 제공되는 전기, 주말에 걸을 수 있는 근처의 공원, 매일 아침 무사히 시동이 걸린 차, 얼마간의 돈을 지불하면 제공되는 한 끼의 식사 등등 이 세상엔 우리가 감사할 것들은 너무도 많다. 맑은 공기, 따스한 햇살, 매일 해 질 녘마다 펼쳐지는 저녁 노을, 매년 가을마다 펼쳐지는 단풍의 향연, 밤이 오면 변함없이 반짝이는 별들, 그리고 매일 아침 별 탈 없이 잠에서 깨어나는 우리들 자신까지, 한 번도 없어져 본 적이 없어서 그 소중함에 대해 잊은 것들도 너무도 많다.

갖지 못한 것들에 대한 불필요한 미련을 버리고 이미 가진 것들에 대한 당연함의 시선만 바꿀 수만 있다면 우리는 삶 속에서 느끼게 되는 미묘하지만 사실은 심각한 모든 문제들을 별다른 노력 없이 해결할 수 있다. 내가 가진 것들에 대한 권리의식과 당연함을 내려놓을수록, 그리고 그것들을 감사하고 다행이라도 여길 수 있을수록, 나를 둘러싼 많은 것들이 서로 깊게 연결되어 있으며 나 또한 그 연결의 일부임을 자각해 낼 수 있다. 그런 과정을 통해 자연스럽게 나라는 개념은 점점 희미해지고 잃어버린 우리의 개념을 되찾을 수도 있다. 이것은 그동안의 흐름과는 반대로 "나의 시대"가 "우리의 시대"로 되돌아가는 과정이다.

나는 그동안 너무도 "나"이고 싶었기에 많이 힘들었다. 내 삶을 완전하게 만들려고 그 많은 힘든 노력을 해왔다. 그런데 미안하게도 삶은 원래 처음부터 완전해지는 것이 목적이 아니다. **삶은 그저 우리가 함께 겹쳐짐으로써 "온전해지는" 과정일 뿐이다.** 우리는 지금껏 삶의 본질을 함께 하는 온전함에서 혼자 하는 완전함으로 아주 오랫동안 착각해 왔다.

이 세상 그 누구도 결코 완전해질 수 없다. 그러니 스스로 완전하지 않다고, 왜 그렇게 수많은 것들을 갖지 못하냐고, 왜 그렇게 능력이 없는지 자신을 비난할 필요가 없다. 그것은 너와 나의 문제가 아닌 그저 타고난 우리들의 본질이다. 너와 나는 원래부터 각자 완전해지는 것이 아니라 함께 함으로서 온전해져야 하는 존재였던 것이다. 그러니 이제 자신에 대한 비난의 시선을 거두고 그만 앞을 봐라. 거기엔 누군가 당신을 향해 활짝 웃으며 손을 내밀 것이다. 아직 확신이 없어서 당연히 머뭇거리게 되겠지만, 그냥 두 눈 딱 감고 그 손을 잡아 보자. 그 손을 잡고 한참을 걷다가 보면 당신도 언젠간 힘들어하는 누군가에게 활짝 웃으며 손을 내밀어 주고 싶을 것이다. 지금은 까마득할지 모르지만 중간에 포기하지만 않는다면 언젠가 그 손을 마주 잡을 수 있는 날이 올 것이다.

관계의 배신

ⓒ 전찬우, 2025

초판 1쇄 발행 2025년 4월 16일
    2쇄 발행 2025년 7월 31일

지은이   전찬우
펴낸이   이기봉
편집   좋은땅 편집팀
펴낸곳   도서출판 좋은땅
주소   서울특별시 마포구 양화로12길 26 지월드빌딩 (서교동 395-7)
전화   02)374-8616~7
팩스   02)374-8614
이메일   gworldbook@naver.com
홈페이지   www.g-world.co.kr

ISBN   979-11-388-4166-5 (03190)